都築 勉［著］

小野塚・吉野・南原・丸山・京極の政治学

おのがデモンに聞け

ASK YOUR OWN DEMONS

吉田書店

おのがデモンに聞け

――小野塚・吉野・南原・丸山・京極の政治学

【目次】

第1章　小野塚喜平次または研究者精神の形成……………………43

第2章　吉野作造または行為者精神の形成……111

凡例

一、引用文中、漢字を常用漢字に改めた場合がある。

二、引用文中の〔 〕は筆者による補足であり、「……」は、中略を示す。引用文中の傍点は原文のものである。また、（ ）は原文にあったものである。

三、註において、必要を認めた場合は、著作名の後に括弧で括って初出年を示した。本文中に示した場合はその限りではない。

四、以下の著作集類については、本書で頻出するので、註で言及する際には、発行元、発行年の表記は省略した

『吉野作造選集』全一五巻、別巻一（岩波書店、一九九五〜九七年）

『南原繁著作集』全一〇巻（岩波書店、一九七二〜七三年）

『丸山眞男集』全一六巻、別巻一（岩波書店、一九九五〜九七年）別巻新訂増補版、二〇一五年

『丸山眞男座談』全九巻（岩波書店、一九九八年）

『定本 丸山眞男回顧談』上・下（岩波現代文庫、二〇一六年）

五、本書に掲載した写真は、出典を明記したものを除きパブリックドメイン下であることを確認している。

序章　一九世紀から二〇世紀への転換

上：福沢諭吉、大隈重信〔ともに国立国会図書館ウェブサイト〕
下：加藤弘之〔国立国会図書館ウェブサイト〕

東京帝国大学（1910 年頃）

1　大学アカデミズムの誕生

唯一の大学

日本で二番目の大学、京都帝国大学ができたのは一八九七年のことである。ということはつまり、ほぼ一九世紀いっぱい、日本には大学が一つしかなかったことになる。ボローニャ大学やパリ大学のような西洋の著名な大学は中世に起源を持ち、したがって近代国家よりもはるかに古いが、遅れて近代化を始めた日本では、大学は国家が作るか、あるいは少なくとも国家が認めるものであった。

東京開成学校と東京医学校が合併して日本における最初の大学、東京大学が設立されたのは一八七七年であり、八六年に帝国大学令に拠って帝国大学と改称されるが、同じ自由民権運動の時代の一八八〇年に相次いで建学されたいわゆる法学系私学の専修学校（専修大学）、東京法学社（法政大学）、明治法律学校（明治大学）などは法令上はいずれも専門学校であり（他に英吉利法律学校、後の中央大学は一八八五年、日本法律学校、後の日本大学は九〇年の設立）[*1]、大学として認められるのはようやく一九一八年の大学令に拠ってであった。福沢諭吉（一八三五～一九〇一）が慶応四（一八六八）年に始めた慶應義塾はその名の通り明治政府よりも古く、一八九〇年には大学部も設けたが、正式な大学としての認可は、明治一四（一八八一）年の政変で下野した大隈重信（一八三八～一九二二）がその翌年に創設し、すでに一九〇二年には大学を名乗っていた東京専門学校すなわち早稲田大学とともに、やはり一九一八年の大学令に拠ってである（基本財産、設備、教員数などの要件を満たして実際に設立されるのは上記私立大学の多くと同じ一九二〇年）。[*2]

ちなみに二〇一七年現在、日本に大学は七八〇校ある。[*3] 日本の二〇世紀は、何はともあれ、大学が激増した時代であった。

帝国大学令

期せずして二〇世紀の最初の年である一九〇一年に、明治時代を代表する二人の思想家が亡くなっている。福沢諭吉と中江兆民（一八四七～一九〇二）である。この二人は何々学者と限定することができない、思想家と言うしかない存在である。つまり専門分化した大学アカデミズムが成立する以前に活躍した思想家もしくは言論人である。二人の死は、あたかも知の制度化である大学アカデミズムの時代の新たな幕開けを告げる出来事にもなったわけである。

一八八六年の帝国大学令は、明治一四（一八八一）年の政変の後を受けて、再編された薩長藩閥政府が、福沢、大隈流のイギリス型の議院内閣制の構想を排除して、ドイツ型の君主権限の強い政治体制をめざす過程で公布された。第一条に掲げられた「帝国大学ハ国家ノ須要ニ応スル学術技芸ヲ教授シ及其蘊奥ヲ攷究スルヲ以テ目的トス」という文言は、後々まで帝国大学の役割を規定することになった。その言葉はそっくりそのまま一九一八年の大学令の第一条に受け継がれただけでなく、帝国大学令自体も大学令の公布後に改正されたものの存在し続けたからである。[*4] ドイツ型の国家制度が選ばれたということは、一八八九年の大日本帝国憲法の制定となって現れただけでなく、そのための法律学の知識を、それまで主流だったフランスやイギリスではなく、もっぱらドイツに仰ぐ新たな帝国大学の使命をもたらした。

そもそも幕末以来の西洋の衝撃は、第一に軍事力とそれを支える科学技術の脅威であり、第二に外科手術と伝染病を防ぐための衛生学を中心とする西洋医学の驚異であった。この二つの力は極めて可視的であり戦争の遂行とも密接に結び付いたが、ここに第三に条約改正を悲願とする西洋式法体系の導入の必要が生じていた。前二者が簡単に言えば工学、医学の理科系の知識であったのに対して、法学は文科系の中で例外的に近代国家の建設のための不可欠の分野とみなされたのである。法科大学、後の法学部が帝国大学の正門に最も近い場所に設置され、筆頭学部に位置づけられた所以である。

帝国大学のドイツ化

ドイツを範型とする帝国大学の再編をリードしたのは、一八八二年から八三年にかけて憲法調査のためにドイツ、オーストリアを訪問し、帰国後の八五年に初代の内閣総理大臣に就任した伊藤博文（一八四一～一九〇九）と、そのブレインの井上毅（一八四四～九五）、そして伊藤内閣の文部大臣森有礼（一八四七～八九）らであった。伊藤や井上の脳裏には、大隈の東京専門学校や福沢の慶應義塾に対抗して、明治国家の官吏を改めて帝国大学から独占的に供給するというねらいもあった。その現場を預かったのは東京大学の法理文三学部の初代総理（医学部総理は池田謙斎（一八四一～一九一八））、引き続き八一年から八六年まで全学の総理、さらに九〇年から九三年まで帝国大学の総長を務めた加藤弘之（一八三六～一九一六）である。

加藤は幕末に幕府の蕃書調所の教授手伝となってドイツ語を学び、一八六一年の『鄰草』でいち早く西洋の立憲思想を、七〇年の『真政大意』で天賦人権論を紹介し、福沢諭吉らとともに明六社のメンバーにもなった。しかし東京大学の総理に就任すると、八一年に『真政大意』と七四年発表の『国体新論』をともに絶版にし、翌年『人権新説』を著して民権論から適者生存を説く社会進化論に転向した。あたかも江戸時代初期に禅僧からキリシタンに転向し『妙貞問答』を著して儒者の林羅山（一五八三～一六五七）と論争し、その後棄教して今度は『破提宇子』を書くに至った不干斎ハビアン（本名不詳、一五六五～一六二一）のような人であるが、近代日本における転向の最初の事例とも見られる。西洋思想の理解と紹介が必ずしも自己の内面の世界をくぐらない形で行われ、したがって人一倍優秀ではあるが、自らの置かれた境遇によって容易に立場を変える人の典型とも考えられる。

人材確保の困難

天野郁夫によれば、帝国大学の各分科大学はいずれも教授スタッフの確保に苦労したが、最もうまくいったのは医科大学であったという。よく知られているように教授スタッフの調達には各分野共通のパターンがあり、それはいずれもまずいわゆるお雇い外国人の起用から始まり、その下で語学中心の教育を受けた若き日本人学生たちが西洋諸国に留学して帰国後にそのポストを受け継ぐというものであった。帝国大学の医科大学ではそのようにして、一八八六年から八七年にかけて、いずれもドイツ帰りの内科の青山胤通（一八五九～一九一七）、外科の佐藤三吉（一八五七～一九四三）、衛生学の緒方正規（一八五三～一九一九）、産婦人科の浜田玄達（一八五五～一九一五）、病理学の三浦守治（一八五七～一九一六）、解剖学の小金井良精（鷗外の妹婿、一八五九～一九四四）ら一〇名が補充された。[*5] 彼らの世代的共通性には驚くべきものがある。

ちなみに一八七六年に来日して一九〇二年まで二六年間の長きにわたり東京大学の前身である東京医学校の時代から東京帝国大学医科大学になった後までお雇い外国人教師を務めたドイツ人エルウィン・ベルツは有名な日記を残しているが、残念ながらこの前後の時期については記述が途絶えていて情報が得られない（初期の様子を伝えるものとして一八七九年四月二日付けに、「ギールケは解剖学、ティーゲルは生理学、シュルツェは外科学と眼科学、自分は内科学と産科学、ランガールトは薬物学のそれぞれ試験をやっている。今までのところ学生たちは、一般にすこぶる好成績で試験に及第している」とある）。[*6] それはともかく、このお雇い外国人を日本人教員に置き換えるというパターンは、後に日本国内各大学の医学部もしくは医科大学が当初東京帝国大学や戦後の東京大学の医学部に求めていた人材を次第に自前で養成するという形で再生産され、あくまでも人事は公募によって行われるものの、基本的にインブリーディングの体制が整備されるようになっている。

なお、東京大学が設立された一八七七年に一五歳で医学部に入学した森鷗外（一八六二～一九二二）は八一年に卒業し、八四年から八八年まで四年間ドイツに留学する。上述した帝国大学医科大学の人材確保は、ちょうど鷗外の留学中に成されたことがわかる。鷗外の留学は、後に三三歳でイギリスに留学した夏目漱石（一八六七～一九一六）が主に個人教授と下宿にこもっての勉学に過ごしたのとは異なって、二二歳という比較的若い時期に滞在先のドイツ各地の医療施設に加わって、日々研鑽を積むものであった。そして帰国後の一八九〇年に『舞姫』を書いて文壇にデビューする。鷗外は大学アカデミズムの人とはならなかったが、いわば昼間は陸軍への衛生学の導入と、夜間は個人の内面世界を描く小説もしくは文学の両面で、日本の近代の扉を開くことになったわけである。*7

『法学の誕生』

医科大学に比べると、法科大学の人材の確保はより困難であった。民法学者の内田貴は、「近代日本にとって「法」とは何であったか」という観点から、近年『法学の誕生』を著した。内田が注目するのは、あたかも司馬遼太郎（一九二三〜一九九六）の『坂の上の雲』の主人公である四国の伊代松山藩出身の秋山好古（一八五九〜一九三〇）、真之（一八六八〜一九一八）兄弟と同時代の、伊代宇和島藩出身の穂積陳重（一八五六〜一九二六）、八束（一八六〇〜一九一二）兄弟である。

「日本で最初の法学者」と呼ばれる兄の陳重は一八七〇年に各藩が出す貢進生として大学南校（七四年に東京開成学校と改称）に入り、東京大学に改組される前年の七六年にイギリスに留学。ミドル・テンプル法曹学院でバリスター（法廷弁護士）の資格を取得した後、八〇年にドイツのベルリン大学に移り、翌年帰国した。ドイツに滞在中の陳重に書簡を送り、帰国後に東京大学法学部の教員に就任するように要請したのは、法理文三学部の総理から医学部を合わせた全学の総理に就任する直前の加藤弘之であった。*8 つまり東京大学ならびに帝国大学のドイツ化は着々と進んでおり、陳重のドイツへの転学もそうした時代の動向に沿っていたものと思われる。加藤の要請と陳重の帰国が、明治一四年の政変が起きる直前だったことも注目に値する。

陳重は八一年の帰国後すぐに東京大学法学部の講師に就任し、翌年二六歳で教授兼法学部長になった。一方彼の才能と、他方当時の人材難の双方を告げる事実であろう。イギリス、ドイツの両国に学び、名随筆『法窓夜話』（これは彼が若い頃から書き溜めた草稿を一九一六年の出版にあたり口語体の平易な文章に書き改めたものだという）[*9]の著者でもある陳重には、西洋式法体系の直輸入にとどまらず、つとにものごとを比較法的にかつ歴史的に見る見地が備わっていた。

そこにさらに、フランス法系のいわゆるボアソナード民法の施行延期を受けて、やがて九三年に改めて陳重とともに日本民法典の三人の起草者になる富井政章（一八五八～一九三五）、梅謙次郎（一八六〇～一九一〇）の両名が加わる。陳重の弟の八束も、八四年から八九年までの五年間のドイツ留学を経て、憲法講座の担当者になった。八束は早速九一年に「民法出テヽ忠孝亡ブ」という題名の論文を書いてボアソナード民法の施行延期に貢献するが、教授着任は八九年で、大日本帝国憲法の発布の年であった。

つまりこの憲法を制定したのはあくまでも伊藤博文を中心とする明治政府で、天皇機関説に対抗して天皇主権説を唱えた八束の国家主義的立場も、いわば事後からの正当化の試みであった。つまり施行後になって改めて、憲法とはいかなる法律かということが問題になったのである。なお、天皇機関説を唱えた一木喜徳郎（一八六七～一九四四）が四年間のドイツ留学を終えて帝国大学の行政法講座の担当者になるのは一八九四年、同じく美濃部達吉（一八七三～一九四八）の就任は一九〇〇年である。

この帝国大学、一八九七年以後は東京帝国大学の法学部の舞台で新たに展開するのが、本書で我々が注目する政治学という学問分野であり、さしあたり日本で最初の政治学者となる小野塚喜平次（一八七一～一九四四）である。後に詳しく述べるが、あらかじめ小野塚の経歴を簡単に記しておくと、一八九二年に帝国大学法科大学に入学し、九五年に卒業して大学院に進学し、九七年にドイツ、フランス等への留学に出発。留学中の一九〇〇年に助教授に任ぜられ、〇一年の帰国後直ちに教授となり、政治学講座の初代の担当者となった。[*10] ちなみに日本で二人目の政治学者で政治史担当の吉野作造（一八七八～一九三三）の就任は一九〇九年、三人目で政治学史担当の南原繁（一八八九～一九七四）が七年に及ぶ内務官僚の経験を経て着任するのは一九二一年である。この二人に先立ち、師の穂積八束の国家主義的立場を受け継ぎ、同い年の民本主義論の吉野の論敵となる上杉慎吉（一八七八～一九二九）は、〇三年の卒業の年に直ちに憲法担当の助教授になっている。

政治学の講義については小野塚以前にも若干の経緯はあるけれども、穂積陳重の就任から数えると約二〇年の遅れがあり、その間に帝国大学の位置づけをめぐってもいくつかの重要な変化があった。一八九五（明治二八）年卒業の小野塚の同期には一九二九年に民政党から首相になる浜口雄幸（一八七〇～一九三一）やその下で外務大臣を務め戦後に首相になる幣原喜重郎（一八七二～一九五一）らがいて「二八会」を組織していたが、実はこの年から文官任用令の制定により、帝国大学の卒業生に対する高等文官試験免除の特典が廃止されている（正確にはその前年からであるが、前年の卒業生は試験をボイコットした）。[*11] これはつまり政治家上がりの官僚が官僚上がりの政治家に代わる、すなわち制度を作る政治家から制度によって作られる政治家に代わる時代の転機を象徴する出来事であった。このこともまた日本の一九世紀から二〇世紀への転換を先取りする事柄であった。

大学アカデミズムの成立——国語学の場合

穂積陳重たちが起草した民法が施行されたのは一八九八年である。明治維新から三〇年後である。八九年制定の大日本帝国憲法はともかく、これを遅いと感じる人は多いのではなかろうか。しかし遅いと言えば、実は日本における国語の確立もこの民法の施行とほぼ同じ時期なのである。内田貴は陳重が法の文体にも深い関心を有していたことを指摘しているが、[*12]民法の第一条第一項は「私権ハ公共ノ福祉ニ遵フ」、第三項は「権利ノ濫用ハ之ヲ許サズ」と書かれている。二〇〇五年の民法の口語化、現代語化で、ようやくそれぞれ「私権は、公共の福祉に適合しなければならない」、「権利の濫用は、これを許さない」に改められた（二〇二〇年四月一日の改正民法の施行後も同様）。かつての表現にはもっと難解な言葉も数多く見られたが、今は省略する。要するに文語体の漢字カタカナ混じり文が一〇〇年以上存続していた。法律の言葉はそんなものだろうと思われるかもしれないが、これが民法制定当時の日本語の一つの定型であった。

日本で最初の政治学者小野塚喜平次が一九〇三年に著した『政治学大綱』の本文の書き出しも「学トハ何ソ是古今ノ一大疑問ナリ」である。句読点はない。同年に一七歳で華厳の滝で投身自殺した藤村操（一八八六～一九〇三）が遺書として現場に書き残した「巌頭之感」の「悠々たる哉天壌、遼々たる哉古今、五尺の小躯を以て此大をはからむとす」と同じ文体である。小野塚の著作は今日でこそインターネットで自由に閲覧できるが、後のものを含めて復刻されたり文庫に収められたりしたという事例を耳にしない。『政治学大綱』は政治学の教科書としては最も古いものであるが、その後刊行された類似の書物に比べても内容的には十分読むに値する。しかしこの文体の古さが壁になって、読み手を阻んでいる。福沢諭吉の『学問のすゝめ』の「天は人の上に人を造らず人の下に人を造らずと言えり」(初編、一八七二年)も古いかもしれないが、福沢がいち早く自己の平易な文体を確立して、そのことが彼をして偉大な啓蒙思想家たらしめたことがわかる。『福翁自伝』(一八九九年)の「私のために門閥制度は親の敵で御座る」はもっと読みやすい。あるいは夏目漱石の「吾輩は猫である。名前はまだない。/どこで生れたか頓と見当がつかぬ」(一九〇五年)はどうであろうか。『学問のすゝめ』と『吾輩は猫である』に共通するのは、評判がよくて当初は予期しなかった続編もしくは連載が続いたことである。

この近代日本における国語の確立に指導的な役割を果たしたのは、上田万年(一八六七〜一九三七)であった。この場合の「国語」は「国語、算数……」の国語ではなくて、国家語という意味である。標準語、共通語という概念に置き換えられる場合もある。日本語と言えば言語の種類、世界の諸言語の一つという意味合いが強いが、国語と言えば一つの近代国家を形成する国民が共通に用いる言語であり、ゆえに完全に近代の所産である。

江戸時代までの日本語には地域差と身分差があった。井上ひさしが戯曲『國語元年』でユーモラスにかつ鋭く描き出してみせたように、薩摩弁と津軽弁ではコミュニケーションができない。武士の言葉と百姓、町人の言葉も異なった。それらを統一しなければ、同一の国民は生まれない。軍隊も作れないし、工業化も進まない。国民的統一は度量衡や通貨の統一にも増して、言語の統一に依存する。

統一は発音の統一だけでなく、表記の統一を必要とする。森有礼のように日本の国語を英語にすべきだというのは極論であるにしても、漢字を減らしてはどうか、全部をひらがなにしてはどうか、ローマ字にしてはどうかという議論が明治維新後盛んになったことはよく知られている。言文一致を掲げて文字で音を拾うにしても、いかに表記するかは決して一義的でない。旧仮名と新仮名の違いを考えればわかる。そして国語として統一された言語は、ことの性質上、主に初等教育を通じて一律に規範的に全国に普及させなければならない。イ・ヨンスクは「明治に創出された国語学という学問が、最初から政治性をかかえていたこと」[*13]を強調するが、それは単なる言語政策への関与ということだけでなくて、そもそも課題の設定自体が国家的・国民的統一という意味で政治的であるということだった。国語学はある意味で政治学よりもよほど政治的な学問なのである。

上田万年は夏目漱石と同年に同じ現在の新宿区で生まれたが、漱石に五年先んじて一八八五年に東京大学文学部和漢文学科に入学し、イギリス人のお雇い外国人教師バジル・ホール・チェンバレンから博言学を学び、八八年に卒業。大学院に進学し、九〇年からドイツ、フランスに留学して九四年に帰国すると、二七歳で帝国大学文科大学の博言学講座の教授に任ぜられている。[*14]こうした経歴が穂積陳重や小野塚喜平次ら、帝国大学の各分科大学で初代の日本人の講座担当者になる人に多少とも共通のパターンであったことは、繰り返して述べるまでもない。

その上田が教授就任のこの年、すなわち日清戦争の開戦直後に、哲学者の井上円了（一八五八～一九一九）が建てた哲学館（東洋大学の前身）で行った講演が「国語と国家と」である。これは研究者としてのみならず後の国語政策にも大きく携わる上田の戦闘宣言のような文章であるが、彼は冒頭で「まづ国家と云ふ事より説き初めんと欲す」[*15]と述べている。つまり上田は明確に近代日本国家の国語を定めようとしているのであり、それは決して本居宣長以来の復古的な言語観に基づくものではなくて、西洋の言語学、社会言語学の理論に現れた科学的な言語観に基づくものであった。[*16] 以上のような近代日本における国語学の出発が、政治学の法律学や国家学からの独立とほぼ同じ、一九世紀から二〇世紀への転換地点で行われたことを幾重にも記憶に留めておきたい。それが近代日本における大学アカデミズムの確立の一面であった。

比較対照軸としての夏目漱石

我々はこれまで概略のみではあるが、一九世紀末から二〇世紀初頭におけるいくつかの分野での大学アカデミズムの成立の過程を見てきた。本書の主たるねらいは二〇世紀前半に東京帝国大学の法学部で展開された広義の政治学の展開を辿ることにあるが、実は必ずしもこの時期の日本における政治学の発展の全貌を追うことにはない。

蠟山政道（一八九五～一九八〇）がつとに描いて見せたように、明治以後の戦前の日本の政治学には加藤弘之から南原繁に至る「国家学派」と、福沢諭吉から長谷川如是閑に至る「実証学派」の二つの系譜が存在した。[*17] 主に前者はアカデミズムで後者はジャーナリズムで展開され、後者は前者の「国家学派」に対して「社会学派」とも呼ぶべき存在であるが、その一つの拠点が明治一四年の政変後に大隈重信が小野梓（一八五二～八六）や高田早苗（一八六〇～一九三八）らとともに、ときの明治政府ならびに東京大学に対抗して設立した東京専門学校、後の早稲田大学にあったことは明らかである。したがってもちろん日本の政治学の発達を見るためには、視野を東京帝国大学のみに限るわけにはいかない。

しかし本書のねらいは政治学の学説史の全体を追うことによりも、あくまでも政治学に例をとって、大学アカデミズムの一角に成立しその後そこで独特な形で継承されるに至ったある学問分野の展開を見ることにある。本書の記述を大学アカデミズムが成り立つ以前の政治学の前史から時間的な幅をとって始めるのではなくて、あえて同時代的に進行した医学や国語学といった他の分野に目を注いだのもそのためである。

そうした本書のねらいにとって重要な意味を持つのは、夏目漱石の存在である。漱石は一八九〇年に帝国大学文科大学英文科に入学し九三年に卒業すると、四国松山の愛媛県尋常中学での一年間の教員生活を経て、九六年に熊本の第五高等学校に赴任する。そして在職中の一九〇〇年に官命を受けてイギリスに留学し、〇三年の帰国後東京帝国大学文科大学ならびに第一高等学校の講師に就任する。[*18]ここまではこれまで見てきた帝国大学各分科大学の主要スタッフと同様の経歴である。文科大学の漱石の前任者はかのラフカディオ・ハーン（小泉八雲）であり、ハーンの辞職後にともに採用されたアーサー・ロイド、上田敏（一八七四〜一九一六）、漱石の三人の中で、漱石は最も有力な後継者であった。[*19]直ちに教授採用でなかったことが漱石には不満だったかもしれないが、お雇い外国人が日本人の担当者に交代していく典型的なパターンだった。

しかし一九〇五年に『吾輩は猫である』を発表して小説家としてデビューした漱石は、引き続き『草枕』、『坊っちゃん』（ともに〇六年）などを発表すると、〇七年に大学を辞め、小説記者として『朝日新聞』に入社してしまう。

「新聞屋」漱石の出発

「入社の辞」における漱石は喧嘩腰である。この文章は本書の関心にとって極めて重要な意味を持っている。まず「大学を辞して朝日新聞に這入ったら逢う人が皆驚いた顔をして居る。……大学をやめて新聞屋になる事が左程に不思議な現象とは思わなかった」と書き始める。そしてこう啖呵を切る。「新聞屋が商売ならば、大学屋も商買《ママ》である」。この認識が重要であるが、補足がいる。つまり漱石は安定した大学教師の地位を擲《なげう》って、急速に販売を拡大しつつはあるがまだ新興の事業で海のものとも山のものともわからない新聞社に勤めるリスク、小説記者になる危惧を退けようとしているのであるが、肝心なことは新聞だけでなく大学もまた同じようにできたばかりの存在だったことである。

なるほど大学は「御上で御営業になる」し、漱石ほどの地位に就くためには並々ならぬ努力が必要であったが、専門に分化したアカデミックな大学はまだ当時できたばかりであった。つまり漱石は安定した身分から不安定な境遇に移ったのではなくて、あたかも踵を接して新たに出発した二つの路線のうち、一方を捨てて他方を選んだのである。[*20] 漱石は決してフリーの小説家になったわけではない。新聞社の小説記者になったのである。そしてそれは一九一六年の彼の死まで続き、『虞美人草』から未完に終わった『明暗』までの作品をもっぱら『朝日新聞』のために書いた。それはまた上田万年が夢見た近代の日本語が確立される試みでもあった。そうしたことは『猫』における写生文の見事さや登場人物たちの機関銃を撃ち合うような会話、あるいは『明暗』の津田夫婦の日常生活におけるおそろしく面倒臭い、とても夫婦とは思えない理屈っぽい会話の中によく現れている。

ちなみに吉野作造も一九二四年に東京帝国大学法学部教授を辞職して『朝日新聞』に入社するが、

筆禍事件がもとでわずか四か月後に退社を迫られる。なぜそのような漱石と異なる事態が生じたのか。その経緯は後に考察することにしたい。

漱石の『吾輩は猫である』は日露戦争の最中に書かれたが、大手の新聞が発行部数を大幅に増やすのも日露戦争がきっかけである。一九〇一年の福沢の死去を伝える『朝日新聞』(二月五日)の福沢の顔は似顔絵であるが、日露戦争に従軍する軍艦は写真になる(〇四年一〇月一一日、「長山列島に假泊せる軍艦隅田」の遠景。もちろんまだ圧倒的に挿絵が多いが)。そのわずかの間に技術革新があった。そして一九二四年には『大阪毎日』や『大阪朝日』などの大手は一〇〇万部を突破する。[*21] すなわち度重なる戦争報道も、小説記者夏目漱石の採用も、大幅な発行部数の増大を期するためのことであった。

『朝日新聞』の発行部数は二〇〇〇年に八三二万部(『読売新聞』は一〇二二万部)でピークを迎えるが、二〇一八年には五九五万部(『読売新聞』は八四七万部)まで下がっている。最大の原因は言うまでもなくインターネットの普及などの情報革命であるが、大学と並んで二〇世紀こそはまさに新聞とそして後半は同時にテレビの時代であったことがよくわかる。[*22] 数字の上では二一世紀の今日、大学と新聞の役割はもはやピークを過ぎたと言えるかもしれない。

さて、同じ「入社の辞」で漱石は、「大学では四年間講義をした。特別の恩命を以て洋行を仰つけられた二年の倍を義務年限とするとこの四月で丁度年期はあける訳になる」と言っている。[*23] これも彼の勝手な判断に違いないが、漱石はこの間ロンドンで骨身を削って思索した結果である文学論や、一八世紀イギリス文学史の講義をしていた。その内容は今日『文学論』(一九〇七年)および『文芸評論』(一九〇九年)として読める。

『文学論』は文庫版で上下二冊、七〇〇頁の大著で、「凡そ文学的内容の形式は（F＋f）なることを要す。Fは焦点的印象または観念を意味し、fはこれに附着する情緒を意味す」[*24]で始まる。まるで後年丸山眞男（一九一四〜九六）が『政治の世界』で「政治的状況の進行過程」を「C－S」（Cは紛争、Sは解決）と規定した[*25]のを思わせる簡潔かつ独創的な理論展開である。

小野塚喜平次の『政治学大綱』上下二冊が一九〇三年に刊行されていることを想起するとき、我々は小野塚と漱石がまったく同時代の人間であり、しかもここまで専門は違ってもほとんど同じような経歴を辿ってきたことを知る。留学の時期も一部重なっている。ここから小野塚が最初の政治学者として大学アカデミズムの道をひたすら歩むのに対して、漱石は早々に文学研究の道を捨てて日本語による文学創作の道を選んだのである。

『文学論』の序文は本編に先立って『読売新聞』に発表されたものであるが、この有名な序文で漱石は、学生時代に英文学を選んだものの「卒業せる余の脳裏には何となく英文学に欺かれたるが如き不安の念あり」と述べている。漢籍は味読できるが、それに比べて読解力は劣らぬはずの英文学はその境地に達しない。「漢学に所謂文学と英語に所謂文学とは到底同定義の下に一括し得べからざる異種類のものたらざるべからず」。

こうして彼はロンドンにおいて「下宿に立て籠り」、材料はイギリス文学であるが改めて文学のいわば原論的な考察に挑んだ。「倫敦に住み暮らしたる二年は尤も不愉快の二年なり。余は英国紳士の間にあつて狼群に伍する一匹のむく犬の如く、あはれなる生活を営みたり」。「帰朝後の三年有半もまた不愉快の三年有半なり」。その結果、「神経衰弱」を自認せざるをえなくなった漱石は、あたかも自己治療のために『猫』のようなユーモア小説の執筆を始めたのである。[*26] 彼の作品群は膨大な原論的考察の上に築かれた実践編、応用編であった。

我々が漱石に注目するのは、彼がまさに学問の各分野において大学アカデミズムが成立する時期に、早々にその道を捨てたからばかりではない。それに加えて作家になった彼の許を実に多くの次世代の人々が訪れ、あたかも「漱石山脈」を築いたからでもある。寺田寅彦（一八七八〜一九三五）、小宮豊隆（一八八四〜一九六六）、森田草平（一八八一〜一九四九）、鈴木三重吉（一八八二〜一九三六）、安倍能成（一八八三〜一九六六）、岩波茂雄（一八八一〜一九四六）、野上豊一郎（一八八三〜一九五〇）、野上弥生子（一八八五〜一九八五）、内田百閒（一八八九〜一九七一）、和辻哲郎（一八八九〜一九六〇）、芥川龍之介（一八九二〜一九二七）らの人々である。[*27]

文学者のみならず、物理学者あり、哲学者あり、出版人ありであるが、にもかかわらず彼らにはすべて漱石の知的、人間的影響があり、それはやや後に「大正教養主義」とも形容されるものである。彼らの中で最も若かった芥川こそは、小野塚喜平次にとっての吉野作造のごとく、漱石以後の時代の文学の代表者となる。もちろんそれは大学アカデミズムの中でのことではなくて、いわば私的なサロンを通じてのことであった。しかし紛れもなく大学アカデミズムの成立と同時代に見られた知の継承関係の一つである。本書が「漱石山脈」を二〇世紀前半の日本思想史の比較対照軸に設定する所以である。

大学アカデミズムの成立——京都学派の哲学

本書の冒頭に、日本で二番目の大学、京都帝国大学ができたのは一八九七年であると述べた。しかしこのときできたのは理工科大学だけで、法科大学と医科大学は九九年、文科大学ができたのは一九〇六年になってからであった。そしてこの文科大学こそはいわゆる京都学派の哲学を生み出すことになる。

そもそも明治の初めにphilosophyの訳語として「理学」ではなくて「哲学」を選んだのは西周（一八二九〜九七）であった。「理学」には儒教の趣きが濃かったからである。scienceの訳語もおそらくは学問の専門分化の時代を反映して「科学」となって定着し、「理学」は大学の理学部という名称にだけ残ることになった。ソクラテスを思えば元来哲学者は街頭にこそいるべきかもしれないが、早くもプラトンはアカデメイアを創設して、その後哲学は西洋でも大学の中に入ることになった。

日本の場合、一八七七年に創設された東京大学の文学部で最初に本格的に西洋哲学の講義をしたのは、翌年来日し日本人に「美術」の概念を教えたことで名高いアーネスト・フェノロサであった。このフェノロサの下でスペンサーやヘーゲルについて学び、その後のドイツ留学を経て一八九〇年に哲学科の教授になるのが井上哲次郎（一八五六〜一九四四）である。井上こそは著作も多く、日本人哲学者の開祖に位置づけられてもよい人であるが、内村鑑三（一八六一〜一九三〇）のいわゆる不敬事件を契機として激しいキリスト教批判を行ったことや国民道徳論の提唱者として有名で、国家主義のイデオローグとして以外には今日では顧みられることが少ない。[*28]

さて、京都帝国大学の初代文科大学長を務めたのは、安藤昌益の発見で歴史に名を残す狩野亨吉

（一八六五〜一九四二）であり、よく知られているように彼が行った採用人事が絶大な効果を発揮したのであった。狩野はまず学生時代からの友人である夏目漱石を招こうとした。『朝日新聞』に入社する直前に京都を訪れた漱石が狩野の家に泊まったことは、漱石のエッセイ「京に着ける夕」[*29]に書かれている。漱石は京都の寒さを嫌ったのか、あるいはすでに大学を去る決心をしていたためか、狩野の申し出を断った。狩野が特に腕を発揮したのは、東洋学（「支那学」）の狩野直喜（一八六八〜一九四七）と内藤虎次郎（湖南）（一八六六〜一九三四）の両名、とりわけ学歴上は秋田師範学校の出身である内藤の、文部省の反対を押し切っての採用であった。[*30]そうしたこともあって狩野亨吉はわずか二年で文科大学の学長を辞めてしまうから、西田幾太郎（一八七〇〜一九四五）の起用には関わっていないと思われるが、そのようにして生まれた学風はその後も存続したであろう。

西田幾多郎は金沢の第四高等学校を中途退学したために帝国大学の本科に入れず、一八九四年に帝国大学文科大学の哲学科選科を修了し、九六年から短期間の中絶をはさんで一九〇九年まで第四高等学校でドイツ語や倫理学を教えて過ごした。この選科修了であることと、三〇代の一〇年間、地方で思索に耽る生活を送ったことは、西田の哲学の形成に大きな影響をもたらした。〇九年に東京に出て一年間学習院の教授を務めるが、翌年京都帝国大学文科大学の助教授に就任する。処女作『善の研究』（岩波文庫、二〇一二年版）が刊行されたのはさらにその翌年であった。「我が邦人による最初の独創的な哲学体系[*31]」、「日本の哲学が自らの足で歩くことを始めたことを示す記念碑的な著作[*32]」と言われる作品である。

簡単に言えば（簡単には言えないが）、誰かの紹介ではなくて、自分の頭で考えた哲学であった。その意味では漱石の『文学論』に通ずる。世界をどう見るかの認識論ではなく、世界がどうあるかの主客未分の存在論であり、そうした世界の存在の仕方を示すために、「純粋経験」とか、後には「場所」とか「絶対無」という言葉がキーワードになった。もちろん膨大な読書量を踏まえているが、西田の書棚には誰かの全集というようなものがほとんどなかったというエピソードが彼の哲学の特徴をよく伝えている。文明開化から四四年を経て、西洋では知の根本に位置づけられる哲学の領域において、ようやくそうした作品が生まれたのである。

西田は赴任すると、一九一九年に田辺元（一八八五～一九六二）を助教授として招聘した。田辺は〇八年に東京帝国大学文科大学哲学科を卒業後、一三年から東北帝国大学（そもそもは札幌農学校を農科大学として〇七年に設立されたが、同校は一八年に北海道帝国大学として分離独立する）の理科大学（一一年設立）で科学概論を担当していた。西田以前の〇七年に着任していた西洋哲学史の朝永三十郎（一八七一～一九五一）（ノーベル物理学賞受賞の振一郎（一九〇六～七九）の父）に加えて（同じく創立時のメンバーである桑木厳翼（一八七四～一九四六）は一四年に東京帝国大学に転任）、さらに一〇年に美学の深田康算（一八七八～一九二八）、一七年に宗教学の波多野精一（一八七七～一九五〇）、二五年に倫理学の和辻哲郎（三四年に東京帝国大学に転任）、二九年に哲学の九鬼周造（一八八八～一九四一）らの錚々たるメンバーが揃った[*33]。「京都学派」が「西田学派」と必ずしもイコールでない所以である。

なお、通常「京都学派」と言うと、多少とも西田や田辺の薫陶を受けた次世代の京都帝国大学文科大学哲学科の卒業生である三木清（一八九七～一九四五）、戸坂潤（一九〇〇～四五）ら、そして高坂正顕（一九〇〇～六九）、西谷啓治（一九〇〇～九〇）、高山岩男（一九〇五～九三）ら、場合によっては戦後までを視野に収めたより広い範囲の人々を含む。戸坂、三木は東京に出て、戸坂は終生、三木も一時マルクス主義の強い影響を受け、ともに獄死の運命に遭遇するが、対照的に高坂らは京都帝国大学に職を奉じて戦争中に『世界史的立場と日本』の刊行（一九四三年）に加わり（同名の座談会は『中央公論』四二年一月号に掲載）、「大東亜戦争」の正当化に寄与した。つまり「京都学派」と言うだけでは、立場的には右から左までの人がいて、ほとんど京都大学に縁がある人と言うのと同じぐらいに広い。ただし「大正教養主義」から一五年戦争に向かう時代においては、徴兵制により絶えず死と向き合っていた京都のみならず全国の若者たちにとって、哲学に対する需要は極めて大きくて強いものであったと考えられる。フリーで活躍した三木清が、言論に対する厳しい弾圧の中、かろうじて人生論[*34]に活路を見出していったのは、その間の事情を物語る。

大学アカデミズムの成立——経済学の場合

それまでの法理文医工農の漢字一文字の分科大学（一九一八年の大学令の公布以後は各学部）に加えて、東京帝国大学と京都帝国大学に、それぞれ法学部からの分離独立ではあるが、初めて二文字の経済学部ができたのは一九一九年のことであった。同年には従来の名古屋の第八高等学校までに加えて、新潟、松本、山口、松山に地名入りの高等学校が増設された。まだまだ少ないとは言え、進学率の上昇を踏まえた高等教育の拡大である。翌年には東京高等商業学校も東京商科大学（現在の一橋大学）に改組される。ときあたかも大正デモクラシーの時代であり、伝統的に積極政策を掲げる政友会の原内閣の下ででではあったが、要するにこれらの背景にあったのは第一次世界大戦を契機とする日本の資本主義の発達であった。逆に言えば、それまで経済学は日本では誕生しなかったことになる。

日本における経済学の生誕を告げる出来事は、何と言っても一九一六年九月から一二月までの河上肇（一八七九〜一九四六）の『大阪朝日新聞』紙上における『貧乏物語』の連載である。[*35] ちょうど夏目漱石の遺作となった小説『明暗』が彼の死去に至るまで連載されていたときであり、この年の『中央公論』一月号には吉野作造の民本主義論、すなわち「憲政の本義を説いて其有終の美を済すの途を論ず」も発表されていた。一九一六年というのは、このように様々な流れが交錯した年であった。そしてそもそもは「ゆたかな社会」の成立を説くことではなく、高度な資本主義の発達にもかかわらずというか、むしろそれゆえに生ずる貧乏を退治することが経済学の使命であった。

『貧乏物語』は、そこで河上が提起している貧乏根絶の三つの方策、すなわち①奢侈の廃止、②貧富の懸隔の匡正、③生産事業の国家管理（河上は「社会主義」とは言っていない）のうち、①を選んでいることをもって、[*36] いまだマルクス主義的ではなかったとされるが、[*37] 結果としてアダム・スミスからマルクスに至る経済学の優れた解説書となっている。そこにはマルクスの例の『経済学批判』序文の有名な唯物史観の公式も、河上自身の翻訳によって載せられている。しかも河上の文体はまことに平明で、後の彼の自叙伝は他人の悪口が多く書いてあって評判はあまりよくないのだが、共産党の地下活動を書いても刑務所の食事について書いても、ともかく読ませる文章であることはまちがいない。

河上は一九〇八年から二八年までの二〇年間、京都帝国大学法科大学、経済学部の講師、教授を務めたが、左翼への弾圧が次第に強まる中で大学を辞職して実践活動を志し、二八年には政治学者の大山郁夫（一八八〇〜一九五五）とともに労働農民党を結成した。しかしまもなく大山と対立し、三二年にはついに非合法の日本共産党に入党して地下活動に従事し、三三年に検挙され、三七年まで収監された。共産党入党時には「とうとうおれも党員になることが出来たのか！」と喜び、「たどりつきふりかへりみればやまかはをこえてはこえてきつるものかな」という歌を詠んだという自叙伝での回顧[*38]は有名である。

一九一九年に法学部から分離独立した東京帝国大学の経済学部は、翌年直ちにいわゆる森戸事件に巻き込まれた。森戸辰男（一八八八～一九八四）助教授が学部の紀要である『経済学研究』創刊号に無政府主義者のクロポトキンを扱った「クロポトキンの社会思想の研究」を寄せたところ、それが朝憲紊乱の罪（新聞紙法四二条）に当たるとされて発行人の大内兵衛（一八八八～一九八〇）助教授とともに起訴され、森戸は禁固三か月・罰金七〇円で休職して復職はかなわず、大内も禁固一か月・罰金二〇円で休職したが後に復職した。[*39]純然たる学術雑誌に発表された論文が官憲の弾圧を受けるという悪しき事例の始まりであった。

一九二八年に最初の男子普通選挙が行われ、その直後に共産党員の一斉検挙である三・一五事件が起きると、前述の京都帝国大学経済学部の河上肇、東京帝国大学経済学部の大森義太郎（一八九八～一九四〇）、九州帝国大学法文学部の石浜知行（一八九五～一九五〇）、佐々弘雄（一八九七～一九四八）、向坂逸郎（一八九七～一九八五）らマルクス主義者に対する辞職の圧力が高まり、彼らはいずれも大学を退いた。大森は一九一九年の東京帝国大学経済学部最初の入学生で、経済学部の若き期待の星であった。

同様の事例は三〇年の共産党シンパ事件における講座派マルクス主義者東京帝国大学法学部の平野義太郎（一八九七～一九八〇）、経済学部の山田盛太郎（一八九七～一九八〇）ら、三八年の人民戦線事件（教授グループ事件）における労農派マルクス主義者大内兵衛、有沢広巳（一八九六〜一九八八）、脇村義太郎（一九〇〇〜九七）らの場合において繰り返された。その間の一九三二年から三三年にかけて岩波書店から刊行された大塚金之助（一八九二〜一九七七）、野呂栄太郎（一九〇〇〜三四）、平野、山田を編者とする『日本資本主義発達史講座』全七巻こそは講座派マルクス主義研究の集大成であり、初めて日本の近代を総合的に批判的に捉えた成果であった。しかし時代はもはや天皇制ファシズムの時代であり、そうした研究が受け継がれるためには戦後を待たなければならなかった。

東京帝国大学経済学部に対する国家権力の弾圧は決してマルクス主義経済学者に対するものにとどまらなかった。クリスチャンで植民政策学の矢内原忠雄（一八九三〜一九六一）は『中央公論』一九三七年九月号に発表した「国家の理想」などが大学の内外から咎められて辞職し、社会政策と経済学史の河合栄治郎（一八九一〜一九四四）もファシズム批判がもとで三九年一月、学部内で対立する右派の土方成美（一八九〇〜一九七五）とともに休職に処せられた。この河合、土方両名の休職処分はときの平賀譲（一八七八〜一九四三）総長の仲裁（平賀粛学。背景には田中耕太郎（一八九〇〜一九七四）法学部長と舞出長五郎（一八九一〜一九六四）経済学部長による斡旋があった[*40]）で行われたものである。このときすでにマルクス主義経済学者は追放されていたが、河井、土方の左右両派の対立で経済学部教授会は完全に自治能力を喪失していたことがわかる。

ファシズム批判を行う者という意味では、一九三五年に美濃部達吉の天皇機関説が右翼の攻撃を受けて以来、法学部の中にも憲法の宮沢俊義（一八九九〜一九七六）、国際法の横田喜三郎（一八九六〜一九九三）、そしてカトリックの立場から世界法を説く商法の田中耕太郎自身らのように、同様の攻撃を受ける立場の人物が存在したのだが、狙われた新興の経済学部が当事者能力を失っていたのに対して、法学部は田中耕太郎学部長が立てた河合休職の方針への南原繁の厳しい批判はあったものの、最終的には結束して事に当たったのである。[*41] こうして戦前の日本の学問分野の中で最も遅れて大学アカデミズムの確立をめざした経済学部は、ファシズムと戦争の進展によって最も大きなダメージを受けたのであった。

明治日本と帝国日本

日露戦争を境として、ということはつまり一九世紀から二〇世紀への転換点において、いわば明治日本は帝国日本に変質した。変質は政治、軍事、経済、教育などの様々な分野で相互に密接に関連し合いながら生じたが、各学問分野の専門化、すなわち大学アカデミズムの成立もまたこの時代の特徴であった。日露戦争を契機として、日本の近代はいわば第二段階に入ったのである。功罪はともかく、西洋並みの国家になったということである。

我々は本論で東京帝国大学における政治学の発達を見るために、粗雑ながらあらかじめ代表的な学問分野の同時代的な動向を概観した。それが可能になったのは、いずれも比較的最近になって註に掲げたような各分野の成立状況に関する諸研究が盛んになったからである。これまでの叙述はそれらに大きく助けられている。管見によれば、政治学についてのそれらに匹敵する書物はまだないように思われる。本論に入るに先立って、次にまず舞台となる東京帝国大学法学部の政治学分野の全体像をつかんでおきたい。

2　東京帝国大学の政治学

前史

我々は前節で小野塚喜平次が「日本で最初の政治学者」であることをあたかも自明のことのようにして記してきた。しかし、何ごとにもそうであるが、もちろん前史がある。小野塚以前というか、東京大学の設立にまで遡って、学部、学科、分科大学の編制の変遷を見ておきたい。

政治学は一八七七年の東京大学の設立当初、法学部ではなくて文学部にあった。すなわち文学部は史学哲学及政治学を以て第一科とし、和漢文学を以て第二科とした。早くも二年後には第一科は哲学政治学及理財学科となり、さらに二年後には哲学科、政治学及理財学科、和漢文学科の三学科になった。いかにも大学の揺籃期であったことがわかる変化の仕方である。そして一八八六年三月の帝国大学令公布の直前（八五年一二月）に政治学及理財学科は法学部に移されていったんは法政学部になるが、帝国大学令とともに法科大学の法律学科と政治学科になるのである。その後法科大学には一九〇八年に経済学科、〇九年に商業学科ができて、これらは一九年の経済学部の分離独立につながる。[*42]

文学部のほうはどうなったかと言うと、政治学の移行で哲学科と和文学科と漢文学科の三学科になり、文科大学になった八六年に博言学科ができ、八七年に史学、英文学、独逸文学、八九年に国史科が加わるとともに、和文学科は国文学科、漢文学科は漢学科と改称される。そして九〇年に仏蘭西文学科ができて、全部で九学科になるのである。[*43]

今日でも政治学は大雑把に言って東京大学や慶應義塾大学のように法学部にあるか、早稲田大学や東海大学のように政治経済学部にあるかのどちらかである。単独の政治学部という名称は日本では聞いたことがない。政治学に隣接する社会学は文学部に置かれることが多いから政治学が文学部にあってもおかしくはないのだが、今日でもそうした例は見られない。もちろん国際学部等を名乗るところにたとえば地域研究や国際関係論が置かれているところはあり、また一般教養科目の一つとしての政治学はこれまで多くの大学に置かれてきた。

一八七七年の文学部の設立当初、政治学の教員は欠員であった。翌年、前節でも触れた哲学や美術のお雇い外国人教師アーネスト・フェノロサが来日して、政治学と理財学の担当者にもなるのである。[*44]つまりこの四つの科目は日本では共通の先祖を持つ。

小野塚総長時代の一九三二年に刊行された『東京帝国大学五十年史』を見ると、まだ文学部時代の一八八一年、八二年の政治学の担当者として栗塚省吾（一八五三〜一九二〇）という名前がある。[*45]耳慣れない名前だが、ウィキペディア情報によると越前藩出身で大学南校から司法省明法寮に転じ、パリ大学に留学して一八八〇年に帰国した人である。後半生は主に司法官僚として過ごし、一九〇二年から三回連続で衆議院議員にも当選した。

一八九三年に帝国大学の各分科大学に講座制が導入され、九四年一〇月付けで政治学政治史講座の講師として木場貞長（一八五九〜一九四四）という名前が確認される。[*46]木場は薩摩藩出身で父清生は西郷隆盛と親交があったらしい。文部省からドイツに留学して、帰国後は初代の文部大臣であった森有礼の下で働いた。結果論かもしれないが、栗塚にしても木場にしても、役所も大学も組織や人事がまだ流動的だった時代における司法官僚や文部官僚のとりあえずの起用だったという印象が強い。

こうして一九〇〇年三月に政治学政治史講座が政治学と政治史の二つの講座に分かれたとき、一八九七年から欧州留学中の小野塚喜平次が政治学講座の助教授に任用されるのである。翌年木場は講師を解嘱されて、小野塚は教授に昇格する。もう一方の政治史講座に吉野作造が着任するのは、一九〇九年まで待たなければならなかった。[*47]

将来担当者となるための留学であったにせよ、小野塚とて栗塚や木場と同様に短期間の在職に終わる可能性はあったであろう。そもそも政治学志望とは言え、官僚養成学校たる法科大学の出身者なのである。いつの日か実務の世界に出たとしても不思議はない。なぜ小野塚は大学アカデミズムの世界に留まったのか。そして「日本で最初の政治学者」になったのか。我々の考察は実はここから始まるのである。

小野塚喜平次

小野塚が大学に残る道を選んだ理由についてはいくつかのことが考えられるが、いずれも状況証拠に過ぎない。まずは彼が越後の長岡藩の出身であることである。河合継之助（一八二七～六八）に率いられた長岡藩は江戸藩邸を売却して得た資金などでアームストロング砲やガトリング砲などの西洋の最新式兵器を購入して、薩長の官軍に最後まで抵抗した。そうした過去の歴史を背負う者として、明治の新政府に仕えることを潔しとしなかったのではないか。

もっとも小野塚家は商家で武士ではなかったし、喜平次も一八八五年にわずか一四歳で校長と対立して長岡中学を退学し、直後に上京しているから、土地の刻印がそれほど強く押されていたとは思えない。小野塚には自らの精神史を記したものがほとんどないが、わずかに南原、蠟山、矢部『小野塚喜平次』に引かれている一九三七年の東京帝国大学『緑会雑誌』のインタビューでは、「その頃越後地方の心ある者は、明治政府の専政的傾向と薩長万能の弊に対して、すこぶる不平でありました」と語っており、教授晩年の彼の「政治学」の講義録にも「今日に於ても尚封建時代の遺風が澤山残存してゐる。薩長の専断の如きは其例である」という言葉がある。当初は地元の多くの青年たちと同様に福沢諭吉の慶應義塾に憧れていたのだが、「功利的な立身出世主義」には興味が持てず、「学問は帝国大学の方が一層程度が高いようだ」という父の助言もあって、法科大学政治科への進学を決めた[*48]。帝国大学も立身出世主義と無縁ではなかったはずであるが、新時代の機運は地方の名望家の耳にも達していたということであろうか。

戦前の東京帝国大学の総長だったといっても、今日の新潟県長岡市に小野塚を顕彰する史跡は少ない。学者では同地出身で哲学館（現在の東洋大学）の建学者であった井上円了のほうがまだ知られている。それよりも長岡出身の最も著名な人物の一人は山本五十六（一八八四〜一九四三）である。この誰よりも西洋経験の豊富な帝国海軍の指導者がアメリカを相手に戦争をしたところに、幕末の河合継之助に通じる土地柄が感じられる。勝つ見込みのない強敵にあえて挑んで敗れ去る精神である。西洋の実力を知れば知るほど、それとの対立衝突を回避するのが本来であるのに。すぐ後にも述べるように、西洋通ということでは小野塚も決して人後に落ちなかった。

小野塚がアカデミズムの道を選んだ第二の理由は彼の身体が弱かったことである。前節でも述べたように、帝国大学法科大学明治二八（一八九五）年卒業の小野塚の同期には浜口雄幸や幣原喜重郎がいた。首席は小野塚だったというから、彼もまた官界や政界をめざしてもよかったのに、そうしなかったのは一つには文官任用令の制定が象徴するように官庁組織が次第に固定化して魅力が失せたことも理由と見られるが、やはり小野塚が激務を避けた結果とも考えられる。小野塚のアカデミズム志向の背景にあったのは、脱世間の願望であったのかもしれない。

しかし我々が最も注目するのは、小野塚の現実世界の動向に対する飽くなき関心である。すでに前節で見たところであるが、東京帝国大学の役割という見地から、蠟山政道のように小野塚を「国家学派」とみなす人もいる。だが一般的に小野塚の学風を表現するのに「実証（主義）」的という言葉が使われることも多い。それはもちろん政治学が国家学からの独立をめざしたことにもよるが、彼がドイツ風の観念論よりもイギリス風の経験論を重んじたとされることにも通じている。しかしそれを単なる学問的手続きに矮小化してはならない。

興味深いことに小野塚は日露戦争の旅順港閉塞作戦で戦死した広瀬武夫（一八六八〜一九〇四）と深い親交があり、留学中にわざわざロシアを訪れて旧交を温めたという。[*49] 広瀬は人も知るロシア通であった。つまりインテリジェンスとアカデミズムは通じるところがあるのである。「学問の自由」を持ち出すと両者の関係は微妙になるが、敵を知ることと真理の探究はアメリカの知的風土を考えればわかるように必ずしも矛盾しない。小野塚の著書『政治学大綱』は理論的もしくは原論的考察であるが、それ以後に彼が『国家学会雑誌』(小野塚は東京帝国大学の紀要であるこの雑誌以外に書かなかった。吉野作造との大きな違いである)に相次いで発表した論文は、留学経験を土台として集められた海外の種々の情報の分析であった。小野塚のアカデミズム志向を支えたのはそうした冷めた認識に対する欲求であったように思われる。彼はハイデルベルクに滞在したことがあるばかりでなく、マックス・ウェーバーのまったくの同時代人でもあった。

こうして小野塚は留学から帰国後の一九〇一年から東京帝国大学に在職し、二八年には総長に選出されて、三四年まで務めた。彼の総長時代の二九年には大学の同期だった民政党の浜口が首相に就任し、その下で外務大臣を務めた幣原が幣原外交を展開する。三〇年に浜口内閣は軍部の反対を押し切ってロンドン海軍軍縮条約に調印した。それは戦前の日本の自由主義の時代のピークであった。小野塚総長の時代にも、マルクス主義者に対してのみならず、三三年の京都帝国大学の滝川(幸辰(一八九一～一九六二)、刑法学者)事件のような国家権力による自由主義者の排除がすでに起きていて、滝川の同僚たち以外には顕著な抵抗は見られなかったが、小野塚はかろうじて総長の任期を全うした。その後に時代はさらに暗転する。

小野塚以後の政治学

小野塚についてもその後を継ぐ者たちについても、もとより次章以後において詳細に検討するつもりであるが、ここではまずその全貌を俯瞰しておきたい。本書の主な登場人物についての前もっての紹介という目的をも有する。できるだけ時系列に沿う形で記述する。

一九〇〇年に政治学政治史講座が二つに分かれて政治学講座の新任に迎えられた小野塚にとっても、着任早々もう一方の政治史講座の人員を要求することは決して容易ではなかったであろう。〇四年に法科大学政治学科を首席で卒業した吉野作造はとりあえず大学院に入るが、すぐには職を得られず、民法の梅謙次郎教授の紹介で清国直隷総督袁世凱の長男袁克定の家庭教師を務めるために、〇六年から結果的に三年間清国に渡った。[*50] その間京都帝国大学の行政法の助教授に就く話もあったが、それを断り、ようやく〇九年に東京帝国大学法科大学の助教授に就任する。政治史専攻の、日本で二人目の政治学者である。翌年ドイツ、フランス、イギリスなどへの留学に出発し、一三年の帰国後に本格的に教壇に立った。後には明治以後の日本政治史も講ずるようになるが、当初はもっぱら直近の西洋政治史を講じた。[*51]

就任まで苦労があった吉野であるが、一九二三年の関東大震災の翌年、あっさり東京帝国大学教授を辞職して朝日新聞に入社してしまう。師の小野塚がどう思ったかは知りたいところであるが、吉野の日記を見ても残念ながらあまり情報は得られない。このあたりの経緯が夏目漱石と似ていることはすでに記した。吉野の場合は理由として東アジア地域からの留学生たちを自ら経済的に支援したいという希望もあったという。[*52] 大学では引き続き講師として政治史の講義を行い、特別に研究室もあてがわれたが、わずか四か月で筆禍事件のために朝日新聞を退社せざるをえなくなった。一時は論壇の寵児であった吉野ではあるが、決して長くはない生涯の晩年は、言論の自由への抑圧と病気と経済的困窮のために少なからず苦難を強いられた。

三人目は南原繁[*53]である。南原は一九一四年に東京帝国大学法科大学を卒業後、内務省に入り、富山県射水郡長や警保局事務官などの七年間の勤務を経て、二一年に母校の助教授となり同年直ちにドイツ、フランスなどに留学。二四年の帰国後、新設の政治学政治学史第二講座の担当者となった。従来の小野塚の担当が政治学政治学史第一講座と改称されたのである。南原の前後にはやはり当初内務省に勤務した商法の田中耕太郎や、農商務省に勤務した社会政策の河合栄治郎など、最初に官僚を経験した者が目立つ。しかしこれらはもはや官庁的な人事異動の結果ではなく、多少とも大正デモクラシーの空気を吸った人々の個別の決断における大学アカデミズムの道の選び直しであった。後年、戦後の困難な時期に南原や田中が大学の総長や最高裁判所の長官などのような要職を務めえたのは、もともと彼らにあった組織人としての資質のためであったかもしれない。

南原の人事と併行して、ニューヨークの銀行家ヘップバーンの寄付によって設立された「ヘボン講座」と呼ばれる「米国憲法・歴史及外交」(後の「アメリカ政治外交史」)の担当者高木八尺が、アメリカ留学を終えて二三年に着任している。[*54] なお、東京帝国大学法科大学には外交史講座があり、担当者としてつとに立作太郎(一八七四〜一九四三)や神川彦松(一八八九〜一九八八)が在職したが、この時代の外交史は国際法分野に近くやや特異な位置を占めるので、本書では扱わないことにする。[*55]

順序として、次は一九二一年に新設され、翌年蠟山政道を助教授に迎えた行政学がある。[*56] 一八九三年に講座制が導入されて以来、人事は基本的に講座に貼り付ける形で行われたから、新しい講座が増えなければ新しい人事は起こせないわけである(当時はまだ定年制も確立されていなかった)。そもそも小野塚も吉野もそうであったが、南原も高木も蠟山もそうした形で採用が進められた。ここまでが大正時代の東京帝国大学法科大学、一九一九年からは法学部の広義の政治学の担当者の主な顔ぶれである。

次に講座が新設されるのは一九三九年の政治学政治学史第三講座であり、授業科目としては日中戦争勃発を受けた時局の要請もあって設置された東洋政治思想史である。当初は津田左右吉（一八七三〜一九六一）、村岡典嗣（一八八四〜一九四六）らの非常勤講師によって講義が行われたが、四〇年からは丸山眞男が助教授になる。[*57] 戦後民主主義の旗手である丸山を大学アカデミズムの世界に送り出したのは日中戦争当時のアジア主義的な社会的気運であり、それを逆手に取って東洋や日本の政治思想史を西洋との比較において学問的に解明しようとした丸山の師である南原の意図であった。

ところで吉野は教授を辞職した後も講師として政治史の講義を行っていたが、晩年は病気がちでもあり、早晩後継者が必要であった。一方で小野塚の総長就任は一九二八年一一月であるが、それ以前から彼の後継者についても関係者間で検討が行われていたと考えられる。こうして一九二八年五月に矢部貞治（一九〇二〜六七）と岡義武（一九〇二〜九〇）がそれぞれ小野塚と吉野の後継者として同時に助教授に任ぜられるのである。[*58] 矢部が首席で政治学になり、次席の岡が政治史に回ったと言われる。矢部は小野塚の後継者であったにもかかわらず、戦中期に学外の活動を積極的に行い、岡は吉野の後継者であったにもかかわらず、戦前、戦後を通じてひたすらアカデミックな道を歩んだ。南原をして「面白い対照」と言わせた所以である。[*59] それはともかく、ここで戦前の政治学の第二世代が誕生したことになる。矢部には詳細な日記があって公刊されているから、同時代についての貴重な資料になる。

なお、蠟山は一九三九年の平賀粛学で河合栄治郎が休職処分を受けたことに抗議の意図を含めて辞職した。ここに行政学講座も担当者を補充する必要が生まれ、丸山と同時に助手になっていた辻清明

（一九一三〜九一）が軍隊生活を経て四二年に助教授に就任する。ちなみに、蠟山のその後についての評価はむずかしい。自由主義者河合栄治郎に殉じた一面で、近衛文麿（一八九一〜一九四五）のブレーンである昭和研究会に積極的に参加し、四二年には翼賛選挙にも出て当選した。そのために戦後は一時公職追放に遭っている。

一九四五年に矢部が自ら戦争への積極的な関与を認めて辞職すると、後任は堀豊彦（一八九九〜一九八六）になった。南原は同年に総長になる。やがて南原の後継者は福田歓一（一九二三〜二〇〇七）に、高木の後継者は斎藤眞（一九二一〜二〇〇八）になるであろう。その後も戦後の政治学の発達に伴って講座は新設されていくが、戦後を迎えるまでの、すなわち東京帝国大学の時代の広い意味での政治学の陣容はほぼ以上のようなものであった。このうち、吉野、南原、高木、堀、福田、斎藤、それに日本における計量政治学の草分けになる京極純一（一九二四〜二〇一六）の七人がクリスチャンである。極めて高い割合と言わなければならない。いくたびかの戦争をくぐり抜けた世代において、政治学という学問が一方で強い内面の確信と他方で人間の能力の限界の自覚の双方に支えられる場合が多いことをうかがわせる。以下の本書の叙述は、小野塚、吉野、南原、丸山、京極の太い系列に沿って行われる。

なお、五人の政治学者のそれぞれの章名に、最もふさわしいと思われる学問的精神の一側面を表す言葉を添えた。言うまでもなく、彼らは皆それらのすべてを兼ね備えているが、ここでは各々の特徴を最もよく表す言葉を選んだ。

すなわち、まず小野塚によってアカデミックな政治学研究の道が開発された。吉野は学者と言うよりも言論人であったが、彼の言論は制約の多い時代にあって絶えず彼自身の行為によって担保される性質のものであった。南原は自らの学問において政治と教育の密接な関連を指摘しただけでなく、丸山、福田らを育て、かつ敗戦直後の困難な時期に学生に向けて語りかけることを自己の重要な任務とした。丸山は一貫して秩序の所与性を否定し、民主主義の下ではたとえパート・タイム的であっても万人が政治の創設者として行動すべきことを主張した。そして京極は大政治よりも小政治を重視し、自然観察と同じ精神的態度で身の回りの政治現象を分析する必要を説いた。そうしたそれぞれの特徴が命名の由来である。

註

＊1　各校の淵源もしくは創立年は資料によって若干異なるが、ここでは『近代日本総合年表第四版』（岩波書店、二〇〇一年）に拠った。

＊2　明治以後の日本の各種大学の発達については、天野郁夫『大学の誕生』上・下（中公新書、二〇〇九年）が詳しく、恩恵を受けた。

＊3　『日本国勢図絵二〇一八／一九』。

＊4　天野、前掲『大学の誕生』下、三五三、三五七、三六九頁。

＊5　天野、前掲『大学の誕生』上、二一三～二一六頁。本書の校正段階で、吉見俊哉、森本祥子編『東大という思想』（東京大学出版会、二〇二〇年）が刊行された。それには分担執筆で、近代日本における医学、工学、経済学、社会学などの成立についての叙述がある。比較的には理系分野への言及が多い。

＊6　トク・ベルツ編（菅沼竜太郎訳）『ベルツの日記』上（岩波文庫、一九七九年）参照。引用は七六頁。

＊7　鷗外の年譜については、小堀桂一郎『森鷗外』（ミネルヴァ書房、二〇一三年）の巻末のものを参照。

＊8　内田貴『法学の誕生』（筑摩書房、二〇一八年）五九頁。中山茂『帝国大学の誕生』（中公新書、一九七八年）五八頁も参照。ただし中山が、陳重がドイツに転じたのを明治一二（一八七九）年としているのは、

一八八〇年の誤りである。

＊9　穂積陳重『法窓夜話』（岩波文庫、一九八〇年）の福島正夫の「解説」を参照。

＊10　小野塚の年譜については、南原繁、蠟山政道、矢部貞治『小野塚喜平次　人と業績』（岩波書店、一九六三年）の巻末のものを参照。

＊11　中山、前掲『帝国大学の誕生』一一一頁。

＊12　内田、前掲『法学の誕生』二五〇頁以下。

＊13　イ・ヨンスク『「国語」という思想』（岩波書店、一九九六年）一五四頁。

＊14　上田万年の年譜については、山口謠司『日本語を作った男』（集英社、二〇一六年）の巻末のものを参照。

＊15　上田万年「国語と国家と」『国語のため』（平凡社東洋文庫、二〇一一年）一一頁。改めて言うまでもないが、講演も著書も刺激的なタイトルである。

＊16　イ・ヨンスク、前掲『「国語」という思想』九六～九七頁。

＊17　蠟山政道『日本における近代政治学の発達』（新泉社、一九六八年）六三頁以下。

＊18　漱石の年譜については、佐々木英昭『夏目漱石』（ミネルヴァ書房、二〇一六年）の巻末のものを参照。

＊19　江藤淳『漱石とその時代　第二部』（新潮社、一九七〇年）二四一頁。

＊20　夏目漱石「入社の辞」『漱石紀行文集』（岩波文庫、二〇一六年）一九七～二〇一頁。

＊21　前掲『近代日本総合年表第四版』。

＊22　藤竹暁、竹下俊郎編『図説日本のメディア［新版］』（NHK出版、二〇一八年）三三頁。

＊23　夏目漱石、前掲「入社の辞」一九八頁。

＊24　夏目漱石『文学論』（岩波文庫、二〇〇七年）三一頁。

＊25　丸山眞男「政治の世界」『丸山眞男集』第五巻、一三四頁。

＊26　夏目漱石、前掲『文学論』一三～二七頁。なお、一九一五年の講演「私の個人主義」（『漱石文明論集』岩波文庫、一九八六年、一〇六～一一六頁）にも同様の記述が見られる。

＊27　漱石山房を訪れた人々については、長尾剛『漱石山脈』（朝日新書、二〇一八年）がある。

＊28　竹田篤司の『物語「京都学派」』（中公叢書、二〇〇一年）は、もちろん京都学派の哲学に着目する観点から「井の哲」と称された井上哲次郎に対する評価は厳しい（一六～二二頁）が、藤田正勝『日本哲学史』（昭和堂、二〇一八年）は、改めて井上の哲学の全体像を浮かび上がらせようとしている（八九～九四頁）。

＊29　夏目漱石「京に着ける夕」前掲『漱石紀行文集』。この文章は京都の寒さと親友正岡子規（一八六七～一九〇二）を失った悲しみを綴った印象的なものであ

る。学者から作家に転身しようとしていた漱石の切迫感が伝わる。

＊30 竹田、前掲『物語「京都学派」』一五～一六、二三頁以下を参照。

＊31 西田幾多郎『善の研究』（岩波文庫、一九五〇年版）に寄せられた西田門下の科学史家下村寅太郎（一九〇二～九五）の「解題」（二四七頁）。

＊32 藤田、前掲『日本哲学史』二〇七頁。ちなみに、この本は近現代日本の哲学の歴史を縦横無尽に描いた興味深い著作である。なお、西田幾多郎『善の研究』（岩波文庫、二〇一二年版）の「解説」を書いているのは藤田である。

＊33 「京都学派」の人々を活写しているのは、竹田、前掲『物語「京都学派」』である。

＊34 三木清『人生論ノート』（一九四一年、新潮文庫、一九五四年）、『哲学ノート』（一九四一年、新潮文庫、一九五七年）、『読書と人生』（一九四二年、新潮文庫、一九七四年）を参照。この最後のものに収められている一九四一年から四二年にかけて連載発表の「読書遍歴」には、三木の青年期すなわち大正時代の「教養」のあり方（「主として漱石門下の人々でケーベル博士の影響を受けた人々によって形成され」、「反政治的乃至非政治的」で「文化主義的」な傾向を持つもの）についての有名な規定がある（二二六～二二九頁）。ケーベルは一八八三年から一九一四年まで帝国大学、東京帝国大学で哲学を講じたドイツ系ロシア人のお雇い外国人教師で、その門下生は「漱石山脈」の人々と重なる。

＊35 『経済学の生誕』（未来社、一九五三年、増補、一九六二年）でアダム・スミスを論じた内田義彦が後に繰り返し河上肇に言及している（「明治末期の河上肇」『日本資本主義の思想像』岩波書店、一九六七年、「「ある日の講話」の河上肇」、「河上肇――一つの試論」『作品としての社会科学』岩波書店、一九八一年）のは、興味深い事実である。

＊36 河上肇『貧乏物語』（岩波文庫、一九四七年）一一〇～一一一、一六三～一六四頁。

＊37 同右の大内兵衛の「解題」（二二三頁）。

＊38 河上肇『自叙伝』（二）（岩波文庫、一九九六年）一九三頁。

＊39 竹内洋『大学という病』（中公叢書、二〇〇一年）二二頁。戦前の東京帝国大学経済学部を舞台とする人間模様に関しては、この本が最も示唆に富む。

＊40 同右、二一一～二一四頁。

＊41 同右、二〇二～二〇三頁。なお、『定本 丸山眞男回顧談』上、二二七、二五八～二五九頁、下、三一頁も参照。『東京大学百年史』（一九八六年）『部局史一』「第一編法学部」（二三二頁）には「〔二月〕二日以来

三回の教授会において平賀粛学の是否をめぐって激論があった筈であるが、議事録には何も記されていない」とある。

＊42　『東京大学五十年史』（一九二七年）上冊、六八五、六九〇、六九六、七一四頁。『東京大学百年史』『部局史一』「第一編法学部」、「第二編文学部」も参照。なお、『部局史』の「第一編法学部」は編年体（「月日順」）の記述である。

＊43　『東京大学百年史』『部局史二』「第二編文学部」を参照。

＊44　前掲『東京大学五十年史』上冊、七一五頁。

＊45　同右、七一九頁。

＊46　前掲『東京大学五十年史』下冊、一九二頁。なお、講座制の導入が人事と予算の確立の上で大きな意義を持ったことについては、天野、前掲『大学の誕生』上、二〇二〜二一〇頁を参照。

＊47　前掲『東京大学五十年史』下冊、一九二頁。前掲『東京大学百年史』『部局史一』「第一編法学部」も参照。

＊48　南原、蠟山、矢部、前掲『小野塚喜平次』二四〜二五頁、小野塚喜平次講述『政治学』（国文社、一九二七年）二二頁。

＊49　南原、蠟山、矢部、前掲『小野塚喜平次』五五〜五九頁。

＊50　吉野の年譜については、『吉野作造選集』別巻のものを参照。

＊51　吉野の講義録は吉野作造講義録研究会編『吉野作造政治史講義』（岩波書店、二〇一六年）として公刊されている。

＊52　田澤晴子『吉野作造』（ミネルヴァ書房、二〇〇六年）二〇二〜二〇三頁。

＊53　南原の年譜については、『南原繁著作集』第一巻のものを参照。

＊54　前掲『東京大学百年史』『部局史一』一七八頁参照。

＊55　外交史講座と戦後に改めて設けられる国際政治史講座との関係については、今野元「東京大学法学部における「国際政治史」の百年――神川彦松・横山信・高橋進・ディアドコイ」『思想』二〇一六年七月号を参照。今野は戦争に関与した神川彦松や矢部貞治らに対して、「小野塚・吉野・南原・丸山という系譜を理想化して強調している面」（同右、二一八頁の註（28））について批判的であるが、本書の以下の記述はこの系譜を改めてたどることを目的とする。なお、一九四七年に公職不適格になった神川彦松（五〇年に認定が解除され東京大学名誉教授となる）については、この今野の論文と、森靖夫「永久平和論の体系的導入の試み――国際政治学者神川彦松の企図と挫折」大矢根聡編『日本の国際関係論』（勁草書房、二〇一六年）を参照。

＊56　前掲『東京大学百年史』『部局史一』一七五、一七六頁。
＊57　同右、二三六頁。なお、丸山の年譜については、『丸山眞男集』別巻新訂増補版のものを参照。
＊58　前掲『東京大学百年史』『部局史一』一九三頁参照。
＊59　丸山真男、福田歓一編『聞き書 南原繁回顧録』（東京大学出版会、一九八九年）二二六〜二二七頁。

第1章

小野塚喜平次または研究者精神の形成

上：小野塚教授在職25年記念論文集捧呈の夜。前列左から南原繁、神川彦松、吉野作造、小野塚喜平次夫妻。後列左から高木八尺、3人おいて河合栄治郎、蠟山政道〔『小野塚喜平次　人と業績』〕
下：明治28年卒業の同期との「二八会」(1929年10月25日、学士会館)。前列中央の左より、幣原喜重郎、浜口雄幸、小野塚喜平次〔『小野塚喜平次　人と業績』〕

先行研究

日本で最初の政治学者、小野塚喜平次は極めて鋭利な人である。しかし彼についての先行研究は少ない。吉野作造については極めて多く、南原繁についても最近になって研究が進んでいるのに比べて、特徴的である。『政治学大綱』のみならず後々まで多くの論文が漢字カタカナ混じり文で書かれていることが普通の読者を阻んでいることに加えて、アカデミックな政治学を日本で最初に確立した人であるということの反面において、従来の思想史研究の観点からは小野塚の対象世界があまりにも限定的であるという事情があるいは作用したかもしれない。

これまでのまとまった研究として最初に挙げられるべきは、田口富久治『日本政治学史の源流——小野塚喜平次の政治学』（未来社、一九八五年）であろう。田口は小野塚政治学の全貌を描き出しているが、惜しむらくは叙述の基本的視点が必ずしも明らかでないことである。執筆の時点で「さて、今日、小野塚喜平次の政治学を論究することには、そもそも学問的に意味があるのであろうか」[*1]と言うのであるが、小野塚を彼の生きた時代の中で捉えようとするのか、それとも彼の著作の現代における意義を述べようとするのかが必ずしもはっきりしない。たとえば田口は小野塚の「君主国体」と「共和国体」（さらにその中の「貴族国体」と「民主国体」）という国家の「国体的分類」を「ほとんど目新しいものがない」とする一方で、憲法の有無すなわち「立憲政体」であるかないか（なければ「専制政体」である）という国家の「政体的分類」の記述は「精彩に富」むと言っている。[*2]またたとえば「如何ナル場合ニ於テモ政治的問題タリ得可ラザル社会的問題ナルモノヲ予メ指定スルコト甚ダ困難ナリ」という小野塚の指摘を、丸山眞男の『政治の世界』における政治の認識に匹敵するものとして高く評価している。[*3] これらは田口の生きる現代からの一方的な裁断であると言わざるをえない。

以下において詳しく見るように、小野塚の著作にはその文体の古さにもかかわらず、おそらく未見の人々の想像以上に現代でも通用する知見が多い。『政治学大綱』は後に多くの政治学者たちによって書かれる「政治学原論」的な著作の先駆けとなる書物であるが、実はそれらのどれと比べても豊かな内容を含んでいる。その理由として考えられるのは、これも以下において検討するが、後の多くの『政治学原論』が要するにいつのまにか国家論になってしまうのに対して、小野塚は西田幾多郎の『善の研究』ではないが、自分の頭で考えて政治学の国家学や国法学からの独立をめざそうとしているからである。しかしだからと言って、小野塚の著作を彼の思考が営まれた時代的背景から切り離していきなりそれ以後の政治学の諸研究と横並びで論ずることは、彼が自らの置かれた環境の中で政治学を学問的に確立しようとした、他ならないその過程を見逃すことになってしまわないかを恐れる。

いち早く小野塚政治学の歴史的位置づけを試みたものに、蠟山政道『日本における近代政治学の発達』(一九四九年、新泉社、一九六八年)と、南原繁、蠟山政道、矢部貞治『小野塚喜平次　人と業績』(岩波書店、一九六三年)がある。前者が東京帝国大学に籠る小野塚を、早稲田大学出身の人々を中心とする政治学の「実証学派」に対して、「国家学派」の系譜に位置づけたことについては序章でも触れた。しかしここで注目したいのは、そもそも蠟山のこの書物がそれに触発されて書かれるに至った丸山眞男の「科学としての政治学」論文(一九四七年)である。

丸山は戦前の天皇制の下での日本の政治学に清算を迫ったこの論文で、それまでの政治学と政治の没交渉の経緯を小野塚にまで遡って問題にして、次のように述べている。

「我国における科学としての政治学の樹立者というべき小野塚喜平次博士の「政治学大綱」（明治三六年）の序文の末節に次の如くいわれているのは、何かその後の日本政治学の一貫した性格を予言的に要約しているかのようである。

「内外ノ時事ニ対シテ幾多ノ意見ト感慨ト之ナキニアラスト雖モ学殖尚ホ浅クシテ見聞未タ博カラス自ラ軽々ニ政論壇上ニ立ツヘカラサルヲ信シ寧ロ思想ノ自由界ニ逍遥シ群籍ノ間ニ盤座シテ古今ノ諸賢ニ接セント欲ス此書ノ如キモ一ニ全ク学術的ニシテ毫モ所謂政談的ニアラサル也[*4]」。

小野塚の決意はアカデミズムの政治学と「政論」や「政談」との区別を述べたものに過ぎない。そして我々は小野塚がマックス・ウェーバーの同時代人で、日本国内でもこの『政治学大綱』の刊行直後に日露戦争の勃発をはさんで後に述べるいわゆる「七博士事件」や「戸水事件」が起き、小野塚もまた学問と政治の緊張関係の開幕を告げるこれらの事件の当事者の一人となったことを忘れるべきではなかろう。

けれども敗戦直後の丸山論文の反響は極めて大きく、その直後にそれにいくらかの反論を試みるべく執筆された蠟山の著書が現れても、戦前の日本の政治学を一括して非生産的と断ずる丸山の規定が広く長く流通したことは否定できない。丸山は同じ論文で吉野作造についても、こう言っている。

「我国の過去の政治学者で、その学説を以て最も大きな影響を時代に与えたのは、いうまでもなく吉野作造博士である。大正時代のデモクラシー運動は吉野博士の名を離れて考えることは出来ない。しかし吉野博士の民本主義に関する諸論文は理論的というよりむしろ多分に啓蒙的なものであり、博士の学問的業績としては政治史とくに日本政治史の方が重要である。ともあれ、博士は上の点でユニークな存在であることは否定できない」[*5]。

大正デモクラシーの思想と運動が直後に左からのマルクス主義と右からの天皇制ファシズムの両翼からの攻撃にはさまれたばかりでなく、後者がひとたび時代を席巻するものの、やがてたちまち敗戦の混乱と占領下での日本の民主化がもたらされた経緯を踏まえれば、この丸山の総括が大きな説得力を獲得したことも決して理解できないわけではない。しかしそこに軍隊に動員された世代の天皇制国家に対する怨念が込められていたとしても、なぜ丸山はこれほど厳しく過去の日本の政治学を清算することができたのであろうか。

その理由の一つとして、丸山が小野塚と吉野を直接にはほとんど知らなかったことが挙げられる。吉野はすでに一九三三年に亡くなっている。丸山がようやく旧制第一高等学校の三年生になるときで、翌年彼は東京帝国大学法学部に入学する。そして小野塚は二八年から東京帝国大学総長の職にあって、丸山が入学した年に六年間の任期を終えて名誉教授となり大学から退くのである。

三七年に卒業して助手となり四〇年に助教授となって以後、丸山は小野塚を取り囲む政治学研究会に「最も若い会員」として参加したが[*6]、若手の助教授と総長経験者の間の距離は大きかったに違いない。つまり丸山が大学に残った時点で政治学系の研究室は、三九年の河合事件後には蠟山も退いて、南原、高木、矢部、岡の時代になっていたのである。そして小野塚は敗戦の八か月余り前の四四年一一月に疎開先の軽井沢で脳溢血のために亡くなる。つまり小野塚、吉野の第一世代から南原ら第二世代への交代が、丸山の戦前の日本の政治学のあり方に対する徹底した批判の背景には存在したと考えられる。なお、付け加えれば、丸山にはそもそも彼の父親でジャーナリストの幹治（一八八〇～一九五五）の同世代である大正デモクラシーの時代の知識人に対する言及が晩年までほとんどない。丸山が常に参照するのが福沢諭吉や陸羯南（一八五七～一九〇七）ら、いわば自らの祖父の世代に当たる明治の時代の思想家であったのは興味深い事実である。

もう一つの小野塚研究の成果である南原、蠟山、矢部の『小野塚喜平次』については、何よりもこれが一九六三年の時点での上記三名の共著であることが記憶されなければならない。吉野の後に南原、蠟山の順でいずれも小野塚の下で助教授に採用されたのであるし、矢部は小野塚の後継者であった。しかし蠟山は東京帝国大学を三九年に退き、矢部も四五年に辞任していた。戦争に積極的に関与した両名を誘って共同で小野塚の学問的足跡を偲ぶ書物を著したことは、もっぱら南原の強い働きかけの賜物であったと思われる。戦後に蠟山はお茶の水女子大学の学長を、矢部は拓殖大学の総長を務めているが、両名にとってもこの書の刊行は政治学の正統であることの再確認を意味した。

矢部が「青少年時代」、蠟山が「教授時代」、南原が「総長時代」と「晩年」の執筆を担当しているが、特に南原の担当部分は小野塚の大学行政家としての側面を描くとともに、敗戦直前の小野塚の死と南原による弔辞の朗読が、期せずしてまもなく東京帝国大学およびその後の新制東京大学の総長に就任する南原の戦後の活動への転換を象徴する結果にもなっている。もとより小野塚の伝記的事実を明らかにする書物はこれのみと言ってよいので、以下においても適宜参照したい。

「政治学ノ系統」

小野塚喜平次は一八九五年に帝国大学法科大学を卒業して大学院に進学し、翌年『国家学会雑誌』に「政治学ノ系統」と題する論文（講演記録）を発表する。まだ肩書は「法学士」である。『国家学会雑誌』は帝国大学が組織されてまもない一八八七年に法科大学内に設立された国家学会の機関誌であるが、注目すべきことに毎号に掲げられる「例言」には「本誌ハ憲法行政法律財政外交経済統計等国家学ニ属スル論説事項ヲ掲載シテ斯学ヲ研究スルノ資ニ供ス」とあって、統計まであるのに政治がない。そのようなまさに「上から目線」の「国家学」なのである。小野塚は「政治学ノ系統」を皮切りに『政治学大綱』をはさんでその後ほとんどすべての論文をこの雑誌に発表していくのだが、その道程は彼の学問的成長を示すとともに、さしあたりは政治学を大学アカデミズムの内部に認めさせる営み、ひいては政治学を国家学から独立させる試みであった。

「政治学ノ系統」は初々しいと言うか、内容的には稚拙な論文である。田口富久治は「大学院生の習作以上の意味を持つものではない」[*7]と言っている。たとえばこれを福沢諭吉の『文明論之概略』（一八七五年）と比べるとき、いかに前者が大学アカデミズムの確立のための不可欠の一歩であったとしても、彼我の読み応えの差は明らかである。問題は小野塚がなぜそのようなものを書いたのかということである。それはあたかも著名な数学者があらかじめ提出したエルランゲン・プログラムのように、研究者を志す者が出発にあたって自らの今後の研究目標、研究計画を展望した著作であった。

この論文の中で最も注目されるのは、小野塚が「予ノ茲ニ系統ト云フハ、英語ニ所謂「システム」ト称スル者ニ相当スル積ナリ」[*8]と述べているところである。ここに言う「システム」はあくまで政治学のシステムであって、政治のシステムではない。つまりチャールズ・メリアムの『体系的政治学』(Charles E. Merriam, *Systematic Politics*, 1945.) やデイビッド・イーストンの『政治体系』(David Easton, *The Political System*, 1953.) のように、認識の対象である政治現象を諸要素と構造から成るシステムとして体系的に捉えようとしたものではない。そうではなくて、一つの学問体系として政治学を構成しようとする試みである。だからその視点は「政治とは何か」の問いで始まる政治学原論的なものであり、その後の同種の書物の原型になるものであった。そして政治学が一つの学問体系になるためには、まずはその境界もしくは輪郭を明確にすることが必要であった。

小野塚によれば政治学はいまだ未発達であり、「其系統今尚一致セザル」状態と言わざるをえない。しかし「科学ノ進歩ハ其分科ニ向テ」進むものであり、「晩近科学的研究ノ精神ハ国家ニ関スル研究ノ進歩ヲ催ガシ」、「政治学ヲ、他ノ社会的国家的ノ諸学科ヨリ分離シ、独立シテ研究スベキノ時ハ、正ニ至レリト云フベシ」[*9]。こうして彼はまず政治学の系統を汎論と各論に分け、さらに汎論を緒論と本論に分ける。項目だけを抜き書きすれば、全体は以下のようになる。

汎論の緒論は、一「政治学ノ性質範囲及ビ定義」、二「政治学ト政治術トノ区別及関係」、三「政治学ト之ニ密接ノ関係アル他ノ諸学科トノ関係」、四「政治学研究ノ困難其必要及ビ其必要ノ世人ニ認メラル、証」、五「政治学ニ対スル批難及ビ弁駁」、六「政治学ノ研究法」、七「政治学説沿革大要」、である。

汎論の本論は、第一部「近世政治思想」(一「正義」、二「自由」、三「平等」、四「文明」、五「進化」、六「民性(ナショナリテー)」、七「博愛」)、第二部「国家ノ政治学的研究」(一「国家ノ観念ノ要素」、二「国家ノ発生成長及ヒ其消滅」、三「国家ノ将来」、四「国家ノ目的」、五「国家ノ手段」)、である。[*10]

最後に各論として、一「社会政策」、二「文化政策」、三「経済政策」、四「法制政策」、五「武備政策」、六「人口政策」、の六つを挙げて、結ぶ。[*11]

ここで小野塚がそれぞれの項目に付けている説明は短く、特段の紹介を要するものではない。それにもかかわらず煩瑣な項目をすべて示したのは、彼がこの見取図に基づいて、一八八七年から一九〇一年までの四年間の西洋諸国への留学経験を踏まえて、〇三年刊行の『政治学大綱』上下二冊を著すからである。刊行の時点でまだ三二歳であったが、七年間の歳月をかけて小野塚は自らの政治観を体系的に叙述したことになる。

ざっと見渡して、汎論の緒論は政治学とは何かの議論である。汎論のメインである本論はつまるところ政治思想史と国家論ではないかという印象が生ずる。問題はそれらがやがてどのような角度から叙述されるかにあるだろう。また汎論に対する各論として六つの分野の政策が置かれている(ただ置かれているだけであるが)ことが注目される。つまり小野塚政治学においては当初から国家論と並んで政策論が重要な位置を占めていたことがわかる。

以下の考察にとっていわば地図の役割を果たすので、『政治学大綱』の目次を最小の款の単位は省いて節の見出しまで挙げておきたい。[*12] すなわち、

上巻
自序
第一編　緒論
第一章　学、第一節　学ノ定義、第二節　学ノ範囲、第三節　学ノ分類
第二章　政治学、第一節　政治学ノ定義、第二節　政治学ノ範囲、第三節　政治学ノ重要、第四節　政治学ノ困難、第五節　政治学ノ可能
第二編　国家原論
第一章　国家ノ性質、第一節　国家ノ性質ニ関スル諸学説、第二節　国家ノ性質ニ関スル論究
第二章　国家ノ分類、第一節　総説、第二節　国体的分類、第三節　政体的分類
第三章　国家ノ発生盛衰及消滅、第一節　国家ノ発生、第二節　国家ノ盛衰及消滅
下巻
第三編　政策原論
第一部　政策前論
第一章　国家存在ノ理由、第一節　問題ノ意義、第二節　問題ノ必要、第三節　問題解決ノ性質、第四節　問題の解決
第二章　国家ノ目的、第一節　問題ノ意義、第二節　問題ノ解決
第三章　政治及ヒ政策、第一節　政治、第二節　政策、第三節　政策ノ前提、第四節　理想政策及ヒ

現実政策
第二部 政策本論
第一章 国家機関、第一節 国家機関ノ権力、第二節 国家機関ノ分科的発達、第三節 統一機関、第四節 執政期間、第五節 監督機関
第二章 国民、第一節 輿論、第二節 政党
第三章 内治政策、第一節 改良政策、第二節 衆民政策、第三節 自由政策、第四節 合理的差別政策、第五節 社会政策
第四章 外交政策、第一節 国家政策、第二節 国民政策、第三節 膨張政策、第四節 平和政策、第五節 世界政策

改めて『政治学大綱』が「政治学ノ系統」論文の見取図を基本的に踏まえていることがわかるであろう。後者をエルランゲン・プログラムにたとえる所以である。第一編「緒論」は政治学とは何かの議論である。国家論の部分は第二編「国家原論」と第三編「政策原論」の第一部「政策前論」と第二部「政策本論」の前半の二章に及び、政治思想史的記述は第二編「国家原論」に吸収される形になっている。そして国家存在の理由を語った第三編「政策原論」の第一部「政策前論」が、その表題はともかく、圧巻であり、それを受けて続く第二部「政策本論」の前半では国家が国家機関と国民によって構成され、前者の三権分立的構造と後者が輿論と政党によって代表されることが指摘される。それらに比べると、政策の類型は内治と外交を合わせて六から一〇に増えているけれども、政策本論の後

半における政策そのものについての議論の割合は少なくなっている。

「政治教育ト政治学」

『政治学大綱』の検討に入る前になお三つの事柄についてあらかじめ言及しておきたい。その一は、若き日の小野塚が政治教育に対して深い関心を寄せていたことである。『政治学大綱』でも、「政治学カ政治教育ノ為メニ重要ニシテ政治教育カ近世立憲国民ニ取テ欠ク可ラサルヲ説カント欲ス」と言い、法治国はまた同時に文化国でもあり、「政治教育ノ修養ハ実ニ近世文化国民ニ共通ノ必要」であると述べていた。[*13] そしてこの書物の刊行と同年に『国家学会雑誌』に発表した「政治教育ト政治学」と題する短い文章でも、「政治学ハ政治教育ノ為ニ重要ニシテ政治教育ハ近世立憲国民殊ニ我日本国民ニ取テ極テ重要」とみなし、「政治教育ノ修養ハ実ニ近世文化国民ニ共通ノ必要」を繰り返し強調するのであった。[*14]

当時の『国家学会雑誌』は創刊されてまだまもなく、確かに学会の紀要ではあったが、同時にいわば成立したばかりの大学アカデミズムの広報誌であった。小野塚の文章も法科大学の同僚に対する政治学のアピールと考えると納得がいくのではないか。「世上法科大学ヲ論スル者往々之ヲ以テ単ニ法律学ノ研究所及教育所タルニ止マルガ如キ言論ヲ為ス者アリサレド我現存国立二大学（！）ハ共ニ其法科大学中ニ法律学科ノ外別ニ政治学科ヲ設ケ以テ政治及経済ニ関スル学理ヲ研究シ教授スル[*15]」という言葉にそうした意図はよく現れている。それにしても、政治学に携わる者が直ちに教育の重要性を説くのは、西洋ではプラトン、ルソーを受け継ぐ伝統であると言わなければならない。それは当該思想家が民主的か反民主的かを問わない現象であるが、小野塚の場合は少なくとも立憲制に対する強い支持はあったと見るべきであろう。

なお、この「政治教育ト政治学」は『政治学大綱』の著者自らによる短い要約とみなすこともできる。「法律学トシテノ憲法学ヲ以テ蒸気機関ノ構造ノ説明トセハ政治学上ノ憲法論ハ其作用ト活動力ノ基礎トノ説明ナリ」[*16]というのは、『政治学大綱』の中にも同様の言葉があり、国家学に対する政治学の独自性を述べるのに最もふさわしい比喩であるし、他にも参政権の拡張と権力の集中という反対方向の試みが同時に求められている事情とか、現状を旧思想と急進主義の混在と見て「少数政治ノ弊未タ全ク跡ヲ絶タズシテ多数政治ノ害已ニ蔓延スルニ似タリ」と述べるあたり[*17]、あたかも『政治学大綱』のエッセンスの紹介とも見られるのである。

小野塚が見たヨーロッパ

『政治学大綱』を読む前提のその二として、小野塚が四年間の留学を通じてヨーロッパで何を得たかについては見極めがたいということがある。滞在中の記録や資料はない。身体が丈夫ではなかった小野塚にとって異郷での生活は決して楽ではなかったと思われるが、学問をめざす者にとってのあこがれであり、ごく少数の者にしか許されなかった西洋留学である。しかも一四歳で実家を離れて東京で生活を送っていたのだから、身の回りのことはできたのであろう。

留学中の生活の仕方については大きく分けて二つのタイプがあり、どこかの大学や研究機関に所属はしないまでも日常的に外に出かけて現地の人々に溶け込むタイプと、もっぱら下宿や図書館に籠って勉学を続けるタイプである。吉野作造は前者だったようであり（それはおそらく彼が社会に働きかけるタイプのキリスト者であったことと関係があろう）、夏目漱石や、吉野と同じキリスト者でもひたすらカントを読んでいた南原繁は後者のタイプであろう。小野塚はもちろん理論的関心は持っていたが、学問的、情報分析的視点から現実を見るタイプだったので、どちらかと言えば前者だったのではないかと思われる。

一八九七年七月に横浜を出発してドイツに向かい、まもなくハイデルベルクに落ち着いた。当時のハイデルベルク大学こそは、哲学史のクノー・フィッシャー、経済学のカール・クニース、国家学のゲオルグ・イェリネック、宗教哲学のエルンスト・トレルチ、そして社会学のマックス・ウェーバーらがいて、ドイツ社会科学の聖地であった。ただしウェーバーは一八九六年にフライブルク大学からハイデルベルク大学に移ったものの、九八年から神経疾患に侵されて休職し、結局一九〇三年に辞職している。小野塚はおそらくウェーバーと同地で同時代の空気を吸っているが、接触があったかどうかはわからない。[*18]

ウェーバーの静養中と同時期の一九〇〇年から〇三年までロンドンに滞在していた夏目漱石も、同じように神経疾患に悩まされている。あたかも一九世紀から二〇世紀への、すなわち近代から現代への転換点における後発国の知識人としての生みの苦しみを象徴するかのような出来事である。ウェーバーは〇四年に『プロテスタンティズムの倫理と資本主義の精神』を書いて回復する。漱石も〇五年に『吾輩は猫である』を書いて回復した（二人とも回復したから書いたのかもしれないが）。漱石のロンドン到着は一九〇〇年一〇月であるから、イギリスからアメリカを経て〇一年九月に日本に帰国した小野塚とどこかですれ違っていた可能性はある。一足早く帰国した小野塚は〇三年に『政治学大綱』を刊行するのである。

ハイデルベルクで小野塚が接触したと思われる人々の中で、最も彼に影響を与えたのはゲオルグ・イェリネックである。イェリネックの大著『一般国家学』の第一版は一九〇〇年、第二版は〇五年、第三版は一一年の彼の没後の一三年に出ているから、留学中に小野塚がこの本を手に取った可能性は少ないが、『政治学大綱』の刊行までに目を通したことはまちがいない。『政治学大綱』は註がない書物であるが、第二編「国家原論」第一章「国家ノ性質」第一節「国家ノ性質ニ関スル諸学説」の冒頭には、「本節ニ於ケル学説ノ分類及ヒ其紹介ニ付テハエリ子ツク氏ニ負フ所大ナリト雖モ其批評ニ至テハ予ノ責任ニ帰スナリ」[*19]（傍線原文）という断り書きがある。また上巻末の「政治学参考書」リストには一九〇〇年版のイェリネックの『一般国家学』がある。

イェリネックは当時のハイデルベルクの知的雰囲気の全体がそうであったように、新カント派に属する国家学者である。新カント派は何よりも存在と当為、事実認識と価値判断を峻別する。新カント派によれば社会科学においては自然科学と違って法則的認識は成立しないけれども、歴史的な個性を持った対象の認識のためには多かれ少なかれ通時的にか共時的にか、類型化の試みが必要になる。ウェーバーの有名な理念型の造型（これは現実にはどこにも存在しないものであるが）もそうした試みの一つであると考えられる。だからイェリネックにおいても「一般国家学」が成立するのである。戦後の日本である憲法学者がこれからはようやく日本でも「一般国家学」が可能になったと語ったというエピソードが伝わるが、天皇制国家を万邦無比と考えるような精神的風土では「一般国家学」は成り立たないわけである。

イェリネックは「国家は、第一に、社会的形成物であり、つぎに、法政制度である。これに応じて、国家学は、社会的国家学と国法学とに分かれる」[*20]という見方を取る。この複眼的視座を有するがゆえに、彼の国家学は国法学オンリーではないわけである。しかし同時にイェリネックは「社会的国家学が本質的に認識判断を含むとすれば、政治学は、価値判断を内容とする」[*21]と述べて、政治学を価値判断の世界に追いやってしまうために、彼の社会的国家学はどこまでも国家学にとどまることになる。もし政治学がもっぱら価値判断を扱うのであれば、政治学は政策学と同義になるであろう。小野塚が当初国家原論に対するのと同じ比重を政策原論にあてようとしたのは、そうしたイェリネック由来の区別が作用していたからだと思われる。

しかし政治学は決して価値判断の世界のみを扱うのではなくて、そもそも国家と社会の接点もしくは臨界面を扱うのである。だから政治学は国家学（国法学）でも社会学でもなくて政治学なのである。これは言葉の遊びではない。この臨界面に目を向けるからこそ、選挙とか政党とか輿論が視野に入る。それはつまり国民が政府を作る過程、ないしはもともと政党のような私的（ＮＧＯ的）な団体が与党となって政府のような公的な立場に就き、仕事をする過程を考察することである。つまり政治学はもともと私的なものが公的な役割を名乗るあるいは果たす過程を扱う。だから逆に見れば、公的存在の私的性格を暴くことにもなる（いわゆるイデオロギー暴露もそれに当たる）。政治の公共性を頭から前提にする政治認識がかえって平面的になる所以である。

日本において（決して日本だけではないが）小野塚に始まる政治学が、特に政治原論的な考察において繰り返し直面したのは、こういう問題に他ならなかった。まずは小野塚がこの問題にどう取り組んだかが問われることになる。

ハイデルベルクに一年滞在した小野塚は、やがてベルリンを経てパリに赴く。そこで彼が出会ったのが、かつて一八七一年に普仏戦争敗北後のドイツによる占領とパリ・コミューンの混乱の中で私立政治学校を創設したエミール・ブートミーである。ブートミーはナポレオン三世の君主専制に代わるイギリス風の立憲代議制と二大政党制を構想し、そのためにそれらを支えるイギリス人の国民性とも言うべき「政治心理」を克明に研究した。[*22] それゆえに小野塚はフランスの政治もしくは政治学そのものを自らの学問的見地に取り入れたというより、ブートミーを通じてイギリス式の立憲政治を学んだと言える。留学中の一九〇〇年一一月に小野塚はブートミーと会見している。[*23] 逆に言えば、パリにおいても日常的な接触はなかったということであろうか。ブートミーの一八九九年の『憲法論』は『政治学大綱』上巻末の「政治学参考書」リストにある。

短いイギリス滞在を経て帰国した小野塚は、後年ジェイムズ・ブライスの浩瀚な『近代民主政治』(一九二一年)(小野塚によれば『近世衆民政』)が刊行されると、『国家学会雑誌』誌上に四回連続で一五〇頁にも及ぶ詳細な紹介と批評を寄せている。それはブライスとともに小野塚自身の立憲政治に対する深い信頼の現れであり、かつそれをもたらすイギリス国民の政治能力への羨望とも言える眼差しの結果であった。この書評については後に改めて検討するが、そこへ連なる道が小野塚においてヨーロッパ留学を通じて形成されたことはまちがいない。なお、小野塚は大正デモクラシーの時代を超えて、生涯にわたってDemocracyを「衆民政」と訳し続けた。[*24]

「七博士事件」と「戸水事件」

ここで時期は前後するが、日露戦争（〇四年二月開戦、〇五年九月ポーツマス条約調印）をはさんで一九〇三年六月と〇五年八月に起き、小野塚も関わったいわゆる「七博士事件」と「戸水事件」に触れておきたい。時間の順序からして、これらの事件の前に小野塚は『政治学大綱』の執筆を終えていたのであり、この事件を経験することによってその内容に変更を加えたのではない。しかし同時進行的に小野塚の脳裏を占めていた問題関心があり、それが執筆と事件への対応の双方に影響を与えたということはあるだろう。

「七博士事件」とは、日露戦争の開戦前に当時の東京帝国大学の富井政章（前出、民法）、金井延（一八六五～一九三三、社会政策）、寺尾亨（一八五九～一九二五、国際法）、中村進午（一八七〇～一九三九、国際法、当時は学習院教授、後に東京商科大学教授）、高橋作衛（一八六七～一九二〇、国際法）、戸水寛人（一八六一～一九三五、ローマ法）、そして小野塚の七人の教授がいわゆる満韓交換論に反対する建議書を、桂太郎（一八四八～一九一三）首相、小村寿太郎（一八五五～一九一一）外相、山本権兵衛（一八五二～一九三三）海相、寺内正毅（一八五二～一九一九）陸相、山県有朋（一八三八～一九二二）、松方正義（一八三五～一九二四）両元老に送付した事件である。

満韓交換論とは、当時の桂内閣が日本とロシアの勢力範囲をそれぞれ朝鮮半島といわゆる満州地域と定めることで均衡を図ろうとしたものである。それに対して七博士たちは、ロシアの満州における優先権を認めれば他日必ず朝鮮ひいては日本に侵略の手を伸ばして来るであろうと主張した。[*25]

問題の本質は主張の内容ではない。東京帝国大学の教授たちが自分たちの地位に基づいて政府の要路の人々に建議書を提出したところにある。後に昭和戦前期にかけて相次いで国家権力による大学アカデミズムへの介入が行われるが、歴史的に見て最初に起きたのは大学の側からの政府への批判であった。その後大学の側は防戦一方になるから、こうしたケースは極めて稀になる。戦争末期に南原繁、高木八尺、田中耕太郎、末延三次（一八九九～一九八九、英米法）、我妻栄（一八九七～一九七三、民法）、岡義武、鈴木竹雄（一九〇五～九五、商法）ら同じく七人の教授たちが当時の重臣、閣僚たちに行った終戦工作[*26]が挙げられるぐらいである。ただしこのときは戦争をさせようとしたのではなくて、止めさせようとしたのであるが。

大学が、あるいは学問に携わる者が、国家権力もしくは政治に対して何ができるかということは、この書物の全体を通じて我々が考えようとする事柄である。積極的に学問の成果をどこへ向けても発信すべきであるという意見も当然ありうる。しかし真理を探究する者として、とりわけ大学という学問の府を守る者として、するべきではないこともある。日露戦争の直前の「七博士事件」は、もちろんまだ大学と国家権力の関係が人事の点でも流動的だった時代とはいえ、学者の側におけるやむにやまれぬ発言というより自分たちが言えば通るという社会的権威をかざした越権行為だったと言わざるをえない[*27]。権威の誇示は当然に各方面からの反発を覚悟しなければならないだろう。

七人の中で一番の強硬論者は戸水寛人で、小野塚は穏健派であった。「七博士」の一人富井政章は直後の『読売新聞』に「満州問題ニ就イテ」を発表して、自らと小野塚は「硬派中ノ軟派」であるとした[*28]。しかしいずれにしても加わったことに差異はない。ただしこのときの事態は山川健次郎（一八五四～一九三一）総長の仲介で収拾された。

「戸水事件」は最強硬派の戸水がまさに締結されようとしていたポーツマス条約に大幅な領土の割譲を求めて反対し、ついに文官分限令に基づいて休職処分に付せられた出来事である。このたびは権力の側からの介入であり、文部省の頭ごなしの処置に山川総長は辞職し（後任は松井直吉（一八五七～一九一一）、すぐに濱尾新（一八四九～一九二五）。なお、山川は一九一三年に復職）、法科大学の教授たちは総辞職を宣言した。そして小野塚を含む一四名は各々『国家学会雑誌』第一九巻一〇号に抗議のための論説を発表した。金井延「学者ノ言論ニ圧迫ヲ加フルノ不可ナルヲ説ク」、高野岩三郎「大学教授ノ言論ノ自由」、美濃部達吉「権力ノ濫用ト之ニ対スル反抗」などであり、小野塚の論説は「学問ノ独立ト学者ノ責任（戸水教授ノ休職事件ニ付テ）」である。この際は抗議が実って、戸水はまもなく復職がかなう。[*29]

まず興味深いのは、小野塚が自らの論説の中で文官分限令の休職事由につき、「官庁事務ノ都合ニ依リ必要ナルトキ」の解釈論を展開していることである。すなわちもし狭義に解釈して教務上の必要とすれば、ためにかえってローマ法講座の得がたい担当者を欠くことになり、広義に解釈して当該官庁を越えて政府の都合とすれば、まことに強大な権限を政府に与えることになるというのである。[*30] これは法科大学出身の小野塚が十分法律論議に通じていたことを示している。

小野塚はいわゆる「七博士事件」に言及して、「君ト予トハ同志者中ノ両極端ナリキ」と言う。[*31] したがって要点は言論の内容ではなく、「最独立的最箇人的ナル可キ学者ノ言論ヲ駆テ一定ノ模型中ニ陶冶シ去ラント欲スルノ迷想」[*32]である。「学者ノ眼中固ヨリ大臣ナク又政府アルナシ、只真理アルノミ」である。そして「学者ノ此独立的態度ハ実ニ学術進歩ノ必要条件」である。[*33] こうして「帝国大学ガ形式上実質上共ニ全然政府ヨリ独立スルノ機運ニ達センコトヲ切望スル」[*34]と述べてこの論説は結ばれる。

小野塚は学問の独立、大学の独立が「学術進歩ノ必要条件」であると言っている。さらにそれこそが広く社会に貢献する道であるという含意を当然に持つであろう。

もともと小野塚は大志を有していた。それはもしかしたら同期の浜口雄幸や幣原喜重郎らと同じ道であったかもしれない。しかし今や彼の選択した道は大学アカデミズムの中で他ならぬ政治学を専攻する道であり、それゆえに政府要人のできないことができ、また逆に彼らが生涯をかけて追求する道をあらかじめ断念する必要にも迫られた。「戸水事件」は後年相次いで起きる「森戸事件」や「滝川事件」や「天皇機関説事件」の先駆けとなるものである。このうち「滝川事件」は京都帝国大学において起きたが、それは小野塚が東京帝国大学の総長時代の出来事だった。しかも時代はそれ以後さらに暗転する。小野塚がそうした時代にどのように向き合ったかも後に我々が検討することになるだろう。

『政治学大綱』（Ⅰ）第一編「緒論」――学問論および政治学とは何か

これよりしばらく『政治学大綱』の内容を見ていきたい。まず三頁にわたる「自序」がある。小野塚は自著刊行の理由として、「政治学ノ発達尚ホ幼稚ニシテ世ニ其良書乏シキ」ことを挙げている。特に「我帝国ノ如キ立憲制ノ首途ニアル国民」にとっては政治学の書物の必要性は高い。[*35]これを見ると、小野塚が必ずしも大学で講義を受ける学生のみならず、もう少し広い読者層を想定していたことがわかる（それにしては難解だとしても）。そして結びに先に見たように丸山眞男が「科学としての政治学」で引用した言葉が来る。改めて引用すると、

「内外ノ時事ニ対シテ幾多ノ意見ト感慨ト之ナキニアラスト雖モ学殖尚ホ浅クシテ見聞未タ博カラス自ラ軽々ニ政論壇上ニ立ツヘカラサルヲ信シ寧ロ思想ノ自由界〔ニ〕逍遥シ群籍ノ間ニ盤座シテ古今ノ諸賢ニ接セント欲ス此書ノ如キモ一ニ全ク学術的ニシテ毫モ所謂政談的ニアラサル也[*36]」。

この「自序」の結びには明治三六（一九〇三）年四月の日付けがある。上巻の印刷が〇三年四月、発行が五月（下巻は同年一二月）だから、それに合わせたのであろう。したがって実際の執筆はそれに先立つと思われる。それにしても小野塚を含む「七博士」が政府に満韓交換論反対の建議書を提出するのは〇三年六月だから、ほぼ同時期である。若き日の小野塚は、丸山の想定とは異なって、さらにこの「自序」の言葉とも裏腹に、実践的意欲に燃えていたことがわかる。マックス・ウェーバーの妻のマリアンネが夫は晩年まで実践の舞台への呼び出しを待っていたと書いているエピソードが想起される。しかしその一方でもちろん健康上の理由や学問的禁欲もあっただろうが、「まさに事実そのものこそ信じられないほど面白い」と語るウェーバーの姿も伝えられている[*37]。小野塚の中でもおそらく政治的実践と学問的認識の双方への意欲が混在していたことが想像される。

さて、これも先に引いたが、『政治学大綱』は「学トハ何ソ是古今ノ一大疑問ナリ」という言葉で

始まる。政治学とは何かの前に、学問とは何かがあるのである。学問（「学」）と言うからにはもちろん政治学に限った話ではない。「人類ハ宇宙ノ無数ノ現象ニ対シテ原因結果ノ観念ヲ有シ」ている。それを知りたいという欲求を持っている。宇宙といってもそれは「人類ノ認ムル宇宙」である。「人類ノ精神ニ映スル範囲ニ於ケル」ものである。[38] このようにそもそも論から始めるのはナイーブかもしれないが、思考のラディカルさ（根源的ということである）を示している。

「現象ノ説明サル、状態ヲ智識ト云フ」。それには精密度の高低があるが、「高キモノヲ学問的ノ智識ト云フ」。要するに「学トハ精密ナル知識ノ総体」である。森羅万象を一人で一挙に把握することはできないから、「宇宙現象ヲ分割シ」て個別に研究する「学者ノ分業」が必要になる。それが「学ノ分類」の起源である。[39]

人類社会の現象のうち特に「国家的現象ニ関スル」事柄を扱う研究を「国家諸学」または「政治諸学」という。「国家諸学」（「政治諸学」）をまず「純理的」と「応用的」に分ける。次に「純理的」を「記述的」と「説明的」に、「応用的」を「汎論」と「各論」に分ける。「純理学ノ目的トスル所ハ法則ノ発見ニアリ」。応用学の任務はその名の通り純理学の成果を利用してある目的を達成する方法を研究することにある。ただし「自然的応用学ハ技術ノ問題アルモ理想ニ関スル議論ナシ」と言えるが、「社会的応用学ハ……理想ノ研究ヲ以テ発起点トナス」ところに違いがある。だから後者には「信仰」の問題が入る。[40]

国家に関する純理的な研究の中で記述的というのは、政治史や政治地理や政治統計などのことである。それに対して説明的な研究の中には、「国家ヲ法規ノ方面ヨリ観察スル者ト事実ノ方面ヨリ観察スル者」がある。「前者ハ国法、行政法、国際公法、等ノ諸学ニシテ後者ハ即チ国家原論」である。このあたりの二分法にはイェリネックの影響が見られる。国家に関する応用的研究のうち汎論とは「政策原論」のことであり、各論とは「行政学及ヒ経済学ノ政策論等」のことである。そして「予ハ国家原論ト政策原論トヲ合シテ狭義ノ政治学ト称ス」という。[*41]

以上を改めて整理すると、「広義ニ於ケル政治学トハ国家ニ関スル諸学科ノ総称ナリ狭義ニ於ケル政治学トハ国家ノ事実的説明ヲ与ヘ其政策ノ基礎ヲ論スルノ学ナリ」である。この「狭義ニ於ケル政治学」の規定に関して、小野塚はすぐに付け加えて「政策原論ヲ政治学ト呼ヒ国家原論ト独立セシムルノ適当ナルヲ覚ユルノ日アルヘシ」と言っているから、彼の最終的な目標はもっぱら政策原論の構築にあったのかもしれない。[*42]それはイェリネックがもっぱら国家の事実的説明である社会的国家学を認識判断の世界に置き、政治学を価値判断の世界に置いたのと照応する。しかし政策の決定過程の研究ではなくて政策の内容そのものを論ずることは、外交や安全保障はともかく結局は経済政策や社会政策等々のもろもろの専門領域の話になるから、それらはもはや政治学の手を離れると言わざるをえない。蠟山政道は小野塚の評伝の中で「その後小野塚自身すら、この意味における「政策原論」の展開を試みずに終り、せいぜい「政策本論」の一部たる国家機関、国民世論、政党等に関する講究、すなわち現代の政府論の究明に止まり、内治・外交その他の政策論の展開を試みずに終った」と述べているが、[*43]これは政策内容についての議論が各専門領域に委ねられるべきものであることを度外視しているだけでなく、本来政治学が政策決定過程の構造分析を含めて国家と社会の接点に立つべき政府の解明にあることを軽視する見解であると思われる。国家学に対比させられるべきは政治学であって政策学ではないのである。

小野塚は以上の議論を前提にして「政治学ノ範囲」を論じて「タトヒ人類ニ取テ重要ナル社会的ノ組織団体ト雖モ其国家ニアラサル以上ハ直接ニ政治学ノ目的トスル所ニアラス」[*44]と言う。これでは国家論の振り出しに戻ってしまうし、小野塚以後の日本の政治学者たちが陥った国家が先か政治が先かの議論の泥沼にはまってしまう。ただし小野塚には先に引用したように、「法律学トシテノ憲法学ヲ以テ蒸気機関ノ構造ノ説明トセハ政治学上ノ憲法論ハ其作用ト活動力ノ基礎トノ説明也」[*45]という貴重な視点があった。それを敷衍して「北米合衆国大統領撰挙ニ於ケル政党ノ勢力ハ同国憲法ヲ研究スルモ毫モ解シ得サルヘシ」とも言っている。日本国憲法をいくら読んでも自民党の長期政権の説明はできないことと同じである。主権万能論は法理論としては可能であっても、政治学的にはあまりに形式論なのである。[*46]これは主権が何処にあるかを問わない吉野作造の民本主義論と同型の、しかもそれを先取りした議論である。

これこそ政治学もしくは後年の政治過程論となるべき視点であった。すなわち、政治過程の分析は政治制度の説明では尽くされない。そうした問題関心がやがて国家学に対する政治学の独立をもたらす。それは明らかに小野塚の中に萌芽として存在していた。

緒論の最後に小野塚は「政治学ノ困難」を述べつつ、「政治学ノ可能」を説く。困難の原因は今日でも指摘される社会科学一般の限界で、人間的理由としては自然現象に比べて社会現象の観察には研究者の感情や利害関係が伴うこと、勢力者（権力者）による干渉が発生しやすいこと、政治現象の側の原因として類似はあっても同一の現象はないこと、原因と結果の間に時間上空間上距離があること、定量化の困難、一現象の分離の困難、実験の不可能、直接感覚による研究（これはわかりにくいが、触れたり嗅いだりできないということであろう）の不可能などである。これらに加えて、隣接諸科学がいずれも未発達なこと、術語の不完全なども挙げられる。[*47]にもかかわらず、これらの制約はかえって研究者が自覚することによって相対的に突破できるというのが、小野塚が抱く信念であった。[*48]

『政治学大綱』（Ⅱ）第二編「国家原論」——国家のあり方

国家の法規上の性質ではなくて事実上の性質を説明するのが政治学だと小野塚は言う。そしてイェリネックに依拠することを明らかにしながら、国家をどう見るかの議論を展開する。国家は有無を言わさぬ事実であるか、統治関係のような何らかの状態か、土地、人民、統治者のような構成要素に注目する分子説を取るか、はたまた生物のような自然的有機体か。あるいは最初から何らかの相互の絆を前提とするような心理的有機体か。それとも国家は団体か、法人格のような人格か。実は小野塚は国家を「一ノ社会」と捉えようとする。[*49]

次に小野塚は国家は実在するのか思想上の産物なのかという問いを発する。国家は単一物ではなくて集合物もしくは集合現象であるところから、この問いが成り立つのである。そしてこの問いに対して小野塚は「国家ノ最大要素ハ人類ノ心理的集合現象」と答える。[*50]それは「人類ノ有スル共同性」に由来する。[*51]

繰り返して言えば、小野塚は国家の基礎を社会に求める。[*52]「一ノ国家ハ一ノ社会」である。両者の区域が同じであれば、社会の分子は同時に国家の分子である。それでは国家と社会はどこが違うか。

「法ハ国家ノ特徴」であり、「強制的法規ノ観念ハ社会ノ要素ニアラス之ニ反シテ国家ハ強制的法規ナクシテハ成立セス」[53]。しかるに「国家ハ社会ノ為ニ成立ス」るのである[54]。こうして先の分子説の構成要素である土地、人民、統治者を含んで「国家ノ定義」が導かれる。「国家トハ一定ノ土地ニ於テ統治組織ヲ有スル継続的人類社会ナリ」[55]。ここで「統治組織」とは「強制的法力ヲ以テ治者カ被治者ニ対スル組織」[56]のことを言う。そして統治組織の中心は「統治権」であり、「国法上ノ最高権力」である。

それから「国家ノ分類」に進むのであるが、小野塚はまず「国家ニ属スル統治権ノ本質ハ常ニ同一ナリ」と言う[57]。これはリアルな認識で、つまり以下に述べる「国体」や「政体」がどうあろうと、統治そのもの、その質や量は変わらないという指摘である。仮に民主制になっても統治そのものがなくなるわけではない。憲法の有無も国家機関相互の関係の問題であって、国家全体、いわば国家権力の総量に影響を与えるものではない[58]。

小野塚が行うのは国家の最高機関による分類であり、その組織による分類（「国体的分類」）と、作用による分類（「政体的分類」）である。「国体的分類」はアリストテレス以来の「君主国、貴族国、及ヒ民主国」である。各々が腐敗すると「暴君国、寡人国、愚民国」になる[59]。加えてマキアヴェリ由来の「君主国」と「共和国」の区別もあり、最初の三つの「混合国」の議論もある。小野塚は「君主国」と「共和国」の区別や、「混合国」の議論にはあまり意義を認めない。なぜならば「君主国」に対して「貴族国」と「民主国」を一つに括るよりも、イギリスのように「君主国」でありながらむしろ「民主国」に近いものもあるからである[60]。そして「混合国」と言っても「最高機関ノ所在ニ混合スルコトナシ」[*61]だからである。

「政体的分類」は憲法の有無によるものである。憲法を持つのは「立憲政体」で、持たないのは「専制政体」である。後者も決して「無政」ではない。国家機関を拘束するものがなくても統治はあるからである。「立憲政体ニ於テハ議会アルノ外屡総投票ノ制度アリ」[*62]。

小野塚は「根本法ニヨリ自由ト権利トヲ確保サレタル人民ハ安ンシテ各種ノ活動ヲ為シ個人及社会ノ進歩ヲ促ス」と言う。また「国法上議政権ヲ享有使用スル人民ハ自然ニ一般公共事業ヲ積極的ニ経営スルノ気風ヲ馴致ス」。しかし「凡テノ国家ニ立憲政体ヲ強ユルコト能ハス」。つまり「立憲政体」は人民の知徳を発達させるが、すでにある程度知徳が発達していないと「立憲政体」を運用することはできない。なお、「議会制ハ政党内閣制ト相伴フ」が、政党内閣制については「政策原論」で論ずると言う[*63]。

第二編「国家原論」の最後は「国家ノ発生盛衰及消滅」である。小野塚は国家の起源を人類の共同性に見出す。「自然ノ繁殖ト外敵ニ抗スルニ於テ共同ノ利アルト共住ノ与フル愉快ヲ享有スル社交性」が理由である[*64]。外敵には自然環境が含まれるが、ある人類にとっては他の人類も競争相手である。この競争相手のいることが人類に進歩をもたらす。そして「内部ノ平和ヲ維持シ共同利害ノ為ニ一致センニハ自然ニ其団体内ニ発生セル規律アリテ多少各人ヲ拘束スルヲ要ス」[*65]。他方、農耕時代の到来は土着すなわち「国家ノ土地的要素」をもたらす[*66]。こうして土地、人民、統治権の「国家ノ三要素」がそろう。

国家の消滅とはとりわけこのうちの統治権の消滅である。その最大の原因は国家間の競争力の優劣である。競争力には「社会的要素」と「国家的要素」があり、前者は「道徳、学術、経済、技芸、文学、美術等」であり、後者は「政治法律等ノ状態」である。両者が相まってその国の文化の程度が決まる。[*67] 文化の程度が高い国家が高い国家競争力を有するとは限らないが、「文化国家ハ国家競争ヲ自覚シ系統的ニ競争力ヲ発達シ国運ヲ拡張センコトヲ勉ム」るであろう。[*68] これが小野塚の一九〇三年時点での日本と世界の認識に支えられていたことは言うまでもないであろう。

『政治学大綱』（Ⅲ）第三編「政策原論」のうち政策前論──国家存在の理由

小野塚によれば国家原論と政策原論を合わせたものが政治学（狭義）なのであった。前者は「国家ノ事実的説明」であり後者は「政策ノ基礎」である。これまで見てきたのが国家原論である。そして第三編「政策原論」を始めるにあたって、再度以上の点を確認している。[*69]

政策原論は第一部「政策前論」と第二部「政策本論」から成るが、この政策前論と政策本論の前半、すなわち国家機関と国民を扱った部分こそが小野塚政治学のエッセンスである。政策前論という表題からすると、当初の小野塚はここにそれほど力を込めるつもりはなかったのかもしれない。彼の意欲は政策本論の後半の政策論にあった。しかしすでに述べたように、少なくとも結果的には政策前論と政策本論の前半が日本における政治学の誕生を告げる部分になった。

これも繰り返せば、国家は土地と人民と統治組織から成る。そして国家が社会と異なるのは、それが統治組織すなわち強制組織を持つ点にある。したがって「国家存在ノ理由ハ結局強制組織維持ノ弁護タリ」。裏から言えば、なぜ人民が「国家ノ強制ヲ蒙ル」かの説明である。[*70] このことを議論の俎上に載せるにあたって、小野塚が当時の社会主義や無政府主義からの挑戦（しかしそもそも共通の了解がなければ対話が成り立たないと言っている）に言及しているのは興味深い。[*71] ちなみに「国家存在ノ理由」は普通に「国家理性」とか「国家理由」と言われるものと重なる部分もあるが、まったくイコールではない。前者は「国家の目的」と言うのに近く、後二者は国家が生き残るために必要な、あるいは許される思考方法なり行動という意味である。

そもそも国家の「原始的目的」は対外的な独立と対内的な秩序の維持である。[*72] そこからさらに進んで国家の「終局的目的」は「箇人心身ノ発達」と「社会文化ノ進捗」である。[*73] 個人の発達と言い社会の進捗と言い、それらを説くときの小野塚の念頭にあるのは「社会進化ノ理法」である。[*74] このあたりにはすでに学生時代からスペンサーの社会進化論になじんでいたという小野塚の知的傾向がよく現れている。[*75] すなわち、人類は個人としても社会としても「生存競争」を免れることはできず、しかも「競争ハ大体ニ於テ人類ノ進歩ニ必要」なものである。その中でもとりわけ国家間の競争が重要で、したがって個人の発達のためにも社会の進捗のためにも、単なる独立と秩序の維持を超えて、国家競争力の拡充強化がますます求められるわけである。[*76] そこに小野塚の「国家の目的」すなわち「国家存在ノ理由」がある。

政策本論に先立つ政策前論であることを意識してか、この部分の最後は政治と政策の関係についての議論である。さて改めて政治とは何か。政治とは「国家ノ目的ヲ達スル手段的行為ノ総称」か。それとも「国家ニ於ケル権力競争」か。[*77] すなわち政治は政策過程なのか権力過程なのか。小野塚には政治の概念を「人類間に於ケル勢力競争」にまで広げるつもりはない。[*78] どうしても国家という枠を捨てることはできない。そこで次のような定義が提出される。「政治トハ国家機関及ヒ国民ノ行為ニシテ直接ニ国家ノ根本的活動ニ関スルモノ、総称ナリ」。[*79]

確かに国家の枠ははずれない。しかし国家機関の行為のみでなく国民の行為も視野に収められていることが幾重にも重要である。政治が国家機関と国民の相互作用によって営まれることが認識されている。だから続く政策本論においてはこの両者がともに取り上げられることになる。この点もまた吉野作造の民本主義論と同型の議論である。そして「如何ナル場合ニ於テモ政治的問題タリ得可ラサル社会的問題ナルモノヲ予メ指定スルコト甚タ困難ナリ」[*80]という認識がある。つまり政治は、それがあくまで国家的なものと関わりを持つ限りにおいてではあるが、潜在的にはあらゆる領域を貫いて存在するわけである。その上で、「政策トハ国家機関及ヒ国民カ国家ノ目的ヲ達センカ為ニ採ルヘキ手段ヲ云フ」という政策の定義が導かれる。[*81]以上が政策前論である。

『政治学大綱』(Ⅳ)「政策本論」のうち国家機関と国民——政治学の誕生

社会には様々な「勢力」が存在すると小野塚は言う。しかし国家の勢力だけが「権力」を名乗ることができる。この区別はあくまで「便宜」上であるが、国家の勢力活動の範囲の明確さ、迅速さ、強硬さ、精神的一貫性などによる。そして「国家ノ権力ハ凡テ国家機関ノ運用スル所タリ」。その意味では「国家機関即チ国家タルノ感アリ」。しかし他面より見れば「国家ハ人類ノ集合」であって、「国民以外国家ナクシテ国民即チ国家ナリ」。つまり「国家ニ国家機関ノ権力ト国民ノ勢力トノ二アル」ことになり、両者の関係が重要になる。[*82]

国家機関の政務の増大と複雑化は分業の必要を生む。また「一機関ノ専横ヲ予防スル」必要もある。そこに立法、司法、行政の三権分立論の由来がある。しかし小野塚はこの名称には不満がある。彼は「統一機関執政機関及ヒ監督機関」と呼び、それぞれに「元首内閣及ヒ議会」をあてる。[*83]「統一機関」である元首が選挙によるべきか世襲によるべきかは一概には言えないと小野塚は言う。ただし近世国家において「最高機関タル元首ノ行動モ亦国家ノ根本規定タル憲法ニ遵拠ス可キ者ト為シ立憲政体此ニ現出ス」ることになった。さらに「国家ノ性質上其最終基礎タルヤ人民ニ外ナラス」とまで小野塚は言う。[*84]

「執政機関」は政府であるが、小野塚は行政機関という名称を嫌う。行政には「法規ノ秩序内ニ於ケル国家ノ作用」というニュアンスがあり、外交や戦争などの「政治的作用」がはずれるおそれがある。ゆえに「執政機関」と言う。狭義の「執政機関」は総理大臣以下の国務大臣であり、「総理大臣ノ下ニ統一ヲ保チ連帯責任ヲ以テ重大ノ政務ニ当ル」ところの「内閣制」は、「政治組織上近世ニ於ケル著大ナル進歩」である。[*85] 内閣の連帯責任も議会に対する責任もいまだ十分でなかった大日本帝国憲法下において、この指摘がどこまで現実のものであったかについての小野塚の評価は残念ながらわからない。

議会についても通常は「立法機関」と言われるが、これも小野塚は「実質的ノ意義ニ於ケル法規ノ決定ニ参与スルコトハ議会ノ独占ニアラス」と述べて、予算は法律かという議論にも触れた上で、その他の「批評、質問、議決……」等を含めればむしろ「監督機関」と呼ぶのがふさわしいとする。[*86] その上でいくつかの理由（専横や軽燥な行動の予防等）を挙げて、二院制をよしとする。[*87] 普通選挙については「理想」ではあるが、「下層人民ノ能力発達」に準じて「漸ヲ以テ接近スベキ」という立場を取る。「素養ナク組織ナキ民衆ノ勢力ハ立憲制ニ於テ最モ注意シテ避クベキ所」と言うのである。[*88] この点は吉野作造と比べて保守的であった。なお、政党内閣制の是非に関しては、天下りに決すべきではなく政党の具体的なあり方に即して考えるべきだと述べている。[*89]

なお、一言すれば、国家機関についての小野塚の議論の中には司法権の出る幕が少ない。これは決して彼が司法権の独立を重視しなかったからではなくて、行政と言う場合と同様に、司法の行為を完全に法規内のものと見て、政治的営みからはずす意図からであったと思われる。

続いて国家機関の「反面タル国民」についてである。それは輿論と政党についてということである。輿論は公論とも言うべきで、広義には「公共問題」に関し、狭義には「政治問題ニ関シ自由ニ発表サレ社会ニ於テ優勢ナル意見」である。[*90] 小野塚には「政治的輿論ハ却テ国家機関ノ意見ト独立シ是ト対照スルニ於テ頗ル重要ナルモノナリ」とする見解があった。[*91] 上述の「下層人民」に対する低い評価と併せると、自らを含む有識者の意見を重視していたのかもしれない（多くの人々は受動的に他の意見を採用すると言っている）。

議会が次第に「衆民的」となり選挙人の数が増えると、政党が発達する。今や「第二ノ政府」とも呼ばれ、誰しもそうした事実を認めざるをえない。[*92] 党派というものは「社会ニ於テ優勢ナル地位」を求めるものだが、政党は私党ではなく公党であるべきである。そこに競争が生まれる。「政党内閣制ハ政党ニヨリテ運転セラル、議会カ内閣ヲ製造スル制度」である。[*93]

小野塚は小党分立は各党を攻撃的で無責任にするとして、「立憲国ニ於ケル常則」として二大政党制を推す。ただし「国民ノ重要ナル部分カ全ク政党以外に超然トシテシカモ国事ニ注意スル」ことが「強大政党ノ弊ヲ救フ」と述べる。もう一つ彼のリアリズムを示すのは、進歩と保守とか中央集権と地方分権とか資本と労働というような境界線で二大政党を固定的に捉えることは社会の変遷の前に困難という見方である。社会の変遷に応じて政党は早晩再編成されるものである。[*94] また、政党内閣制の是非は法令によって定めるのではなく政治慣習に委ねよという意見も述べられる。[*95] 我々はこの書物の刊行が立憲政友会ができてわずか三年後の一九〇三年であることを改めて想起する必要があるだろう。

『政治学大綱』(Ⅴ)「政策本論」のうち内治政策と外交政策──政策提言と政治学

「政策本論」の後半で全体の結びに位置する内治政策と外交政策の部分は四八頁で、上下巻三四〇頁の一割強に過ぎない。内容的にも総花的でかつ議論の糸口を捉えただけの印象が残る。内治政策については、改良的、衆民的、自由的、合理的差別的、社会的であるべきことが提言される。改良的は守旧と革命の双方を排するということである。衆民的に関しては「衆民的トハ政策ノ結果ノ帰着点カ衆民ニアルノミナラス政策ノ決定ニ関シテ衆民ノ勢力ヲ認ムルヲ云フ」と言う。[*96] 先に見たように、国家機関のうちの「統一機関」についてさえ「国家ノ性質上其最終基礎タルヤ人民ニ外ナラス」と述べていた小野塚であった。[*97] この衆民的政策の必要を説いた部分でも、「立憲君主国ニ於ケル君主ノ地位ハ衆民的政策ヲ俟ツテ却テ其堅牢ヲ増加スルモノナリ」[*98] と述べられる。

これは繰り返して言えば吉野作造が民本主義論の中で民本主義は二つの内容を持つと言い、「一つは政権運用の目的即ち「政治の目的」が一般民衆の利福に在るといふことで、他は政権運用の方針の決定即ち「政策の決定」が一般民衆の意嚮に拠るといふことである」[99]と述べているのと完全に同型の議論である。吉野は君主が大臣の任命について少数の元老に下問するのも議会の多数党に委ねるのも他に相談するという意味では同じではないか、万機公論に決すべしと言う如く多数に諮るほうがよいではないかと言っている。[100]小野塚と吉野の大日本帝国憲法下におけるあるべき政治についての認識は一致しており、しかも小野塚は大正デモクラシーに先んじてそうした認識を有していたと言うことができる。しかし小野塚の活動がもっぱら大学アカデミズムの内部にとどまったために、そのような認識は同時代的に社会に広まるには至らなかった。

さて、内治政策について自由的であるべきなのは政治的自由と私人的自由の両面においてであって、この二つの自由こそが個人の発展とひいては国家の発達をもたらすという小野塚の信念の表明である。[101]合理的差別的というのは、「政策ハ常ニ優者ヲ優待シ奨励シ其能力ヲ社会公共ノ為ニ傾倒セシメ」るということである。優者とは決して門地門閥のことではなくて、あくまでも能力のことである。[102]最後の内治政策が社会的であることの要請は、言うまでもなく二〇世紀初頭の労働問題の発生に直面した小野塚が社会政策の必要性を認めたものである。彼は社会主義が下層民衆の利害のみを考えて彼の言う優者を軽んじている点と、私有経済制（と自由競争制）の廃止を求めている点の二点において、それに反対する。[103]

外交政策については、国家的、国民的、膨張的、平和的、世界的であることが求められる。まず「外交上ノ単位ハ国家ニシテ国家以上ニアラサル」ことが指摘される。[104]にもかかわらず、外交は外交官のみの仕事ではなくて国民一般を原動力とするものである。国家競争力の出発点が個人の発達にあることを想起すべきである。[*105] 膨張的というのはやはり日露戦争直前の時代を反映しているだろう。小野塚は膨張を進歩の方向で考えている。[*106] しかし同時に平和的、世界的であることが強調される。[*107] ただし「如何ニ平和ヲ愛スルノ国家ト雖モ亦常ニ相当ノ軍備ヲ維持シ最後ノ手段トシテ之ヲ活動セシムルモ誠ニ止ムヲ得サルナリ[*108]」と述べることを忘れなかった。こうして『政治学大綱』は閉じられる。

矢部貞治の『政治学』

『政治学大綱』を見てきた我々は、次に当然にこの書物の刊行以後の小野塚の仕事、特にそれがヨーロッパ各国政治についての分析として結実していく過程を見るべきである。さらにそうした執筆を重ねる小野塚の時代との関わりも見るべきである。

しかしそれらに先立ってここでは小野塚以後、彼が始めた政治（学）原論的な研究がその後一世紀の間にいかに受け継がれていったのかに簡単に触れておきたい。それが小野塚の『政治学大綱』の学問的意義を別の角度から明らかにすると考えるからである。

戦前から戦後にかけて「政治学原論」とか「政治学概論」と銘打った書物は数多く刊行されている。ここで見るのはそのごく一部であり、東京帝国大学ないしは東京大学での講義に基づいたものである。なお、一九二八年に小野塚が東京帝国大学の総長に就任した結果、短期間南原繁が政治学の講義をも担当することになり、そのユニークな成果は彼の晩年に『政治哲学序説』として刊行されるが、それについては南原を扱う章で考察することにしたい。ちなみに政治史の担当であった吉野作造も師の小野塚の二度目の外遊中に代わって政治学の講義を行っているが、それに基づいた論考についても吉野を扱う章で検討することにする。

最初に取り上げるのは、文字通りの小野塚喜平次の後継者、矢部貞治の『政治学 新版』（勁草書房、一九八一年）である。同書の元になった本は矢部の東京帝国大学辞職後の一九四七年に刊行されており、その後四九年版が出て、さらに新版になっている。戦前の講義と異同があることも「はしがき」で述べられているが、基本的な枠組みに変更はないと思われる。目次を見ると、第一章「政治学」、第二章「政治」であり、ここまでで一〇四頁だが、以下の章立ては「国家」、「国家の発展」、「近代国家」、「近代国家の発展」、「近代国家の危機と現代国家の課題」、「民主政」である。全体で三四一頁である。

すぐにわかるように本論の大部分は国家論であり、西洋の古代から現代までの国家思想史である。その意味では記述は一貫しており安定しているが、これが政治原論（書名は『政治学』である）かという印象はぬぐえない。小野塚が彼の「国家原論」と「政策原論」を接合させようと試みた理論的格闘の跡はどこにも見られない。もちろん小野塚以後に多くの政治学者たちによって「政治」が先か「国家」が先かの概念論争が執拗に展開されたから、それらをすべて封印するという著者の意図もあったかもしれない。それにしてもここには手作りの政治学の刻印がない。

矢部は戦前から戦後にかけて克明な日記を残しており、同時代の貴重な資料であるが、その戦前の部分には矢部の講義に対して右翼学生から西洋ではなくて日本の政治原理を扱うべきだという攻撃が繰り返し行われたという記述がある。*109 すでに西洋の学説を紹介すること自体が攻撃の対象になる時代であったから矢部の苦悩のほうに理由があるし、日本の政治原理として単なる思いつきを述べても意味はないが、この『政治学』と同じ内容だったとすれば、もう少し西洋の国家思想史から普遍的な概念を抽象する操作があってもよかったのではないかと思う。

矢部は広義の政治学を政治哲学、政治科学、政治政策学の三部門に分け、「固有の政治学はその意味で本質的に、政治政策学の領域に求められねばならぬ」と言う。[*110] にもかかわらず、本論の大部分が国家思想史なのである。政治政策学と言っても財政政策、経済政策などが「各領域の政策内容そのもの」を扱うのに対して、「政治学はむしろこれら諸政策の根本原理と、諸政策が成立せしめられ実現せられる国家的統合、媒介、組織の研究を、その主たる課題とする」と述べる。[*111] この課題の立て方は小野塚と同様であり、すでに見たように小野塚の『政治学大綱』もこの課題を達成したとは言えないが、矢部によって前進させられたと言うこともできない。今日的に言えば求められるのは政策決定過程の研究ということになろう。

矢部の政治の定義は「国家意思の決定と行使に直接に関連する人間の諸行動[*112]」である。同じく国家に関連させるにしても、ここではすべての人間が平場に立たせられていて、小野塚のように国家機関と国民の双方が織り成すドラマというニュアンスがない。矢部は近代国家の基礎を共同体でも利益社会でもなく「協成社会」に置く。[*113]「協同的民主政」とか「協同的民主主義」とも言っている。[*114]「政治はパトスとロゴスの総合によって成立する[*115]」とも。これらの言葉遣いは、矢部が三木清らとともに参加していた近衛文麿のブレイン集団である昭和研究会による「協同主義」の提言[*116]を想起させる。

堀豊彦の『政治学原論』

矢部が中途で退職した後の後任は堀豊彦である。東京大学で堀の最後の助手になった（最初は京極純一である）高畠通敏（一九三三～二〇〇四）によれば、「東大の政治学は、私の主任教授だった堀豊彦教授も専門はヨーロッパ中世の政治理論であり、講義は二〇世紀はじめの多元主義理論で終わっていた」[*117]と評価は極めて低いのだが、堀の『政治学原論』（東京大学出版会、一九五六年、増補版、一九五九年）は簡潔でリーダブルな本である。「政治学の意義」、「政治学の沿革」、「政治の意義」、「政治の権力」、「国家の本質」、「政治社会としての国家」、「近代国家」という章立て（このうち政治の権力の章は増補版で加わった）で、「政治や政治権力は支持されなければあり能わない」[*118]というように古風な文体であるが、叙述は平易明快である。

かつての政治概念論争の一方当事者の一人として関連文献の紹介は詳しく、端的に彼の政治の定義は、「政治とは人間の社会集団において……集団的意思のはたらきを中核として集団の任務を規定し、その志向に副うてその実現達成に努力し行為するための権力的社会現象である」[*119]。つまり堀はあらゆる集団の意思決定に注目していて、国家先行論者ではなく政治先行論者であり、「国家においてのみ、また国家に関連してのみ政治を認めることは正しくはない、ということをわれわれは繰り返して述べてきた」[*120]と言うのだが、にもかかわらず、「国家は国家社会の内面に存立する而余の団体との関係においてなにほどか独自的な優越性を有している」ことを承認する。[*121]なお、堀に特徴的なのは、彼が国家の構成要素（普通に言われるのは主権、領土、人民。堀は地域、法の規制、権力的強制を挙げる）のうち、特に地域性を重視していることである。つまり地域性、土着性が人間の生活の基盤になっている点に目が向けられる。[*122]

同書の中でも国家を論じた部分は多いし、この本を国家原論と称してもよいぐらいなのだが、それでも全体を通じて国家の位置が相対化されているのは、堀が西洋においても少なくとも中世は国家ではなく教会が人間活動の中心を占めた時代であったという認識を有しているからであり、[*123]その意味では近代国家の成立こそが政治を国家の専有物にしたという歴史観を持っていたからである。つまり近代国家（特にその初期の段階である絶対主義国家。堀の用語では「近代専制君主制国家」）もあくまでも歴史的見地からその存在や役割が相対化されているのである。[*124]これは彼がクリスチャンであったこととも関係していると思われる。もちろんクリスチャンと言えば吉野作造も南原繁もそうであり、それだけでは説明能力に乏しいが、それでも現世国家もしくは世俗国家の相対化という観点は彼らに共有されていたと言ってよいであろう。

しかし堀の最後の章の「近代国家」は、「近代専制君主制国家」が二九頁、「立憲制国家」が四九頁、そして「民主制国家」が二二頁で、それで全体の三一三頁が結ばれる。著者も断っているように、選挙制度や政党についての説明はまったくない。この講義が堀の定年である一九五九年まで続いていたかと思うと、高畠ならずとも当時の東京大学の学生たちは（丸山眞男はいたけれども）戦後の日本政治について何も学んでいなかったのではなかろうかと思ってしまう。

蠟山政道

蠟山政道は南原繁に続いて一九二二年に東京帝国大学に着任し、新設の行政学講座を担当した。そして三九年のいわゆる平賀粛学における河合栄治郎の休職処分に抗議の意を含めて退職し、その後は近衛文麿の新体制運動のブレインを務めながら、四二年の翼賛選挙に出馬して当選している。翼賛選挙で大政翼賛会の推薦で当選した者はすべて戦後公職追放に遭っていて、蠟山も短期間ながら例外ではなかった。

蠟山もまた堀と同じく政治概念の先行論者であった。蠟山が丸山眞男の「科学としての政治学」（一九四七年）における批判に触発されて『日本における近代政治学の発達』（初版一九四九年）を著したことはすでに述べたが、その中で彼は自らも加わったこの概念論争について、当時の新カント派の文化哲学と多元的国家論の二つが政治概念の国家概念からの解放をもたらすのに寄与したと述べている。[*125] 彼はいち早く一九二五年に『政治学の任務と対象』を刊行し、そこで政治の概念を「人間と人間との結合または協力関係をより高き秩序に組織化する直接及び間接の行為」[*126]と定めている。けれども蠟山における新たな政治概念の定立は結果的に国家の概念を政治社会の概念に置き換えるにとどまり、政治をめぐる論述をより抽象的なレベルに押し上げることになった。[*127]

戦後の蠟山には『比較政治機構論』（一九五〇年）と『政治学原理』（一九五二年）の二冊の著書がある。ともに岩波全書でコンパクトな本であり、多くの読者に読まれたと思われる。しかし前者は「ギリシア・ローマおよび中世における政治機構論の概観」、「近代における政治機構論の基本的発展」、「国民的形態における政治機構論の成立」、「現代における政治機構の比較」という配列で、密度の濃い内容だが、要するにこれまた西洋の国家思想史である。国家が今度は政治機構という概念に置き換えられただけである。「比較」という意図には横の比較、特に現代における「代表制デモクラシー」、

「ファッシズム」、「共産主義」の政治機構の比較があって、蠟山の最大の関心はそこに置かれているのだが、それまでの叙述は縦の歴史的比較が主である。

もう一つの『政治学原理』は、おそらく『比較政治機構論』の叙述を受けて、蠟山の観点から文字通り政治の原理的考察を試みたものである。しかしそこで章立てに使われている「政治生活」、「政治状況」、「政治形態」、「政治機能」、「政治過程」などの概念は、どれも一見すると魅力的なのだが、残念ながら生きた政治の分析につながっていない。政治（学）原論を構築することの困難さが改めてうかがわれる書物である。

丸山眞男、岡義達、佐々木毅

丸山眞男の政治原論的な考察には、『政治の世界』（一九五二年）と『丸山眞男講義録』「政治学一九六〇」（東京大学出版会、一九九八年）がある。そしてこの二つはまったく違った内容になっている。『政治の世界』は小著ながら政治を紛争の解決としてモデル化したもので、特に紛争—権力—紛争の解決が、権力—紛争の解決—権力の増大に逆転する過程を描いて、政治学を志す者の間に圧倒的な共感を呼んだ。[*128] しかし丸山自身はこの書物の後半がやはり国家論になってしまって政治過程論でなくなったと思って長い間絶版にしていた。

「政治学一九六〇」は堀豊彦の定年の後を受けて、六〇安保の年に丸山が東京大学法学部で一回だけ行った政治学の講義の講義録である。そこで丸山は今度は個人の政治意識ないしは政治的態度の考察から始めて、各種の集団を経て、やがて政党が与党となって政権に入るまでの過程を描いている。

残念ながら時間切れで政権がいかに形成され機能するかの考察にまでは至っていないのだが、彼の意図は明らかである。それはいわばミクロな政治をマクロな政治につなげる過程の分析である。およそ政治学もしくは政治原論の課題が社会と国家の接合面を扱うことにある（だから選挙や政党が問題になる）ことは小野塚喜平次の直面した問題を検討するときにすでに述べたことだが、丸山の「政治学一九六〇」はそうした課題に対する彼の手作りの解答であった。

堀豊彦の後任として政治学講座の担当者になったのが岡義達（一九二一〜九九）である。岡は寡作の人であったが、岩波新書に『政治』（一九七一年）を残している。そしてこれこそまさに小野塚以来の政治（学）原論的考察の一つの到達点であった。それは政治を分析するモデルの提示にまことにふさわしく、岩波新書で本文わずかに一六七頁の本である。

モデルの中心は「政治政策」というカテゴリーを設定してそれを「制度化」と「状況化」の往復運動で説明するところにある[*129]（他に「伝統化」があるが省略する）。「政治政策」という概念がそもそもユニークである。経済政策、社会政策等々というのならわかるが、それらと別に政治本来の政策があることが想定されている。政治イコール政策と考える立場からは同義反復になるだろう。ここで想定されているのは支配と服従の関係にせよ指導と被指導の関係にせよ、そうした関係を成立、維持、破壊させる手段の研究である。「制度化」の方向に進めば行動は定型化し予見可能性が高まるが、「状況化」の方向に進めば流動化し個別化する。しかし誰も事態を完全にコントロールすることはできない。極端なケースとしては自然災害の発生がある。「状況化」の極致である危機がかえって「制度化」を強く促す場合もある。「制度化」だけが支配と服従もしくは指導と被指導の関係を安定に導くとは限らない。関係の強化のためにあえて「状況化」を招くとは言わないまでも、放置することはありうる。この本を読むとそうした連想が次々と浮かぶ。それは国家的な規模の話であることもあるし、我々の身の回りの出来事の場合もある。つまり大小様々な政治を知るためのモデルになっているのである。

岡の後継者である田中善一郎（一九四六〜）は東京工業大学に転出したためもあってか、政治（学）原論的な書物を残していない。田中の転出は改めて広義の政治学における狭義の政治学もしくは政治（学）原論の位置づけの困難さを表している。田中の後に政治学の講義を担当するようになったのは、元来は政治学史の担当者であった佐々木毅（一九四二〜）である。その佐々木の『政治学講義』が刊行されるのは一九九九年である（第二版、二〇一二年）。思えば小野塚喜平次の『政治学大綱』から一世紀が経過した。

佐々木の本は「はじめに」と「むすび」の他、序論と第一部「原論」と第二部「現代民主政治論」から成っていて、冒頭「はじめに」で「人間の自由は……人間の行為の現象性、偶然性、有限性と分かち難く結び付いて」いることが述べられ、序論に入ると「政治の世界においては概念は便宜主義的に操作し切れる道具ではなく、われわれの生死を左右し、しばしば殺し合いを誘発してきた」という事実が指摘されるなど、もともとマキアヴェリの研究者ならではの深い人間理解に裏づけられている。*130 しかし参考文献に挙げられているのはすべて内外の政治学の研究書であり、岡の『政治』のようにモデルを作るための素材として新聞記事が上がっていたりすることはない。その意味では佐々木の政治学もしくは政治原論は「政治学学」の次元に戻ってしまったと言うことができる。それは「洋学」であることを宿命づけられた日本の政治学、否、学問の伝統の帰結である。佐々木は『いま政治になにが可能か』（中公新書、一九八七年）の刊行を契機に多くの日本政治論を発表し、一九九〇年代の政治改革の政治過程でも積極的な発言を残したが、古今東西にわたるすべての知見から搾ったエッセンスはまだ著されていない。

なお、念のために一言すれば、放送大学の開校を一つの契機として、他の分野と同様に政治学についても各種の教科書が一九八〇年代の後半以降多数出版されるようになった。有斐閣や岩波書店もそうした叢書を設けている。しかしそれらは文字通りの教科書であって、ここで検討している政治（学）原論的な書物とはカテゴリーを異にすると考える。

小野塚のヨーロッパ各国史研究——時代的背景

我々は小野塚以後約一世紀間の政治原論的著作を一瞥した。いかにそれが困難な道のりであり、またそうした思索の扉がいかに小野塚によって開かれたのかも今や明らかになった。次に『政治学大綱』以後の小野塚の仕事を追跡したい。一九〇三年の『政治学大綱』から二五年間に小野塚は四冊の論文集を出している。合計三六本の論文を執筆した。それらはヨーロッパ各国史研究の様相を呈している。「日本で最初の政治学者」にふさわしく、彼は一人で政治学と西洋政治事情もしくは比較政治学の分野をカバーしたことになる。前者がもちろんヨーロッパ留学の経験に裏づけられているとはいえ、高度に思弁的な性格を有していたとすれば、後者は同時代の各国の新聞、雑誌等の資料に基づいた情勢分析である。小野塚がそのどちらにも向いた資質を持っていたことは驚くべきことである。さらにシーリー、ブートミー、トライチケ、ナウマン、そしてブライスらの学説研究も含んでいる。そして小野塚は二五年間にこれらの論文を書き上げると、一九二八年に東京帝国大学総長に就任する。そしてそれと同時に総長としての仕事以外の著作活動をほとんど停止するのである。それはまるであらかじめ予定されていたかのごとくであった。三四年に総長職を退いた後は太平洋戦争末期の四四年一一月に七三歳で亡くなるまで、時代が暗転する中で決して安穏とは言えなかったが、静かな学究生活を送った。

小野塚が定期的に研究論文を主に『国家学会雑誌』に発表したのは、ちょうど大正デモクラシーの時代であった。小野塚は論壇で華々しく活躍する吉野作造とまったく対照的に大学アカデミズムの世界に籠り続けたのである。吉野が民本主義論を展開している間中、小野塚がデモクラシーの訳語として衆民政という用語を使い続けたところにその間の事情は象徴されている。

小野塚の総長時代は大学でも社会でも当時新興のマルクス主義の影響力が強かった時代である。政友会の田中義一内閣は多数の共産党員を検挙した一九二八年の三・一五事件に見られるように、これと全面対決の姿勢をとった。小野塚の総長就任の翌二九年に、彼と同期に帝国大学を卒業した民政党の浜口雄幸が田中内閣に代わって首相に就任する。外務大臣はこれも同期で英米諸国との協調外交を掲げる幣原喜重郎であった。しかしロンドン海軍軍縮条約を締結した浜口が狙撃されてまもなく死に至る事件が示すように、自由主義勢力が影響力を持ちえた時代は急速に過ぎ去った。一九三五年の天皇機関説事件はたまたま小野塚の総長退任後であったが、もし小野塚の総長時代であったらいかに対処したであろうか。小野塚自身はその後も大学アカデミズムの人であり続けたが、天皇制ファシズムの進行に対抗する手段はほとんど残されていなかったと言わざるをえない。

英仏独の比較研究

小野塚の最初の論文集である『欧州現代立憲政況一斑』（一九〇八年）には八本の論文が収められているが、フランスについてだけ二本あって、他の対象国はイギリス、ドイツ、オーストリア（ハプスブルク時代である）、イタリア、ロシア、スペインの七か国である。第二論文集である『現代欧州之憲政』（一九一三年）では英仏独以（伊）の他にハンガリー、ポルトガル、トルコが加わっている。つまり全部で（トルコを含めて）ヨーロッパの一〇の主要な国家である。英仏独が中心であるとはいえ、彼の視野が極めて広かったことがわかる。ちなみに一九一〇年から三年間のヨーロッパ留学を終えて帰国した吉野作造が行った最初の講義ではヨーロッパ各国の社会党の動向が詳細に取り上げられており、[*131]小野塚と吉野の問題関心の共有がうかがわれる。

ここでは第一論文集で取り上げられている英仏独三か国に関する論文に現れている小野塚の共通の問題関心と、彼が描くそれぞれの国の政治の特徴について記してみたい。共通の問題関心とは、この論文集の表題に現れている以外に特に章を設けて論じているわけではないが、まずこれらの国々がいずれも立憲政治の枠内にあるという大前提である。ということは憲法を所持しているというだけでなく、いずれも議会政治を採用していて、その議会には選挙を通じて国民の代表が送られているということである。つまりたとえドイツ帝国のように皇帝、宰相、官僚の権限が強く、議会の権限が相対的に弱いところでも、結局は民意が政治を動かしているという判断である。

各論文を貫くもう一つの小野塚の共通の問題関心は、それぞれの国における社会主義勢力の台頭とその個性的な現れ方に対する注目である。まずはイギリス。小野塚が注目するのは一九〇六年の総選挙における労働党の躍進というか、デビューである。前回一九〇〇年総選挙では主に自由党の傘下でわずかに一二人だった労働党議員は、五一人にまで増加した。しかもこれは「一時的必要ノ結果ニ非ズシテ重積セル勢力ノ表顕」であった。[*132] すなわち一八八四年における選挙制度の第三次改正はほとんど普通選挙をもたらしていた。それまでにも保守党と自由党の双方が増大した有権者すなわち労働者の関心を買うために種々の社会政策的提案をしてきたのだが、ここにイギリスの労働者はついに自分たちの政党を持つに至ったのである。

かくして「共同主義社会主義ガ、英国人心ニ浸潤シツツアルハ争フベカラザル事実」である。しかしイギリス労働党が「土地資本国有論」を掲げているからといって、「主義論トシテノ可否ト、其急速実行ノ可否トヲ区別スルハ、英国人ノ他国人、殊ニ仏国人ニ対シテ異ル所」であり、「時勢ノ変遷ニ伴ヒ譲歩シテ必要ナル改革ヲ遂行スルハ英人固有ノ性質」である。「英国民ハ抽象的理論ニ拘泥セズシテ、実際上ノ便宜ヲ斟酌ス」るのである。[*133] しかも「英国労働議員ノ一団ハ、固ヨリ理想的団体ニハアラザルベキモ、其有為着実真面目ノ人士ヲ包含スルハ現ニ英人ノ認ムル所[*134]」である。何たる共感。小野塚が参照しているのは『タイムス』のような新聞であり、特別な資料に拠っているわけではないが、その分析は鋭利であると言わざるをえない。

フランスはどうか。「近世仏国ノ如ク国体ノ変化ニ富メルモノハ他ニ其比ヲ見ザルナリ」。すなわち一世紀の間に「専政王制、立憲王制、各種ノ共和制、一世那翁ノ帝制、旧王統ノ復古的立憲王制、新王統ノ中級民的立憲王制、第二共和制、三世那翁ノ帝制、第三共和制」が交代した。[135]しかも一八七一年以来直近の一九〇六年まで一院制の国民議会、二院制の下院を通算して一三回の総選挙を経験し、政党の離合集散、党名の変更が著しく、また小党分立の傾向にある。[136]しかしこの問題著なのは下院の「左進的傾向」と「共和国体ノ確立」である。後者から言うと、もはや王制や帝制への復帰の可能性は著しく減少したということであり、その背景には有権者の世代交代があると小野塚は見ている。[137]「左進的傾向」を説明するために、小野塚はフランス議会が二大政党制で対面式のイギリス議会と異なり、議長席から見て右側を保守派が占め、左へ行くにしたがってより革新的になる議席の配列であることを示して、文字通り左側の勢力の増大を述べている。換言すれば保守派の後退である。[138]そして当時のフランスには社会党を名乗る政党が急進社会党、独立社会党、合同社会党と三つあったのだが、それらの勢力の増大の背景には「近世文化国ニ共通ナル産業ノ革新ト衆民的気運ノ隆盛」があった。[139]

しかし重要なのは「下院ニ現ハレタル左進的傾向ナルモノハ下院勢力ノ重心点ガ右席ヲ去リテ益左席ニ移動スルノ概括的形容詞タルモ、左席中ニ於ケル重心点ガ更ニ極左ニ転ズルヲ指スモノニ非ズ」[140]ということである。つまり社会党の多数派の側も支持者の側も直ちに「社会主義ノ根本主張タル共同産業組織」を望んでいるのではなく、さしあたり八時間労働や社会保険の充実などを求めているのであり、「仏国下院ニ於ケル左進的傾向ナルモノハ制限的ナリ条件的ナリトハ予ノ仮定的結論ナリ」と小野塚は見ている。[141]漸進的なイギリスと頻繁に「国体」の変更を重ねて来たフランスの違いはあっても、この両国における社会主義政党のむしろ現実的な政策に彼は注目するのである。

フランスに関するもう一本の論文はこの国における政教分離問題を扱っているが、これも興味深い論文である。一般的に小野塚の学風を形容するのに「実証的」という言葉が使われる場合には、彼の哲学的なもの、なかんずく宗教的なものに対する関心の低さを指摘することが多いのだが、この論文を読む限り少なくとも小野塚は宗教の持つ政治的影響力について鋭い洞察力を持っていたことがわかる。

フランスは歴史的にカトリックが強い国であったが、一九〇五年に政教分離法が成立した。カトリックの位置づけは国家と宗教の問題であると同時に、ローマ教会・法王という海外からの影響力の問題でもあった。それのみならず国内における学校教育の中立化の要請もあり、教会財産の管理や聖職者の身分にも関わることであった。国家は表に現れた人間の行動に関わり、宗教は内面の世界に関わると言っても、「凡ソ行為トシテ外形ニ表ハル、モノニシテ毫モ其動機ヲ精神ニ有セズト云フコトナク」、逆に思想感情は早晩行為に現れるものである。政権の制裁は現世的で強制力を伴い、教権のそれは霊的で良心に訴えると言っても、精神的強制力ということもある。*142 このあたりの宗教の政治的機能に関する小野塚の認識は広がりと深さを持っている。

政教分離法が成立するまでもそうであったが、成立後もその施行の細部をめぐってときの政府の対応は「酔人」のごとく紆余曲折を重ねた。しかしフランス国内でも上級の聖職者はこの法律に怒り心頭のローマ法王に忠実であったが、下級の聖職者は一般に根強いカトリックの権威主義的秩序にもかかわらず、相対的に国民との接触が多い中で国民の動向に敏感であった。そして国民の多数意思は総選挙における絶対反対者の相次ぐ落選という事実も示したように、政教分離をもはや当然のこととして受け止めたのである。[*143] 国民の関心はそれよりも社会問題、財政問題に向かいつつあった。[*144]

ここまでのイギリスとフランスの事例を見ても、社会主義政党の三つの政党への分裂といい、理想と現実、建前と本音の使い分けといい、また宗教のような精神世界もしくはイデオロギーと政治の関係の仕方といい、これらの分析が行われた時点から約二〇年後すなわち昭和初期の日本に現出する政治状況を占うものばかりである。もちろん解答が示されているというのではなく、どの国においても粘り強い取り組みの他に問題の解決の道はないということを暗示している。大学アカデミズムの中にいち早く蓄積されたこうした認識が同時代の政治の現実に何の役にも立たないとしたら、学問は、そして政治学はいつの日を待てばよいのであろうか。しかしひとたび獲得された学問的真理は不滅である。

それではドイツはどうか。ドイツこそは社会主義政党の発祥の地である。「模範的社会党ト為スモノハ独ニ於ケル社会衆民党是ナリ」[*145]。なお、小野塚はこの時点で「社会民主党ト言フハ党議トシテ君主国体ニ反対スルモノト見做スノ誤解ヲ招キ易」いという理由から、「予ハ、社会衆民党ト言フ」と言っている。[*146]

ドイツほど、一八七一年のドイツ帝国の成立以来多少の増減はあっても帝国議会の総選挙のたびごとに言うところの社会衆民党が議席を増大させてきた国はない。この論文執筆前の三回の総選挙で同党は得票率で言えば平均して三割を占めた。[*147] ただし大都市に不利な定数配分のためにそれが直接には議席数に反映されていない。もっともドイツこそは皇帝、宰相、官僚の権限が強い国であり、かくして政府はその都度分立した小党を巧みに操ってきた。ときに帝国議会とプロシア議会で提携相手に異なった政党を選んでさえも。[*148]

小野塚は社会衆民党の勢力増加の原因を慎重に詳細に検討する。まず党の根本的主張である私有財産の廃止と眼前的主張である種々の社会改良政策があるが、ここでも党勢拡張の原因は前者ではなくて後者にあると見る。[*149]また党を支えるのは立憲制が未だ確立されないロシアにおけるように過激分子ではなくて穏健で誠実な党員である。小野塚はそこでかつてドイツで傍聴した帝国議会において社会衆民党の議員がいかに「静粛」であったかという自らの見聞を語っている。[*150]さらにビスマルクによって一八七八年から九〇年まで施行された「社会党鎮圧法」は、かえって同党の運動を巧妙にさせた。[*151]以上が党自身に付随する勢力増加の要因である。

一方ドイツ帝国の権力の中心はホーヘンツォラーン家とそれを囲繞する官僚にあり、彼らは政党や輿論をものともせずに「傲然人民ニ接スル」。そうした権威的態度が人民の反発を招くことは必定である。[*152]なお議員定数の配分は人口が多い大都市に不利であり、加えて各邦の議会では「階級選挙制」を実施しているところもあり、これも労働者の反発を招いている。[*153]次に小野塚は政党制に触れ、各国のそれが固有の歴史的背景を持ち、また政党の分界線が進歩と保守とか中央集権と地方分権のように単純で固定的なものではないことを力説している。これらは『政治学大綱』以来の彼の持論であった。そして各党とも勢力の基盤が弱い中で、社会衆民党が比較的地盤の拡大を図りやすいことを指摘する。[*154]

以上の背景にある大きな社会的変化はドイツの工業化と「衆民的傾向」であり、さらに物質主義的とも言える「唯物的傾向」である。[*155]なお、最後に、ドイツ国民には元来「国家万能的傾向」があり、君主専制でなければ衆民専制、すなわち社会政策も自治的にではなく政府直轄的に行われることを期待しがちであることが指摘される。各国の教育の状態にはそれぞれの特徴があり、ドイツはイギリスに比べて「文字的教育」では進んでいるかもしれないが、政治教育では「幼稚」であると言わざるをえない。*[156]

以上はわずかにその一端を示したに過ぎないが、我々はヨーロッパの各国政治を分析する小野塚の手腕を一瞥した。次に彼があたかも自分自身の研究の集大成のごとき熱い思いを込めて詳細に紹介の労を取ったジェイムズ・ブライスの『近世衆民政』(James Bryce, *Modern Democracies*, 1921. 松山武訳『近代民主政治』全四冊、岩波文庫、一九二九年)の長文の書評を見ることにしたい。

ブライスの『近世衆民政』書評

このブライスの大著が出るや否や、小野塚は一九二二年の『国家学会雑誌』に四回にわたって詳細な紹介を試みた。つとに『アメリカ共和国』(*The American Commonwealth*, 1888. 人見一太郎訳では『平民政治』)などの著作を通じて親しんでいたと思われるし、一九一九年から二〇年にかけてパリの万国学士院連合会に出席するためにヨーロッパを再訪した小野塚は、イギリスを訪れてすでに八〇歳を過ぎたブライスに面会していた(ちなみに書評の連載中に小野塚はブライスの逝去を知り、追記で哀悼の辞を述べている)。*[157] ブライスへの関心は小野塚政治学の学風を改めてよく現していると思われる。右に見た英仏独の三国の中でやはり小野塚が手本ともし、最も共感を覚えていたのはイギリス政治であった。そしてこの本はブライスの長年にわたる経験と観察、事実に対する飽くなき興味に基づいていた。しかもなお、ブライスが「事実に関する純粋正確な直接的知識を得る最良の方法は、実際の政治に関係することである」（小野塚の訳では「政治に関する材料の真正確実直接なる知識を得るは、自ら実際政治に入るに若くはなし」[*158]）という信念の持ち主だったことである。

ブライス自身はオックスフォード大学の私法教授を歴任しながら、多年自由党のイギリス下院議員にも選出され、アイルランド担当大臣にもなり、一九〇七年から一三年まではイギリスの駐米大使も務めた。実際政治の経験は読書に数段勝ると考えていた人だったのである。『近代民主政治』はフランス、スイス、カナダ、アメリカ、オーストラリア、ニュージーランドの六か国の民主政治を比較検討した本であるが、大変な旅行家だったとも言われる。一見すると小野塚とは対極的な人であるが、ブライスへの関心は小野塚の隠れた資質、すなわち思弁的であるだけではなく、インテリジェンスにも通ずる情報分析のプロフェッショナルであった側面を物語っていると思われるのである。

小野塚は書評の最後に「予の感想」と題して、この本のことを「穏健博識にして世帯人情に通暁する一長老紳士が諄々として政治上の智識と教訓とを後進者に授くるの談話録なり」と評している。体系性や一貫性を求める者は失望するかもしれないが。にもかかわらず、「政治学史上の古典的傑作として裕にアリストートルの政治学、マキアベリの君主論、モンテスキューの法の精神等の諸名書と比肩するに足らん」とまで言い、それは松山武の「訳者序」の冒頭に「我国政治学の権威小野塚博士」の言葉として引用されている[*159]。

『近代民主政治』はいかにもトクヴィルの『アメリカのデモクラシー』を思わせる書物である。最大の共通点は有名な話だが、いずれもが民主主義の原点を地方自治に見出していることである。「地方自治は民主主義の小学校である」という言葉の出典を探すとき、通常挙げられるのはこの二人である。トクヴィルの言葉は「地域自治の制度が自由にとってもつ意味は、学問に対する小学校のそれに当たる」。ブライスの言葉は「地方自治は民主政治の最良の学校、その成功の最良の保証人なり」*160。もちろん時代的にはトクヴィルのほうが先であるし、ブライスはトクヴィルを参照しているが、両者の問題関心なり精神の共通性は明らかである。トクヴィルこそはタウンがアメリカのデモクラシーの出発点であることを執拗に指摘した人であった*161。

小野塚は項目に従って逐一紹介の労を取っている。全体は三編より成るが、第一編「衆民政一般に適用し得べき考察」から拾えば、もちろん地方自治については「地方自治は衆民政の最良学校」という言葉を引いている*162。その他、ブライスは特に教育に関して「智識は善良国民の諸資格中の一たるのみ。公共心と正直とは一層必要なり」*163と述べていること（これは彼が読書よりも経験を重んじたことに通ずる）、衆民政にとっての新聞の重要性を強調していること、その場合も競争が必要なこと（ブライスの新聞に関する記述は政党に関する記述に先行している）*164、あまたの非難（偏向、不誠実、党争の地方への拡大など）にもかかわらず、代議政の実行は政党なくしてできないこと*165、立憲国の「人民の権力使用方法」には投票と輿論の二つがあること、賢明な輿論の形成のためには人民の「公共事件」に対する興味が必要なこと*166、「衆民政の諸国に於ては、特に勇気ある政治家を要す」ること、すなわち政治家は不人気を恐れずに確信を持つべきこと*167等々。

紹介を終えるにあたって、小野塚は「我国の現状に省みたる本書の価値」を記している。これは総長に就任する以前に日本の政治の現状に言及した珍しい発言である。まず前提として「我が国は未だ衆民政（政治上の実権が結局一般人民に帰するの意義に於て）にあらず」と述べられる。一九二二年、すなわち大正デモクラシーの最中の日本にはフランス革命以前の「極右的反動思想」が残存するとともに、「極左的急進思想」も台頭しつつある。しかも「少数専政の旧弊未だ去らずして衆民政の新害已に来れり」という状況である。[*168] しかし「衆民政は将来我国に於て、外来的刺戟の下に多分比較的迅速なる発展（長短共に）を遂ぐるならん」という展望を述べて結ばれる。[*169]

予想される「外来的刺戟」として彼の脳裏にあったのは何であろうか。単に西洋文明の圧倒的な影響ということであったろうか。すでにヨーロッパ各国の情勢分析を通じて見たように、またブライスの細部にわたる経験的観察の紹介を通じて痛感させられたように、小野塚には西洋諸国の政治の最新の動向に関する情報が蓄積されていた。社会主義運動に関しても政党政治のあり方に関しても、特に日本だけが遅れていると考えたわけではないであろう。しかしまもなく昭和初年の天皇制ファシズムの時代を迎えるにあたって、小野塚の政治学的認識がいかなる意味を持ったのかについて、我々はさらに検討を進めなければならないであろう。

昭和初年の総長時代

小野塚は前任者の古在由直（一八六四〜一九三四）の病気のために一九二八年三月に東京帝国大学の総長事務代理に就き、同年一二月に総長に選出され、三四年一二月まで六年間在職した。昭和三年の暮れから九年の暮れまでであった。東京帝国大学は一九二七年に創立五〇周年を迎えていた。それまで大学アカデミズムから一歩も外に出ず、したがってジャーナリズムや論壇での発言も皆無であったために、この間に行った「総長演述」は彼が同時代の日本に言及した貴重な資料として残っている。

ただし、ここに一つだけ、小野塚の総長就任以前の発言として興味深いものがある。彼は一九一七年に四六歳で帝国学士院会員となり、二五年に同院から貴族院議員に選出される（四三年まで）が、二七年三月に貴族院が試みようとした若槻礼次郎内閣に対する実質的な弾劾決議に対して反対演説を行っている。*170 この決議は結局実現しなかったが、時期的には直前に片岡直温蔵相の衆議院予算委員会での失言によって昭和の金融恐慌が始まり、四月に枢密院が台湾銀行救済緊急勅令案を否決したために若槻内閣が総辞職して田中義一内閣に代わる間のことである。貴族院や軍部と並ぶ「特権階級」である枢密院がそのように倒閣に動くことに対して、当時吉野作造が厳しく批判したことは次章で扱う。

小野塚は反対演説の冒頭でまず社会は複雑であり多様な見方が可能であること、特に弾劾決議に対してはその影響を広狭いかなる範囲において捉えるか、また短期長期いずれの観点で見るかによって結論が異なって来ると述べている。これは彼の思考の柔軟性を示している。そして貴族院は解散がないこと、衆議院に比して国民代表性が薄いことを挙げて、ときの内閣に対する弾劾決議に反対したのである。ここには吉野の批判との一致が見られるだけでなく、立憲主義を重んずる政治学者小野塚の自由主義的立場がよく現れている。

けれども、やがて一九三五年に美濃部達吉の天皇機関説が美濃部も小野塚も議席を持つ貴族院で糾弾されたときは、両者ともにもはやなすすべがなかった。翌年の二・二六事件の発生とともに、天皇制ファシズムの地ならしの圧力をうかがい知ることができる。

さて、総長演述は毎年三月一日の東京帝国大学記念日と、三一日の卒業式に行われた。小野塚の演述は二八年の卒業式から三四年の卒業式までのものが、南原、蠟山、矢部『小野塚喜平次』の巻末に収録されている。

基本的に記念日の演述は過ぎる一年の出来事の報告であり、卒業式の演述は卒業して社会に出る学生たちへの餞の言葉である。しかし小野塚が総長事務代理に就く直前の二八年一月には左翼学生を中心とする新人会と右翼学生の七生社との衝突事件が起きており、すでに教授を辞めて講師になっていた吉野作造が特別の依頼で起草した「告諭」が古在総長の名前で出されていた。それには「或は暴力に訴へ、或は陰険なる手段を弄するが如きは、学府の尊厳と名誉との為に断じて之を許さざらんと期す」とあり、[*171]小野塚新総長もこの路線を受け継いだ。

ときあたかも田中義一内閣による共産党員の一斉検挙である三・一五事件が発生し、マルクス経済学者である京都帝国大学の河上肇や東京帝国大学の大森義太郎に対する辞職の圧力も高まっていた（結局九州帝国大学の向坂逸郎らとともに四月に辞職することになる）。就任したばかりの小野塚は四月に評議会の決定に基づいて新人会の解散と七生社の謹慎を命じた。[*172]就任後最初の卒業式の演述でも、「在学生でありながら、学内の事に関して世間の誤解を招いたり、大学に対する不安の念を起させるやうな行動は断然なすべからざる事柄であり、此の如きは其の目的は大学の為にすると云ふ意味であつても、結局学問上の自主的位置を侵害する叛逆的行為とも云ふべきこととなるが故に、此の如き行為に対しては仮借することを得ぬ場合も生ずることを虞れます[*173]」と強い覚悟を述べていた。南原が言うように、「小野塚は、左右両翼の学生運動に対して闘わなければならなかった[*174]」のである。小野塚総長の時代はマルクス主義の影響力がまだ強かったが、やがて右翼陣営からの圧力が高まって行く。自由主義にとっても大学の自治にとっても苦難の道であった。

記念日の演述で毎年言及されたのは、一九二三年の関東大震災からのキャンパスの復興の模様である。小野塚の就任とほぼ時を同じくして、ロックフェラー財団からの寄付によって中央図書館が再建された。以後も政府の緊縮財政政策のために遅延を余儀なくされたが、復興は着実に行われた。

毎年の卒業式の演述で必ず言及されたのは、学生の就職難である。小津安二郎監督の映画『大学は出たけれど』の公開が世界恐慌の年、一九二九年であったことを思えば、時代状況がよくわかる。小野塚の見立てでは不況による求人すなわち需要の減少と高等教育の普及による供給の過剰の二つがともに原因であった。小野塚は逆境に直面する学生たちに対して、繰り返し一層の修業と鍛錬の必要を説いている。[*175]

小野塚が総長に就任して以来、築地署における小林多喜二（一九〇三〜三三）の虐殺、京都帝国大学の滝川事件、そして共産党指導者の佐野学（一八九二〜一九五三）と鍋山貞親（一九〇一〜七九）の獄中転向などの一連の事件が相次いで起きた一九三三年の前半まで（ちなみに吉野作造はこの年の三月に五五歳で亡くなっている）は、大学の内外でマルクス主義の影響力が強かったので、小野塚の対応は主にそちらに向けられた。すなわち、すぐ前に見た一九二八年の卒業式の演述に引き続いて二九年の記念日の演述では、「共産主義とか唯物史観とかいふ如き一箇の社会的思想を早計に信奉して、其を宗教家の信条の如くに宣伝し、その為めにはあらゆる手段をとつて大学の内外に連絡をとり、外部の力と共に学内に攪乱を企て、それを機会に宣伝運動を為し来つた」者に対して「断然たる処置に出た」ことが明らかにされた[*176]。

同様の趣旨は三〇年の記念日の演述でも「本学々生の一小部分に於ても、「無産階級の解放運動」なるものに奔走する者を生じ、其極端なる者は往々にして研究の自由の名の下に行動の自由を無限に高唱し、我々大学当局の之に関する取締の方針に向つて攻撃の声を放つこと[*177]」に対する批判として述べられ、三二年の記念日の演述でも「資本主義経済組織の第三期的現象と言ふが如きマルクス一流の、独断的前提より出発せる演繹的論法[*178]」への批判となって表れた。すでにヨーロッパ各国政治の研究を通じて見たように、小野塚は立憲制の枠内で労働者の影響力が増すことは「衆民政」の発展と捉えたが、急進的なマルクス主義の運動に対しては終始批判的な姿勢を崩さなかった。

三三年に京都帝国大学の刑法の教授滝川幸辰がその自由主義的な学説のゆえに大学を追われる滝川事件が起こり、教授陣のみならず学生の間にも広範な抗議行動が生じたのに対しても、小野塚は三四年の記念日の演述で「不穏なる示威運動の発生は決して純粋なる学生の自発的行為ではなく、常にか〻る機会を狙って居つた極左少数者の策動に計画的に乗ぜられたものである真相は、今や明白となりました」という見方を表明した。併せて「此事件に対して我々当局者としては、適当と信ずる処置を執つたのであります」と述べたが、そうした処置は少なくとも表には現われなかった[*179]。

事件前後の総長ならびに学内の動向を記した南原繁はかつての東京帝国大学の「戸水事件」、京都帝国大学の「沢柳事件」の場合と比較して、「一片の声明書すら出し得なかったことを遺憾に思う」と述べている[*180]。その際には自重論を述べていた美濃部達吉の天皇機関説が三五年に弾圧されたときはすでに小野塚は総長を退いていたが、同じく南原によれば「当の法学部にあっては、この先達の負うた犠牲を相寄って個人的に慰め、あるいは憤る以外に、公然何もなしえなかった」[181]。

小野塚はヨーロッパにおけるファシズムの台頭を歓迎したり見逃したりしたわけでは決してなかった。最後になった三四年の卒業式の演述ではナチスの政権掌握を目の当たりにして、「人為的形式的挙国一致、専断的独裁国は極左の蘇聯邦並に極右のファッショ伊太利及びナチス独乙が其適例であります」[182]と述べている。この時点では異例とも思われるファシズム批判である。立憲制を擁護し左右の全体主義を排するという意味では、小野塚は徹頭徹尾自由主義者であった。それは彼の信念であっただけでなく、長年の研究成果にも裏づけられていた。しかしドイツのワイマール共和国のみならず昭和初期の日本においても左右両極の対立が激しくなり、やがて右派勢力が対外戦争と不況を背景に国内的なテロと言論の抑圧を進める中で、立憲政治・議会政治・政党政治を擁護する勢力は急速にその足場を奪われて行った。

戦争の末期、小野塚は疎開先の軽井沢の別荘で脳溢血の発作を起こし、一九四四年一一月に七三歳で亡くなった。自動車もガソリンがなくて動かず、遺骸は人夫が引く車に乗せられて、「寒々として、まことに淋しい」葬儀であったという[183]。遺骨は先祖が眠る新潟県長岡市の墓地に埋葬された。その死は同郷の連合艦隊司令長官山本五十六の死から一年半余り後のことである。しかし葬儀の席で門下生代表として弔辞を読んだ南原繁こそは、翌年の日本の敗戦を受けて東京帝国大学、東京大学の総長に就任し、戦後の大学アカデミズムの再建の道を切り開くことになる人であった[184]。

南原はこの弔辞の中で小野塚について、「わが国における近代科学としての政治学の創始者たる名は、永久に先生のものであります」と述べている。同じ弔辞において「私のごとき先生とは多くの点で懸隔した者」を自認する、科学ではなくて哲学志向の南原の評価である。しかも日付けは戦後ではなくて、太平洋戦争の最終段階の一九四四年一二月五日である。「科学としての政治学」がすでに成立していたにもかかわらず、近代日本は無謀な戦争に突入して完膚なきまでの敗北を喫したのであった。

註

＊1　田口富久治『日本政治学史の源流』（未来社、一九八五年）七頁。

＊2　同右、六六、七一頁。

＊3　同右、九五頁。なお、この小野塚の文章は『政治学大綱』の下巻の第三章「政治及ビ政策」の冒頭で、彼が改めて政治とは何かを論じたところ（四九頁）に出てくる。

＊4　丸山眞男「科学としての政治学」『丸山眞男集』第三巻、一四一頁（なお、この小野塚の言葉は『政治学大綱』上巻の「自序」の三頁にある）。

＊5　同右、一三六頁。

＊6　この政治学研究会については、すぐ次に述べる南原繁、蠟山政道、矢部貞治『小野塚喜平次　人と業績』（岩波書店、一九六三年）の三一〇～三一一頁を参照。

＊7　田口、前掲『日本政治学史の源流』四五頁。

＊8　小野塚喜平次「政治学ノ系統」『国家学会雑誌』第一〇巻第一一五号、一〇〇〇頁。

＊9　同右、一〇〇一頁、一一六号、一一二四頁。

＊10　同右、一一五号、一〇〇二頁以下、一一六号、一一一七頁以下。

＊11　同右、一一六号、一一二三頁。

＊12　小野塚喜平次『政治学大綱』上下巻（博文館、一九〇三年）、目次。なお、『政治学大綱』を含む小野塚の主要著作は、国立国会図書館のオンラインサービスで公開されている。

＊13　小野塚、前掲『政治学大綱』上巻、二七、三五頁。

＊14　小野塚喜平次「政治教育ト政治学」『国家学会雑誌』第一六巻第一八四号、五九、六三頁。

＊15　同右、六五頁。

＊16　同右、六二頁。

＊17　同右、六二、六三、六四頁。

＊18　南原、蠟山、矢部、前掲『小野塚喜平次』六五～六六頁。
＊19　小野塚、前掲『政治学大綱』上巻、四七頁。
＊20　イェリネク（芦部信喜他訳）『一般国家学』（学陽書房、一九七四年）九頁。
＊21　同右、一〇頁。
＊22　ブートミーの紹介は、小野塚喜平次「ブートミート其政治学説」（一九一六年）『欧州現代政治及学説論集』（博文館、一九一六年）二九七、三一四頁以下、三四七頁以下。
＊23　南原、蠟山、矢部、前掲『小野塚喜平次』七一頁。
＊24　小野塚喜平次「ブライス卿の『近世衆民政』」（一九二二年）『現代政治の諸研究』（岩波書店、一九二六年）を参照。
＊25　南原、蠟山、矢部、前掲『小野塚喜平次』一二七～一二九頁。『東京大学百年史』（一九八六年）『部局史一』一〇五頁。
＊26　南原らの終戦工作については、丸山真男、福田歓一編『聞き書　南原繁回顧録』（東京大学出版会、一九八九年）二六八～二七七頁。
＊27　蠟山政道は、南原、蠟山、矢部、前掲『小野塚喜平次』（一二九頁）において「大学教授が七名も共同署名して、政府に対して外交方針の変更を強く要請するという異常な行動」と言っている。
＊28　前掲『東京大学百年史』『部局史一』一〇五頁。
＊29　南原、蠟山、矢部、前掲『小野塚喜平次』一三〇～一三三頁。
＊30　小野塚喜平次「学問ノ独立ト学者ノ責任（戸水教授ノ休職事件ニ付テ）」『国家学会雑誌』第一九巻第一〇号、二八～二九頁。
＊31　同右、二六頁。
＊32　同右、三二頁。
＊33　同右、三〇頁。
＊34　同右、三五頁。
＊35　小野塚、前掲『政治学大綱』上巻、「自序」一頁。
＊36　同右、三頁。
＊37　マリアンネ・ウェーバー（大久保和郎訳）『マックス・ウェーバーⅡ』（みすず書房、一九六五年）五〇二、四五三頁。
＊38　小野塚、前掲『政治学大綱』上巻、一～三頁。
＊39　同右、四～一三頁。
＊40　同右、一三～一八頁。
＊41　同右、一八～一九頁。
＊42　同右、一九～二〇頁。
＊43　南原、蠟山、矢部、前掲『小野塚喜平次』八三頁（蠟山執筆部分）。なお、これに関連して蠟山は一九一四年頃を境として小野塚の政治学の講義内容が変化したことを告げている（同右、一一五、一二四頁）が、序章

第二節で本書が参照した国文社刊行の一九二七年の講義録を見る限り、もちろん『政治学大綱』に比べれば分量も大幅に少なく、また政治地理学的要素が加わっていたりもするが、基本的な変更はないように思われる。

＊44　小野塚、前掲『政治学大綱』上巻、二一頁。
＊45　同右、三二頁。
＊46　同右、三三～三四頁。
＊47　同右、三六～四一頁。
＊48　同右、四一～四六頁。
＊49　同右、四七～六三頁。
＊50　同右、六八～七四頁。
＊51　同右、七六頁。
＊52　同右、八七、八八頁。
＊53　同右、八九頁。
＊54　同右、九二頁。
＊55　同右、一〇一頁。
＊56　同右、一〇四～一〇五頁。
＊57　同右、一一〇頁。
＊58　同右、一一一頁。
＊59　同右、一一二～一一三頁。
＊60　同右、一一三、一一六、一二六頁。
＊61　同右、一二一頁。
＊62　同右、一二七～一二八、一三〇、一三三頁。
＊63　同右、一三四～一三七頁。
＊64　同右、一四五～一四六頁。
＊65　同右、一四八～一四九頁。
＊66　同右、一五〇頁。
＊67　同右、一五五、一六二頁。
＊68　同右、一六三頁。
＊69　前註41参照。小野塚、前掲『政治学大綱』下巻、二頁。
＊70　同右、六～七頁。
＊71　同右、八、一一頁。
＊72　同右、三二頁。
＊73　同右、三八～四三頁。
＊74　同右、一二頁。
＊75　南原、蠟山、矢部、前掲『小野塚喜平次』三二頁。
＊76　小野塚、前掲『政治学大綱』下巻、一三、四四頁。
＊77　同右、四七頁。
＊78　同右。
＊79　同右、四八頁。
＊80　同右、四九頁。
＊81　同右、五四頁。
＊82　同右、六五～六七頁。
＊83　同右、七三～七五頁。
＊84　同右、七六、七九～八〇頁。
＊85　同右、八一～八四頁。
＊86　同右、八七～八八頁。

＊87　同右、九〇～九一頁。
＊88　同右、九一～九二頁。
＊89　同右、九三頁。なお、一二七頁も参照。
＊90　同右、九三～九五頁。
＊91　同右、一〇〇頁。
＊92　同右、一一一～一一二頁。
＊93　同右、一一二～一一三、一一八頁。
＊94　同右、一二四～一二七頁。
＊95　同右、一二七頁。
＊96　同右、一三二、一三七頁。
＊97　前註84参照。
＊98　小野塚、前掲『政治学大綱』下巻、一三九頁。
＊99　吉野作造「憲政の本義を説いて其有終の美を済すの途を論ず」『吉野作造選集』第二巻、三五頁。
＊100　同右、六六～六七頁。
＊101　小野塚、前掲『政治学大綱』下巻、一四二～一四三頁。
＊102　同右、一四三～一四四頁。
＊103　同右、一四七、一五三頁。
＊104　同右、一六〇頁。
＊105　同右、一六一～一六二頁。
＊106　同右、一六三～一六四頁。
＊107　同右、一六九～一七八頁。
＊108　同右、一七二頁。
＊109　『矢部貞治日記』「銀杏の巻」（読売新聞社、一九七四年）の一九三八年二月七日、三月二五日、三九年一二月一八日などを参照。前掲『聞き書 南原繁回顧録』二二八～二三一頁も参照。
＊110　矢部貞治『政治学 新版』（勁草書房、一九八一年）六、八頁。
＊111　同右、一三頁。
＊112　同右、一七頁。
＊113　同右、八九～九一頁。
＊114　同右、三一六、三三〇頁。
＊115　同右、四二頁。七四頁も参照。
＊116　昭和研究会の思想は三木清がまとめた「新日本の思想原理」正続編（一九三九年）『三木清全集』第一七巻（岩波書店、一九六八年）に明らかである。そこで三木は「協同主義」を民族主義でも全体主義でも家族主義でも共産主義でも自由主義でもないものとして描いている。
＊117　高畠通敏「巻頭言（『それぞれの高畠政治学』）」『高畠通敏集』（岩波書店、二〇〇九年）5、三一八頁。「あしがくぼ通信」同右、三四六頁も参照。
＊118　堀豊彦『政治学原論』（東京大学出版会、一九五六年、増補版、一九五九年）一〇三頁。
＊119　同右、八九頁。ちなみに政治概念論争の文献註は九一～九二頁にある。
＊120　同右、一三八頁。

＊121　同右、一四〇～一四一頁。
＊122　同右、一五九～一六六頁。
＊123　同右、一四二～一四三頁。
＊124　同右、一四三、一四六～一四七頁。
＊125　蠟山政道『日本における近代政治学の発達』（新泉社、一九六八年）一八七頁。
＊126　蠟山政道『政治学の任務と対象』（中公文庫、一九七九年）一四一頁。
＊127　同右、第七章「政治社会の論理的構造」、第八章「政治社会の心理的基礎」、第九章「政治社会の歴史的態様」、参照。
＊128　『政治の世界』の衝撃を述べている文章として、高畠通敏「『政治の世界』をめぐって」前掲『高畠通敏集』5、二七二～二七六頁（「学生の私は目を見開かされる思いだった」）、および、三谷太一郎「わが青春の丸山体験」『学問は現実にいかに関わるか』（東京大学出版会、二〇一三年）四二～四六頁（「『政治の世界』は、私にとっては戦後日本が生んだ最も独創的で最も普遍的な知の啓示であるように思われた」）がある。
＊129　岡義達『政治』（岩波新書、一九七一年）第四章「政治政策の類型」。
＊130　佐々木毅『政治学講義』（東京大学出版会、一九九九年）二、二二頁。第二版でも同じ。
＊131　吉野作造講義録研究会編『吉野作造講義録』（岩波書店、二〇一六年）の一九一三年度講義録（矢内原忠雄ノート）。
＊132　小野塚喜平次「英国政治界ニ於ケル新勢力団体」『欧州現代立憲政況一斑』（東京博文館、一九〇八年）六、一〇～一二頁。
＊133　同右、二六～二七頁。
＊134　同右、二八頁。
＊135　小野塚喜平次「仏国政界近時ノ趨勢」前掲『欧州現代立憲政況一斑』四五頁。
＊136　同右、三二～三三頁。
＊137　同右、四四～四五、五〇、四三頁。
＊138　同右、三三～三四頁。
＊139　同右、五六、五二頁。
＊140　同右、六一頁。
＊141　同右、六二～六三頁。
＊142　小野塚喜平次「仏国ニ於ケル政教分離問題ノ政治的観察」前掲『欧州現代立憲政況一斑』六六～六七頁。
＊143　同右、七三、七八～七九、八六、八八、九一頁。
＊144　同右、九二頁。
＊145　小野塚喜平次「独乙帝国議会議員総選挙ニ現ハレタル社会衆民党ノ勢力増加」前掲『欧州現代立憲政況一斑』九八頁。
＊146　同右、九九頁。
＊147　同右、一〇二頁。

＊148　同右、一〇九頁。
＊149　同右、一一八～一二〇頁。
＊150　同右、一二〇～一二一頁。
＊151　同右、一二二～一二三頁。
＊152　同右、一二三～一二四頁。
＊153　同右、一二五頁。
＊154　同右、一二七～一二八頁。
＊155　同右、一三〇～一三五頁。
＊156　同右、一三七～一三九頁。
＊157　小野塚、前掲「ブライス卿の『近世衆民政』」三六八頁。
＊158　ブライス（松山武訳）『近代民主政治』（岩波文庫、一九二九～三〇年）第一巻、三一頁。小野塚、前掲「ブライス卿の『近世衆民政』」三〇四頁。
＊159　ブライス、前掲『近代民主政治』第一巻、三頁。
＊160　トクヴィル（松本礼二訳）『アメリカのデモクラシー』（岩波文庫、二〇〇五年）第一巻（上）、九七頁、ブライス、前掲『近代民主政治』第一巻一六〇頁。
＊161　トクヴィル、前掲『アメリカのデモクラシー』九四頁以下を参照。
＊162　小野塚、前掲「ブライス卿の『近世衆民政』」三二七頁。
＊163　同右、三一六頁。
＊164　同右、三一九～三二一頁。
＊165　同右、三二四頁。
＊166　同右、三三二、三三四頁。
＊167　同右、三三五頁。
＊168　同右、四四七～四四八頁。
＊169　同右、四四九頁。
＊170　この反対演説の全文は、南原、蠟山、矢部、前掲『小野塚喜平次』二三九～二五五頁に挙げられている。この部分を含む「総長時代」の執筆は南原である。
＊171　同右、一五六～一五八頁。
＊172　同右、一五八頁。
＊173　同右、三四六頁。
＊174　同右、一五八頁。
＊175　同右、三五三～三五四、三六一～三六五、三七五、三八八、三九五～三九六頁。
＊176　同右、三五二頁。
＊177　同右、三五九～三六〇頁。
＊178　同右、三七九頁。
＊179　同右、四〇五頁。
＊180　同右、一七二～一七三頁。
＊181　同右、二七七頁。
＊182　同右、四一三頁。
＊183　同右、三三四～三三五頁。
＊184　南原の弔辞は、同右、三三五～三四〇頁に載せられている。

第2章

吉野作造または行為者精神の形成

上：吉野作造（社会民衆党結成の頃）〔吉野作造記念館所蔵〕
中：河上肇〔国立国会図書館ウェブサイト〕
下：大山郁夫〔国立国会図書館ウェブサイト〕

吉野へのアプローチ

小野塚喜平次と異なり、吉野作造についての研究書は多い。したがって本書は年代順の叙述ではなく、独自のアプローチをとる。

吉野作造は不思議な人である。二〇歳のとき仙台バプテスト教会で洗礼を受けたクリスチャンということもあったかもしれないが、翌年第二高等学校在学中に結婚し、その翌年の一九〇〇年に東京帝国大学法科大学に入学している。大学に入る前に結婚しているのである。宮城県古川（現在の大崎市。この地には一九九五年に開設された吉野作造記念館があり、郷土の誇りとされていることがよくわかる。二〇一九年には読み札を記念館が作り地元の中高生が絵札をデザインした「吉野作造かるた」が完成して、市内の小中学校に配られた（河北新報オンラインニュース）。「民本主義こそ政治の基本民衆のために民意によって」とか「隣国の友と目指したアジアの平和」など、子どもたちが吉野を知るわかりやすいツールである）の名望家の出身とはいえ、それほどの資産家の家だったとは思えない。学生時代にすでに二人の子に恵まれている。〇四年に卒業して研究者を志し大学院に進学する（おそらく師の小野塚喜平次には将来を嘱望されていたであろう）が、すぐには就職できず（ようやく日本で二つ目の京都帝国大学ができたばかりである）、法科大学の梅謙次郎教授から紹介されて〇六年から三年間、当時清朝直隷総督であった袁世凱の長子克定の家庭教師として中国天津に滞在する。日露戦争後で辛亥革命が起きる直前の時期である。

〇八年に京都帝国大学の行政法助教授就任の話があったが、それまでも相談に乗ってもらっていた穂積陳重（穂積は吉野が処女作「ヘーゲルの法律哲学の基礎」を提出した法理学演習の指導教授だった）教授に無理筋と言われて断り、[*1]〇九年にようやく東京帝国大学の政治史担当助教授に任命された。そして大学に職を得るまで苦労を重ねたにもかかわらず、関東大震災後の一九二四年に大学を辞めて朝日新聞社に入社し、しかもこれは吉野のせいではないが、筆禍事件に巻き込まれてわずか四か月で退社した。以後五五歳で亡くなるまで、非常勤講師として東京帝国大学の政治史の講義は担当したが、呼吸器の疾患に悩まされ、ときに経済的に困窮しながら在野の研究者もしくは評論家として過ごした。

渡航以前に約束された待遇と異なったために、中国滞在中の吉野の生活は苦しかった。「当時私は心を西欧の留学に寄せ、英語独逸語の研究には夫れとなく骨折つて居つたが支那の事は余り研究しなかつた」[*2]という。当初中国に対する関心は低かったのである。にもかかわらず、一九一〇年から三年間のヨーロッパ留学を終えて帰国した吉野は、一一年の辛亥革命の後の中国の国内政治に深い関心を持つようになる。我々は前章で小野塚喜平次を見、次章で南原繁を見るが、また丸山眞男やさらにそれ以後の政治学者についても検討したいと考えるが、これらのすべての人々と異なる点は、吉野が西洋や日本の研究と並んで同時代の中国、朝鮮の動向に深い関心を示し、彼地の政治ならびに日本との関係について絶えず論評を試みたということである。それは研究者としての関心のみにとどまらず、あたかも日本の運命だけでなく東アジア地域全体の運命を自らの運命とみなしたかのような関心の持ち方であった。

吉野の最初のまとまった中国研究は一九一六年一一月から一七年二月まで四回にわたって『国家学会雑誌』に連載された「支那第一革命ヨリ第三革命マデ」を中心とする『支那革命小史』であり、これは吉野の著作で最も有名な「憲政の本義を説いてその有終の美を済すの途を論ず」(『中央公論』一九一六年一月号）とほぼ同時期の著作である（それ以前に「対華二十一か条要求」の分析である一五年の『日支交渉論』がある）。すでに見た小野塚喜平次の論文もそうであるが、当時の『国家学会雑誌』は諸外国の政治の現状分析のような純粋アカデミズムにはまだホットなテーマの論文も掲載していた。『支那革命小史』には数多くの人名や勢力の名前が登場するが、最近公刊された吉野のヨーロッパ留学から帰国後まもなくの講義録を見ると、一九一三年度はドイツ、フランス、イギリス、オーストリア、ベルギーの社会党についての詳細な報告があり、一五年度はドイツ、イタリア、セルビア、ギリシア、モンテネグロ、ルーマニア、ブルガリアの民族主義についての豊富な記述がある。[*3] つまり政治史研究者としての吉野は、師の小野塚に勝るとも劣らないぐらい驚くべき情報収集魔であった。フランス革命のような大きな話を期待した当時の学生たちは、あまりにも細かい講義内容に驚いたことであろう。しかしもちろんそれだけではなかった。

中国の辛亥革命にはどれだけの政治学的要素があるかと言うと、まず独立を維持するにあたってそれまでの清朝の存続か漢民族による新国家の建設かという問題があった。さらに専制君主制か立憲君主制か、それとも共和制かの選択があった。君主制を打倒して共和制を選んでも、それがナポレオンのようにと言うか袁世凱のように帝制もしくは独裁制になることもありえた。

そして天皇制国家の日本から見ると、ともかく隣国で革命が起きて王朝が打倒されたのである。六年後にはロシア革命が起きてやはり王朝が打倒される。そうした相次ぐ革命がどのような影響を日本に与えるかについても見守る必要がある。ロシア革命の場合は当初から社会主義革命を標榜したから見通しははっきりしていたが、それにわずかながら先行した辛亥革命の場合はイデオロギーがナショナリズムを別にすれば必ずしも明確でなかっただけに、その後も混沌とした状況が続いた。それに加えて日露戦争後韓国を併合し中国に対する帝国主義的侵略を強化した日本が、中国のどの勢力と結び付くかという問題も存在した。辛亥革命後の中国を論ずるということは、少なくともこれだけの問題を考えるということであった。

以上のことから、本章で吉野作造を論ずるにあたって、我々はまず吉野の中国および朝鮮論に注目する。もちろんこのテーマについても多くの先行研究があり、本書はそれらに負っている。吉野の中国観について、従来の議論はそもそもリベラルである吉野が中国への介入の抑制を説いたという見方と、吉野とて中国に対する日本の権益を基本的には擁護する立場であったという見方に大別されるであろう。*4 それらに対して本書は、吉野の政治学（政治史）研究が終始東アジア地域への関心と不可分であったことを重視する。

次いで我々は改めて吉野の民本主義論の特質を検討する（それらが発表されたのは概ね吉野が東京帝国大学の教授であった時期と重なる）。このテーマに関する吉野の発言も河上肇ほどではないにしても、そして河上と異なって基本的に非マルクス主義の立場ではあったけれども、次第に現実の政治との間に緊張を高めていかざるをえなかった。最後にそうした晩年の吉野の歩みにも注目することにしたい。

『支那革命小史』

吉野は中国（吉野は戦前の多くの人々と同様に中国を「支那」と呼ぶが、本書の地の文では中国と表記する）の革命運動の根本的意義を「弊政改革」に見出している。「何等か国民の血を湧かすやうな題目」を借りる必要から、清朝を倒す「排満思想」や袁世凱を排除する「排袁思想」も利用されたが、本質は「弊政を改革して新支那の復興を図る」ことにあると言う。[*5]

吉野の分析で最も興味深いのは、康有為の変法自彊論すなわち立憲君主制論と孫逸仙（吉野は孫文と呼ばない）の民主共和論を区別するのみならず、一九〇五年に東京で結成された中国革命同盟会に合流した孫と黄興の間にも決定的な違いがあると見ていることである。すなわちハワイをはじめとして在外経験の多い孫がコスモポリタンで海外の支援を仰ぐことにも躊躇しなかったのに対して、黄興をもっぱらナショナリストとして描いているところである。そして「青年土耳古党」にも匹敵する「青年支那党」と呼ぶべき革命の担い手たちはむしろ黄興の周囲に集まった。孫はこの時期の革命運動から浮いていたというのが吉野の見方である。[*6]

革命派は一九一一年一〇月に四川省武昌で蜂起する（武昌起義、第一革命）。北京の清朝政府は袁世凱を内閣総理大臣に起用して対応に当たらせた。吉野によればこのときの袁には「清朝を扶けて革命党を抑へ付けやうとか、或は革命党に賛成して清朝を引つ込ませやうとか」という方針はなかったらしい。袁の語るところでは「清朝に対する臣節の義務と漢人としての民族的義務との間に板挿み」になっていた。[*7]

武昌起義の後、中国各省の三分の二が独立の宣言をした。それを受けて南京に共和政府ができ、海外から帰国した孫逸仙がいずれの勢力とも等距離のゆえをもって大統領に就任した。しかるに北方の袁との協議の末、清朝を廃止して共和制を樹立するという了解の下に、一二年二月に袁が中華民国の臨時大総統に就任するのである。[*8]

共和制の採用を約束した袁であるが、次第に自己の手に権力を集中させて行く。袁は異能の人であった。西洋諸国との交渉能力を有したから、それらの国々からの借款を通じて豊富な資金力を誇った。[*9]外国の使節は北京に駐在しているから、その点でも南方の革命派より袁のほうが有利であった。資金力の差は動員できる軍事力の差でもある。その上に刺客を放って政敵を暗殺することも厭わなかった。[*10]袁を排除するために一三年七月に革命派が起こした第二革命は失敗する。指導者の多くは日本に亡命した。一〇月に正式に大総統に就任した袁は、翌月にクーデターを起こして国会を消滅させ、ついに一六年一月をもって帝制への移行を宣言する。しかしそれが裏目に出て内外の支持を急速に失い、袁は失意の中で持病が悪化して一六年六月に死去した。[*11]

この間の一五年前半に生起したのが日本の「対華二十一か条要求」をめぐる交渉である。吉野はこれについて『支那革命小史』の中ではわずかに触れるのみであったが、一五年六月に刊行した『日支交渉論』では、「今度の要求は大体に於て最少限度の要求であり、日本の生存のためには必要欠くべからざるものであつた」と評価して、中央政府に日本人の財政および軍事顧問を置くとか、必要な地方の警察を「日支合同」にするとか、「日支合弁」の兵器廠を設けるとかの第五項を最終的に日本側が削ったのを、「甚だ之を遺憾とする」とまで述べていた。[*12]

そもそもこの『日支交渉論』に付けた「附録」では、「日本の利益の為には、支那がどうなつた方が一番宜いかと云へば、無論云ふ迄もなく支那全体を日本の勢力範囲とする」のがよいが、それは今の日本の実力ではできないから、それなら「支那が今日のやうな微弱な状態を脱して真に自ら守り自ら立ち得る丈の実力を有するに至る事[13]」を望むのであった。これと『支那革命小史』の「序」に見られる「著者は多大の同情と敬意とを支那民族に払はんとする立場をとる[14]」という言葉との間には、多くの研究者が指摘するように矛盾がある。

しかし今は政治史家吉野が中国革命の過程をどう描いているか、そこでの基本的な視点はどこにあるのかのほうが重要である。袁の帝制宣言に合わせて雲南省を中心として決起を計画していた革命派は、一五年一二月に第三革命を開始した。その直後に帝制を宣言した袁が急転直下それを取り消し、失意のうちに亡くなるという事態が生起する。『支那革命小史』がカバーする時期はここまでである。「附録」の部分で展望が述べられる。この本の冒頭で革命運動の意義を「弊政改革」に見出していた吉野は、第三革命以後の状況を「現状打破派」と「現状維持派」の闘いとして捉える。地理的には前者の「民党」は南方を根拠地とし、後者の官僚軍閥は北方に位置する。しかしもちろんいずれの側も一枚岩ではない。

「民党」には穏健な進歩党系とより愛国的な国民党系があり（前述のように吉野は孫文をどちらかも浮いた存在として見ている）、官僚軍閥にも袁の死後国務総理として実権を握った段祺瑞が属する安徽派と副総統に就いた馮国璋が属する直隷派がある。諸々の対立の中にあって「キヤスチング・ヴオート」を狙う勢力もある[15]。その後も混沌とした状況が続くが、吉野がフォローしたのはおおよそ第三革命の勃発後、袁の死の直後までである。それにしてもこれは政治史というより、むしろ同時代の政治過程論的な考察である。

このように情勢を分析する中で、吉野は「支那に於ける立憲政治の端緒は、之を大観するに、官僚軍閥よりは寧ろ民党の諸士に依つて比較的に能く開かる丶ものと見て誤りはなからうと思ふ[16]」と言うのである。あたかも日本の明治から大正にかけての藩閥政府と民党の対抗を下敷きにしたかのような見解である。そして「予輩一個の見解を以てすれば、支那の将来は結局民党の天下になるであらう[17]」という予想を述べる。共和制は「失敗だらけ」であったが、この間国民の中に次第に浸透し、もはや清朝の復辟（復活）はないであろう。[18]

吉野がこれを書いているときの日本は寺内正毅内閣で、ちょうど「西原借款」などで段祺瑞政権の援助を決定したところであった。吉野の後年（一九三〇年）の『対支問題』での短い記述で補足すれば、彼はこの「西原借款」を口を極めて批判している。[19]上に見た彼の視点からは当然の結論であろう。そこでも吉野は「弱い乍らも自力で段々伸びて行く南方、屋台は厳めしいが内容は空虚、外から借り来つた道具立てでどうやら世間を脅かして行く北方、この両者の対峙が支那の其後の形勢であった」と述べている。二六年に北伐を開始した蒋介石についても言及があって、「蒋介石の天下は何時まで続くか、之は問題だとしても、南京政府の履滅して支那の再び大混乱に陥るべしとは、最早どうしても考へられない」と言う。[20]北伐の完成直後に発表された文章でも、「三十余年の踏みかためられた地盤を有する革命の精神が今日いよ〳〵多年の翹望たる北京を乗取つた[21]」と述べていた吉野であった。

ちなみに「対華二十一か条要求」の大隈内閣に代わって一九一六年一〇月から一八年九月まで続くこの寺内内閣（その後は原内閣）こそはロシア革命後のシベリア出兵を決め、米騒動に直面しただけでなく、その施策を批判した大阪朝日新聞に圧力をかけ（「白虹事件」一八年八月）、それが一つのきっかけとなって吉野が右翼の浪人会と対決する場面を作り出した張本人であった。それほどに大正デモクラシーの時代の真只中において、内政と外交は連動していた。しかし吉野の日本の国内政治についての論評はしばらく後に譲る。

留学生の支援

吉野が一九一七年刊行の『支那革命小史』で辛亥革命以後の中国の革命運動を「弊政改革」と見て、中国における立憲政治の担い手を官僚軍閥ではなく民党に見出していたことはすでに述べた。それは同時代を生きる政治史研究者の視点から導き出された結論であった。しかしそこには同時に革命運動に寄せる彼の共感も伴われていた。同じ頃に書かれた「支那の革命運動に就いて」では、「革命運動は、世人の往々説くが如き秩序無き乱民の暴動と観るべきものに非ずして、国民の間に萌しつゝある自強自奮の休むに休まれぬ精神の勃発と観るべきもの[*22]」と述べていた。しかしその一方で一九一五年発表の『日支交渉論』では、西洋列強の中国に対する激しい帝国主義的争いの中で、日本の「対華二十一か条要求」を支持する態度も表明していた。その意味では矛盾していたと言ってよい。

国内における普通選挙や議院内閣制の要求についてもそうであったが、吉野には時代の流れに迎合するのではなくむしろそれに逆らって自らの主張を強めていく側面があった。中国革命の進展やそれと併行する日中関係のあり方に関しても同様であった。しかも吉野の場合はもちろん基本的認識は動かなかったが、若い学生たちとの交流がそうした彼の姿勢の強化なり変化なりを下支えしたと言うことができる。やがて学生たちのほうがマルクス主義の影響を受けて急進化するとしても、新人会を中心とする東京帝国大学の学生たちとの関係もそうであったし、中国や朝鮮からの留学生たちとの接触も同様であった。

吉野が比較的早い段階で中国からの留学生たちに対する共感を示した事件に、一九一八年の日中軍事協約（日華共同防敵軍事協定）をめぐるものがある。これはロシア革命後のブレスト＝リトウスク条約でドイツとロシアの単独講和が成立したことによるドイツの東漸を想定して、寺内内閣が日中共同の防衛計画を提議したものである。[*23] 東京神田の警察署は、それに抗議するために集会を開いた中国人留学生たちを拘禁留置した。吉野は直ちに『東京日日新聞』に投稿して、「憂愁の情禁ずる能はずと述べた。「留学生諸君は実に彼国優秀の青年にして、近き将来に於て民国各方面の中堅となる人々ではないか」。彼らの言動は「悉く愛国の動機に出づるもの」であって「之を内地のゴロツキ学生と同視するは将来のためにも甚だよろしくない」。逮捕者の中には「予の懇意な学生も数名ある」と吉野は言っている。[*24]

吉野は第二革命に失敗して日本に逃れて来た人々のために寺尾亨（一九〇三年に小野塚喜平次らとともにロシアとの早期開戦論を唱えた「七博士」の一人である）らが一九一四年に作った政法学校の講師を、同校が閉校になる一九年まで務めている。この学校では決して私立大学には出向しなかった小野塚喜平次も、寺尾との関係からか授業を持った。その場では学生たちとの個人的接触はあまりなかったようであるが、留学生たちと直に接したことは吉野の目を開いたと思われる。[*25] 吉野自身も留学経験を持っていたわけであるし。

第一次世界大戦後のヴェルサイユ会議で日本がドイツの山東省の権益を引き継いだことにより北京

で起きた五四運動に対しても、「今や官立大学の学生がしかも中央政府所在地に於て最も熱烈に、最も徹底的に、自由思想の鼓吹者となるのは、以て如何に支那の青年が世界の変転に際する今日の時世を善用しつゝあるかを語るものである」と吉野は述べる。[*26]「侵略的対支政策の非を十分に承認する所から初めなければばいけない」[*27]とさえ言う。もっぱら帝国主義的競争の見地から「対華二十一か条要求」を是認したときとは明らかにトーンが違っていることがわかる。愛国者なら同じ愛国者の気持ちがわかるはずだと言うのである。

これが朝鮮人留学生を応援する場合になると、もっとトーンが高まる。きっかけは中国からの留学生の場合と同様の「朝鮮青年会問題」であった。吉野によれば「青年会問題といふのは斯うである。東京神田に朝鮮人の基督教青年会の会館と寄宿舎とがある。これが在留朝鮮人青年学生数百名の唯一の集会所であり、又随つて各種の陰謀の策源地になる」[*28]。政府当局はここの廃止かあるいは少なくとも管理の強化を考えている。しかしそれは百害あって一利なしである。ここしか集まるところがないから集まるのであって、それをなくしたら彼らはもっと過激になるか秘密裏に行動することになるであろう。当局の息のかかった者に監督者を交代させせられないか。「今日朝鮮人青年会の幹事として指導の任に当つて居る白南薫君は予輩の親友であつて、実に立派な温厚の紳士である」[*29]。

朝鮮総督府と関係がある「組合教会」に委ねられないか。それは「以ての外の愚策である。予輩は自ら組合教会に属して居るものであるが、それでも朝鮮に於ける組合教会の伝導は、精神的に全然失敗であるといふことを断言して憚らない」[*30]。そもそもこの文章が載った『新人』という雑誌は吉野が生涯の師と仰いだ海老名弾正（一八五六〜一九三七）が主宰する本郷教会の機関誌で、吉野が大学を卒業した二六歳のときから毎月寄稿してきたものである。留学からの帰国後に『中央公論』の常連の執筆者になるに先立って、思想家吉野はこの雑誌への寄稿によって育まれた。そしてそれはキリスト者としての彼の社会的姿勢と不可分のものであったと考えられる。

もちろん吉野の主張は会館や寄宿舎の管理運営の問題にとどまらない。「純粋の大和民族でない朝鮮人が、而かもあのやうな状態で併合され又あのやうな状態で統治された朝鮮人が、日本国に対して内地人と同じやうな考を有ち得ないのは、我々としては遺憾の事ではあるが、自然の成行としては亦已むを得ないと思はる」[*31]。この認識の背後にはヨーロッパ各国の政治史をつぶさに見聞してきた吉野の民族主義の力に関する学識が存在していた。

別の場所ではこう言っている。「僕は多年の学術的研究の結果として此処に断言する。同化は先づ殆ど不可能である」[*32]。「朝鮮民族独立運動の根本的動機には道徳的なものが有る」。道徳と法律とは次元が異なる。吉野は自らのことを「僕等の様に道徳を以て国家以上のもの即国家を指導すべき所謂超国家的規範と認むるもの」と言っている[*33]。「彼等が一片の道義をとつて独立を叫ぶ以上、我はそれ以上の高き道義的理想を掲ぐる事の外に彼等を服せしむる途はない」[*34]。「朝鮮統治の主眼とすべき目標は漫然たる「向上」でなくして、「正義」の実現である」[*35]。

これは一九一九年の三一独立運動を受けて原内閣の下で海軍大将の斎藤実が新たな朝鮮総督に任命され、いわゆる「文化政治」を始めてまもない時期の発言だから許されたのかもしれないが、よくぞ言ったものである。国家の上に「超国家的規範」の存在を認めるというのは、超越神に対する信仰を持つ者でなければなかなか言えないことであり、そうであればこそ天皇と規範を同一視する天皇制国家の支配様式と激しく対立するものだったからである。これは主権の所在をめぐる議論を回避するために民主主義ではなくて民本主義を打ち出したこと以上に、思想家吉野の真骨頂を示したものと言える。

吉野の中国、朝鮮からの留学生に対する支援はモラル・サポートにとどまらなかった。松尾尊兊によれば、吉野は私財を投じて、しかもあたかもどこかの富豪の遺産の活用であるかのようにして、多くの留学生に金銭的援助をした。[*36]そればかりでなく、松尾は驚くべき話を紹介している。吉野はすでに見た一九二〇年の「朝鮮青年会問題」でも、「予輩は友人と謀つて、最近或る外国の学生の為に寄宿舎を造つてやつたが、金を集め寄宿舎を造つて、それを全然無条件で其外国留学生の団体に贈呈した」[*37]と謎のようなことを言っている。このことと日記の二二年五月二六日の条の「支那人寄宿舎朝鮮人苦学生の為にも莫大の金を作る必要に迫られて居る」[*38]という記載との関係ははっきりしないが、松尾が吉野の一友人の回想として述べているところによれば、「吉野の肝煎で建設された横浜の中国人留学生寮の管理人が、借金を残したまま多額の寄付金を持逃げし、名義上の管理人として借金の連帯保証人となっていた吉野が、その尻拭いをせねばならなくなったのが朝日入社の真因だという」[*39]。関東大震災による被害の他にそうした特殊な事情もあるいは存在したのかもしれない。

朝日新聞との関係については、これも日記によれば少なくとも一八年の五月ぐらいから何らかの働きかけが朝日の側からあり、[*40]それは同年八月の「白虹事件」を受けた一一月の吉野の浪人会との対決で一層深まったであろうから、お金の問題だけでないことは確かだが、それにしても関東大震災の翌年の吉野の大学辞職と朝日入社の背景にこれほどの事情があったことは驚きである。

吉野の日記には吉野の言論活動の最盛期であった一九一五、一七、一八、一九、二二年の年間の収入一覧が付けられており（その限りでは几帳面である）、松尾尊兊の整理によればピークの二二年で一万四〇〇〇円の収入があり、そのうち大学の給与は四〇〇〇円足らずで全体の三分の一であった。原稿料が約六〇〇〇円、講演料が約一三〇〇円である。[*41] 収入に占める給与の割合は低く、それだけ他の収入源があったから様々な援助もできたわけだが、それにしても大学の給与を上回る収入を保証されたとしても、朝日入社は大きな賭けであった。前後の事情から見て、筆禍事件に巻き込まれることも大いに予想されたはずだったからである。吉野の経済観念は、おそらく自分が故郷の実家から援助を受けていた学生時代から、相当に大らかなものであったことはまちがいない。

ともかく他人の面倒を見ることを厭わなかったようで、留学生だけでなく、学生時代から所属していた東京帝国大学学生基督教青年会（東大ＹＭＣＡ）の理事や理事長を務め、そこから派生した産院と託児所を営む賛育会と、家庭購買組合にも長く関わり、さらに伊豆半島畑毛温泉の別荘地帯を中心になって開発し、「異分子が入つては困る」という理由で吉野の名義であたり一帯の土地を買い占めて仲間を募った。仲間は五〇人で土地は二万坪あり、「湯が出て、場所がよいので、土地の値はドン〳〵上つて行く」と吉野は言っている。[*42] 函南と韮山の間にある場所で、今と違い東京から汽車で三島で乗り換えて、三、四時間はかかるところであった。

吉野の言論活動

吉野作造はそもそも学生時代に小野塚喜平次の講義を聴いて政治学の研究者を志した。「この講義で私の受けた最も深い印象は、先生が政治を為政階級の術と視ず、直に之を国民生活の肝要なる一方面の活動とせられたことである」[43]と吉野は述べている。日本で最初の政治学者である小野塚は政治を国家の運転術とのみ考えずに、すでに見たように国家機関と国民、すなわち国家と社会の臨界面、接触面を扱う学問として捉えていたのである。しかも最終的に国家を動かす、換言すれば政策を決定するのは国家機関ではなくて国民であり、輿論であり政党であった。小野塚はデモクラシーを一貫して衆民政と呼び、吉野は民本主義と呼んだが、両者の視点は一致していた。

しかし日本で二人目の政治学者となる吉野は、その活動のスタイルとしては生涯象牙の塔に籠った師とまったく異なる道を歩んだ。彼は大学アカデミズムの内部にのみとどまらずに、広く社会に出て言論活動に従事したのである。小野塚は脱世俗的であり、吉野は世俗内的であった。この時点では東京帝国大学にはまだ二人しか政治学者がいなかったのだから、それだけで論ずるのは乱暴だが、しかしこの二人はその後の日本の政治学者の二つの典型的なあり方をそれぞれ代表する存在になった。もちろん宗教の場合と同じく、どちらが正しいと言うことはできないが。

それでは吉野の幅広い言論活動は果たしていかなる動機からもたらされたのであろうか。自分では、「基督教によりて養はれた人生観、社会観が現在の政界並に政論に満足するを得ずして、自ら発する不平が政治上の議論となつて現はれる」[44]と言っている。これはもちろん旧制高校時代以来の信仰の所持ということだけでなく、上京してからの東大ＹＭＣＡや本郷教会への所属、本郷教会で出会った生涯の師である海老名弾正から受けた影響、機関誌『新人』への継続的な執筆活動などのすべてを含んでいると考えられる。つまり吉野は決して留学から帰国した年に『中央公論』の編集長滝田樗陰

（一八八二〜一九二五）の強力な働きかけを受けて、にわかに論壇にデビューしたわけではないのである。もちろん有能な滝田が口述筆記という方法を駆使したことによって、原稿が量産されたということはあるだろう。[*45] しかしそれは吉野が生来有していた社会的姿勢があってのことであった。それは一般的に「啓蒙」と言われるものとは少し違う性格のものである。むしろ精神的には「伝道」と言ったほうがよいのではないか。

すぐ次に見るところであるが、吉野自身は自分の民本主義論のことを「内容には固より別段の新しみもなければ特に識者の注目をひくに足るべき創見もない」[*46]と述べている。謙遜もあるだろうが、先に小野塚喜平次を見てきた我々にとっては、少なくとも吉野の民本主義論が小野塚の衆民政論とそれほど違うものとは思えないのである。違うのはそれを説く語り口と、誰に語るかということであった。そしてそこには確かに吉野が言うように時代の要請があったけれども、同時に吉野のほうにも社会に向けて語りかけるという強い意欲が存在した。

吉野と同時代の美濃部達吉の天皇機関説は高等教育を受けた者向けの天皇制国家の密教で、初等教育での顕教は天皇現人神であったという久野収の有名な分析がある。しかし初版が一九一二年、改訂版が一八年に刊行された美濃部の『憲法講話』を見てもわかるように、これは明らかに密教、すなわち日本が立憲君主制の国であることを一般の国民向けに説こうとした本である。[*47] 吉野作造の民本主義論も美濃部の『憲法講話』と同じ役割を担った。それがリベラルな大正デモクラシーの時代だった。いわば最初に攻めに出たのは密教側であった。だからこそまもなく依然として、あるいは改めて、天皇現人神の顕教を押し付けようとする勢力が強力な巻き返しに出るのである。密教が大学アカデミズムや官僚制の内部だけにとどまっていれば、ある意味では問題はなかった。

小野塚は吉野をどう見ていたのであろうか。吉野の日記を見ても情報は得られない。他の文献から得られる唯一のエピソードは、一九二八年の東京帝国大学における新人会と七生社、左右両翼の学生間の衝突に際して、二月に療養中の古在由直総長の名前で出された「告諭」の案文の起草が、法学部の中田薫（一八七七〜一九六七）教授の建言で吉野に委ねられたということである。すでに小野塚のところでも見たように、この「告諭」では学内で暴力に訴える者に対し「之を処分するに於て一歩も仮借する所なかるべし」と述べられた。[*48] 三月に小野塚は総長事務代理に就任し一二月には総長になるから、この間の経緯については小野塚も了解するところであったと思われる。ちなみに日本法制史専攻の中田は「東大法学部の正統派の閥を作った」[*49] 実力者であった。小野塚は浪人会との対決などで歴戦の勇士である吉野の、文章を通じての学生たちとのコミュニケーション能力を高く評価していたのではないか。

吉野自身は雑誌に頻繁に執筆することについて学長から警告を受けたという噂を否定しつつ、「余り書き過ぎると云ふ所から密かに私の学問上の本分に対して危惧不安の念を抱いてくれる先輩友人の少くないことは亦事実である」と述べている。[*50] 吉野以前においても法律系の教授には学問と政府の仕事を兼ねている人はいたのだが、[*51] アカデミズムとジャーナリズムの世界に二つながら通じている人はおそらく吉野が初めてであり（つまり二つの世界ともにできたばかりであり）、そうしたことはまさに大正デモクラシーの時代の所産であった。これはどこまでを学問と考えるかの学問の定義の問題であり、ジャーナリズムに書かないことで研究の生産性を保つ人と、二つの世界を適宜行き来することで知的なエネルギーを蓄える人がいると思われる。アカデミズムに籠っていても一流の業績はかえって一般読者にもわかるものなので、いずれにせよ個別に判断できるであろう。吉野の場合は後者のタイプであったと考えられる。

吉野が東京帝国大学教授を辞職して朝日新聞に入社した背景に金銭的理由が存在したことは前述した。しかしそこに自らの使命を一元化すること、すなわち比喩的に言えば民本主義の伝道者として生きるという決断が存在したことを否定することはできまい。民本主義の内実に自由と並んで平等の要素があるとすれば、それを説くためには、大学アカデミズムを特権的なアジール（避難所）とすることは許されないからである。もしアジールに籠るとすれば、様々な世俗的欲望を断念しなければならない。吉野はプロテスタントであったから、おのれは世俗を超越した場所にいて民衆に布教を試みるよりも、世俗内にとどまって志ある者に自発的参加を促す伝道の道を選んだのではあるまいか。[*52] これもまたどちらが正しいと言うことはできない。両者をともに手にすることはできない。各々が選択すべき事柄であろう。

吉野の立場は生涯を通じて自由民主主義的で、非マルクス主義的であり、普通選挙の実施を契機に複数の無産政党が結成の動きを見せたときも、社会民主主義的な右派の社会民衆党の後押しに回った。[*53] 次に見る彼の民本主義論も山川均（一八八〇～一九五八）のような左翼からは天皇制との対決を回避するものと言われ、上杉慎吉のような右翼からは天皇制の国体を損うものという批判を受けた。その意味では生ぬるいと見られる一面があった。

しかし吉野の言論は普通選挙と並んで政党政治とそれを可能にする議院内閣制の確立にあったか

ら、彼の批判の矛先は主にそれを阻もうとする統治の非選出勢力すなわち貴族院、枢密院、そして軍部に向けられ、逆にそうした勢力からの反撃を招いた。朝日新聞退社のきっかけになった「枢府と内閣」論文をめぐる経緯がその典型である。大日本帝国憲法の下で議院内閣制すなわち立憲君主制という今日では常識になっている政治体制を求めることがいかに困難であったかを物語る事実であり、吉野の早過ぎる死の二年後に美濃部達吉の天皇機関説事件が起きることを考えれば、もし吉野が存命して黙っていなかったとすれば、おそらく同様の迫害に直面したであろうことはまちがいないと思われる。

吉野の政治原論

政治史の研究者であった吉野にも政治原論的な著作がないわけではない。『吉野作造選集』第一巻に収められている「現代政治思潮」と第二巻に収められている「近代政治の根本問題」はともに一九一九年度の東京帝国大学法学部での「政治学」の講義に基づくと言われる。[*54] 小野塚喜平次はこのとき万国学士院連合会に出席するためにヨーロッパを再訪しているから、吉野が代講を務めたのであろう。前者は『選集』で六八頁、後者は五八頁である。有名度から言えばいわゆる民本主義論（ちなみに一九一六年の「憲政の本義を説いて其有終の美を済すの途を論ず」が九六頁、一八年の「民本主義の意義を説いて再び憲政有終の美を済すの途を論ず」が四四頁）にはかなわないが、一瞥の価値はある。

吉野の政治の定義は「我々人類の社会的生活が客観的支配の関係に依つて統制せらるる現象」である。こうした支配関係は家庭、学校、組合など至る所にあるけれども、それは広義の政治であって、

「普通に政治と謂ふときは、「国家」と関連する客観的支配関係のみを指す」。なぜならば国家のみがその「期待する効果」を「絶対的」、「無条件的」に要求するからである。他の支配関係は国家に対して「皆一様に従属関係に立たざるを得ない」[*55]。国家の出方を歴史的に原理的にどう説明するかという問題は残るが、今日でも通用する簡潔な定義である。小野塚政治学のような長い思考過程はない。

吉野は具体的な事例や比喩を持ち出すのが上手である。たとえばドイツ帝国には皇室に当たるものがない。「一緒に事を企てた大名の一人が帝位に即いたのだから」。それゆえに社会民主党などは「独逸国は名は帝国と云ふも実は一種の共和国」だと言う。帝国の構成単位は国家（領邦）で概して君主国だが、ドイツ全体としてはむしろ共和国だ[*56]。これはドイツ帝国の説明であるだけでなく、およそ国家のあり方を相対化させる優れた認識である。イギリスにおいてなぜ「多元的国家論」が発達したかと言うと、それは実際にイギリス国教会が強かったからである[*57]。これは「多元的国家論」を一言で説明する。

しかしそこから先の説明はやや苦しくなる。「客観的支配と云へば、兎も角も治者と被治者との階級的対立を予想する」。治者すなわち支配者の地位を弁護して来たのは「神権説」や「族長説」だが、それらに代わるのが「民約説」である。吉野は特にロックに至って「自由人」の自発性が重んじられたことに注目するが[*58]、「民約説」が「神権説」の機能的等価物に位置づけられている印象は拭えない。この点は民本主義論の中でも見るけれども、彼には天賦人権論とか社会契約説をいささか古い学説と考えているところがある。

なぜ我々の生活において支配が客観化されなければならないか。それは「自分の決めたことでも之を客観的規範の形に換へて来ないと之に遵つて行動したがらない」からだ。[*59]「客観的支配」が「客観的規範」に置き換えられていることに注意しなければならない。そしてそれは「古い己れ」を「新しい己れ」に代えて行くこと、「低い自我の高い自我にまでの引き上げ」につながる。[*60]

こうなると「必然的な様式に従つてその生活を規律するのが自由」[*61]というヘーゲル的な図式になり、それを主権者の判断に求めてもよいことになる。[*62] 規範を作るのはいつの時代も大衆ではなくて英雄もしくは天才である。[*63] ただしそうした英雄や天才を平和的に競争させて、「大衆の自由判断」が優れた少数者の資質や人格を見極めるのが「近代民主政治」である。[*64] そのためにも「政治組織の拠らねばならぬ根本主義」が「多数決」と「代議政治」である。[*65] 指導者にせよ政策にせよ、その「選択の過程」が政治なのである。[*66] 我々はこうして吉野の民本主義論に近づいた。

吉野の民本主義論（Ⅰ）——民衆の台頭

吉野の民本主義論を有名にしたのはもちろん『中央公論』一九一六年一月号に発表された「憲政の本義を説いて其有終の美を済すの途を論ず」（以下、「憲政論文」と言う）であったが、彼の問題関心はヨーロッパ留学から帰国後まもない同誌一四年四月号に掲載された「民衆的示威運動を論ず」にすでに明らかであった。これは同年一月号に寄せた「学術上より見たる日米問題」に続く彼の『中央公論』誌上二作目の論文であり、滝田樗陰による口述筆記の始まりとされている。それは文体を見れば一目瞭然である。ちなみに夏目漱石が朝日新聞に『心』を連載している時期と重なる。吉野の文章を少し引用してみると、

「民衆の意思を法律上絶対最高のものとするなら、そりや無論日本の国体の上から許す事の出来ない説であるけれども、然しながら主権者が其政治を行はせらるゝに方つて、民間の考を御参考になさると云ふ事は何にも国体とは相渉ることはない。どうせ主権者は事実上御一人のお考で政治をなさらぬ。誰かに必ず御相談になる。只之を少数のものに御相談なさるか、多数のものに御相談なさるかという差である[*67]」。

これはすでに元老や枢密院が動かす政治に対する議会政治、政党政治擁護の主張であり、彼はこの主張を生涯を通じて反復し、その実現を求めるのであった。

この論考を用意する吉野が目撃したのはシーメンス事件に抗議する民衆の姿であった。その前には大正政変も起きていた。そうした動きがいつから始まったかを考えて、吉野はポーツマス条約に反対する国民が日比谷で催した集会に思い至る。「民衆が政治上に於て一つの勢力として動くといふ傾向の流行するに至つた初めは矢張り三十八年九月からと見なければならぬ[*68]」。ちょうど二〇世紀が始まったばかりの頃で、そうした民衆の台頭や大衆社会化は世界中に共通する現象であった。

吉野はもちろん民衆の「モッブ」化を警戒したが、「日本今日の憲政の発達と云ふ上から見て、此民衆的示威運動と云ふ現象は、一つの喜ぶべき現象である」と考えた[*69]。彼は留学中にオーストリアやベルギーで労働者の秩序整然としたデモンストレーションに接して感動していた[*70]。また政党が絶えず民衆に自らの立場を訴える光景も見聞した[*71]。そうした民衆の力が公明正大に政治を動かすべきであり、それを憲政の仕組みの中に招き入れるためには選挙権を拡張すべきである。民衆は政見の内容を判断することはできなくても、候補者の人格を見極めることはできる。[*72] 二大政党の対立ということも必要な条件である。[*73]「私の考では最良の政治と云ふものは、民衆政治を基礎とする貴族政治である」[*74]。
これらの点がことごとく後の吉野の民本主義論に取り込まれたことは言うまでもない。改めて吉野の「憲政論文」の論旨を追ってみよう。

吉野の民本主義論（Ⅱ）――「憲政論文」

憲政すなわち立憲政治、憲法政治というのは憲法に拠る政治ということであるが、ただ憲法がありさえすればよいというのではない。二つの要件が必要であり、一つは憲法が普通の法律よりも高い地位を占める（普通の立法手続きでは改正されない）ことであり、もう一つはその憲法が「（イ）人民権利の保障、（ロ）三権分立主義、（ハ）民選議院制度の三種の規定を含む」ことである。特に民選議院制度が重要で、それは「此機関のみが其の組織に人民の直接に干与し得る」からである。[*75] なお、立憲政治は憲法の条文のみならず憲法の精神に基づいて行われるべきであり、吉野は「予は此各国憲法に通有する精神的根柢を以て、民本主義なりと認むる」と言っている。[*76]
次いで最も有名な概念規定が来る。

「所謂民本主義とは、法律の理論上主権の何人に在りやと云ふことは措いてこれを問はず、只其主権を行用するに当つて、主権者は須らく一般民衆の利福並に意嚮を重ずるを方針とす可しという主義である[77]」。

民主主義は人民が主権を持つ政治体制で、天皇主権（統治権）の大日本帝国では「憲法の解釈上毫も民主主義を容るべき余地がない[78]」。しかるに上に引用したように、民本主義は政権の運用にあたって一般民衆の利福と意嚮を重んずる、すなわち「政治の目的」が一般民衆の利福にあり、「政策の決定」が一般民衆の意嚮による政治体制である[79]。この民衆の意嚮を重んずるということに関しては三つの批判が想定される。第一はそれが君主の大権と相容れないということであるが、

「民本主義は政治上の主義であつて法律上の説明ではない。法律上主権は君主に在りとして、其主権者が主権を行用するに当り、いかなる主義方針に拠るべきかという時に、民本主義は現はれ来るのである。何等君主々義と相矛盾するものではない[80]」。

大臣の任命についても、実際上君主が一人で決めるということはない。「大臣の任命に付き議会の多数党に人を採るのも、元老の御下問によつて極めるのも、共に君主の大権に対する事実上の制限たる事は同一である[81]」。これは「民衆的示威運動を論ず」でもすでに出ていた論点である。

第二の批判は民衆は愚昧であるということだが、「民本主義の行はるゝ事は、それ程高い智見を民衆に求むるといふ必要はない」。代議政治の候補者について「何れが最もよく大事を託するに足るの人物なりや」を見抜けばよい。その意味では民本主義の下においても精神的指導者が必要になる。

「政治的民本主義は精神的英雄主義と渾然相融和するところに憲政の花は見事に咲き誇る」[*82]。これも「民衆的示威運動を論ず」に出ていた論点であった。

第三の批判はそもそも「民意」が実在するかというものであるが、これには吉野は政治の大いなる変動を認めつつも、肯定的、楽観的である[*83]。ここにも彼は代議政治もしくは選挙の効用を認めているようである。いわく「立憲政治の妙趣は、人民の良心の地盤の上に、各種の思想意見をして自由競争をなさしむる点にある」[*84]。したがって「言論の自由」が重要である。そこで吉野が「政府の圧迫」のみならず「民間の圧迫」に対しても警告を発しているのは[*85]、その後の時代を暗示させて不気味である。

吉野の議論で興味深いのは選挙権を拡張すること、換言すれば普通選挙を実施することで買収などの腐敗が防止できると考えていることである。数が増えれば買収し切れないだろうと言うのであるが[*86]、これはそうではないことを歴史が証明するし、吉野も後年改めて憤慨することになる。婦人参政権については「将来の問題」[*87]とした。

最後に議会と政府の関係について述べて、あくまでも責任内閣制を主張する。超然内閣は「違憲ではないにしても「非立憲」である。なぜならば「政府の責任は即ち彼が議会に依然として多数的信任を維持し得るや否やによつて糾弾さるゝ」からである[*88]。この責任内閣制の要求こそは普通選挙の要求にもまして吉野が生涯執拗に求め続けたものであり、しかも昭和戦前期の日本においてはついに短いエピソードに終わった事柄であった。なお、小党分立では後継内閣の選出が困難を極めるという問題もある。そこでどうしても二大政党制が求められるが、これは法律によって作ることはできず、国情に拠るとしている[*89]。この点は次の「民本主義の意義を説いて再び憲政有終の美を済すの途を論ず」

（以下、「憲政再論」と言う）においてさらなる議論の発展を見るであろう。

以上が吉野作造の憲政論である。ともに統治構造の生きた実際の姿を描いているという点で、我々は直ちにウォルター・バジョットが一八六七年に刊行した『イギリス憲政論』（Walter Bagehot, *The English Constitution.*）を思い起こすだろう。バジョットは君主を鳩時計の鳩にたとえた。鳩は時を刻む時計の機能には関係がない。むしろしばしば故障の原因にさえなる。しかしイギリスの民衆は鳩によって時を知るのである。時計が統治の実効的部分、すなわち内閣と下院だとすれば、鳩は統治の尊厳的、儀礼的部分、すなわち君主と上院である。これが明治維新の年、すなわち日本でこれから天皇制国家を作ろうというときに発表されていたことは驚くべきことである。すでに統治のからくりは暴かれていた。イギリスは君主制ではなくて、実は「偽装された共和制」なのだ。もちろんそうしたバジョットの認識は一定の愚民観を伴っていたけれども。

これに比べると吉野の議論は精緻ではあるが、どこか隔靴掻痒である。「帝室ハ政治社外ノモノナリ」と言い切った福沢諭吉の「帝室論」（一八八二年）のほうが、まだ大日本帝国憲法ができる以前のものであっただけに、イギリス型かドイツ型かあるいは第三の型かいずれに転ぶかわからない混沌とした時代の雰囲気をよく伝えている。後に述べるように吉野のほうは独特の進歩的歴史観を持っていて、明治を立憲政治というよりは藩閥専制政治の時代とみなしていた。だから「往時のデモクラシーは一知半解の洋学心酔者が唱へ出した」に過ぎないが、大正時代の「今のデモクラシーは之に反して時勢の必要に促されて起つた」のだとも考えていた。*90 けれども明治、大正、昭和と、歴史は必ずしも一直線には進まなかったと言わざるをえない。

吉野の民本主義論（Ⅲ）——「憲政再論」

二年後の「憲政再論」で吉野は主張を絞ると言うか、変える。この間、一九一六年から一八年までに国内で起きた最も重要な出来事は、一六年一〇月の大隈内閣の退陣と超然内閣である寺内内閣の成立であろう。大隈は後継に加藤高明を推したが、元老たちは山県の後継者である寺内を朝鮮総督から呼び戻して推薦した。加藤たちは憲政会を作る。吉野がこの間の出来事をどう見たかは後に述べる。ちなみに普通選挙はまだである。責任内閣制に基づく政党内閣も、季節はずれの超然内閣の出現によっていったん白紙に戻った。

吉野は「憲政論文」で民本主義の定義を述べて、一般民衆の利福と意嚮を重んずる主義だとしていた。前者は「政治の目的」に関わり、後者は「政策の決定」に関わると。しかし「憲政再論」では「此二つは全く別個の範疇に属する」と言って、前者を捨てる。[*91]

捨てる理由には優先順位もあるかもしれないが、「政治の目的」に対する不可知論が絡んでくる。つまり「政治の目的に関しては、絶対的真理を立する事能はず[*92]」。個人主義と国家主義のどちらか一方が正しいとは言えない。「今日の団体生活の理想は、之を国家的組織と個人的自由との調和するところに求めなければならない[*93]」。保守主義とか自由主義という場合もそうである。それらは一義的には決められない。したがって「二元的対立の見地を取るのは、亦已むを得ざる数である[*94]」。吉野の場合、これが二大政党対立の哲学的根拠になる。「思想上の二元的対立と共に、政治勢力の二元的対立を承認し、此間の諸勢力をして相交代せしむるの仕組が一番いゝ[*95]」。

で、今や一般民衆の意嚮を重んずることが前面に出る。これは主権者から見れば「民意の尊重」であり、人民から見れば「参政権の賦与又は獲得」である。[96]ここで興味深いのは、吉野が「今日は最早天賦人権論は其理論上の根拠を失つた。人民主権論も民主国以外に於ては其儘に通用しない」として、「参政権は、此等国家的責任の個人的分担といふ事に新しい根拠を見出した」としている点である。[97]吉野が独特の進歩的歴史観に立ち、天賦人権論や社会契約説を古い時代のものと見ていることについては先にも少し言及した。それは日本について言えば、明治の啓蒙主義の時代に比べて大正デモクラシーの時代のほうが進歩しているという認識に基づくと言えるであろう。しかし「国家的責任の個人的分担」によって参政権の賦与を正当化することは、保守もしくは国家主義陣営の支持者を拡大するかもしれないが、それだけ国家総動員もしくは総力戦の論理に近づくということでもある。普通選挙を求める機運が高まってきたときに、いずれの論理をとるかということは重要な問題であった。言い換えればあらゆる改革がそうであるように、様々な理屈でしかし一致して普通選挙が求められるようになったとき、それは実現の扉を開いたと言える。

歴代内閣論（一）――大隈・寺内・原

吉野が留学から帰国したのは、大正政変で辞職した第三次桂太郎内閣に代わる第一次山本権兵衛内閣のときであった。その山本内閣も一九一四年三月にシーメンス事件で倒れる。代わって成立したのは第二次大隈重信内閣であった。そしてこのときから歴代の内閣に対する吉野の論評が始まる。

成立時における吉野の大隈に対する期待は意外にも高かった。それは、元老たちは当初枢密顧問官の清浦圭吾を推したのだが、海軍の反対で実現せず、大隈になった経緯があったからであった。吉野はそこに「我が国の憲政が今日最早や超然内閣の存在を許さず、漸次政党内閣制に進まんとする傾向」を読みとった[*98]。しかも議会の多数派である政友会も支持した山本内閣が倒れたのだから、「結局政友会に反対なる党派が内閣に立つより外に途が無い」。そして「能く非政友の諸派を連合し……近き将来に於て政友会の多数を覆し得る丈の実力と民望ある人物」は大隈であった[*99]。大隈の手腕と政党内閣の早期実現に対してかなり楽観的だったと思われる。翌年に大隈内閣が出す「対華二十一か条要求」にも吉野が賛成だったことを想起しなければならない。

ちなみに政友会に対抗する立憲同志会が加藤高明を総裁として結成されたのは一三年一二月であり、加藤は大隈内閣の外相となり「対華二十一か条要求」に関わるが、大隈の後継首班になることは元老たちの反対で実現せず、一六年一〇月に同志会を憲政会に改めて雌伏を余儀なくされる。加藤が護憲三派内閣の首相になるのは二四年六月である。

大隈内閣の次にできたのは純然たる超然内閣である寺内正毅内閣であった。「今頃超然内閣を標榜して乗出して来るのは、畢竟一木を以て大河の決するを支へんとするの類に過ぎない[*100]」と吉野は怒りを露わにする。ただし「我々歴史家の立場から観れば……寺内々閣の出現の如きは、政党内閣主義が其確立を得んが為にする奮戦苦闘の途上に於ての一小蹉跌に外ならざるもの[*101]」と突き放しもする。

しかしその一方で吉野の怒りの矛先は政友会にも向けられる。「同志会に対抗し政界を両断して其一半を占有する大政党として、反対党の失脚に当り、おめ〳〵超然主義者に活躍の機会を譲ったのは、畢竟彼等に非政党主義と戦ふの鞏固なる決心なかりしの結果である[*102]」。一九一四年六月以来、原敬が第三代の政友会総裁に就いていたが、吉野は原の手腕を認めながらも、原が従来統治の非選出部分である山県閥との提携を重視してきたことを批判した。吉野と原はともに大正デモクラシーを支えた知識人と政治家であったように見えるが、吉野は生涯原と政友会嫌いだったという指摘に耳を傾ける必要があるだろう。[*103]

吉野の浪人会との対決の発端となった大阪朝日新聞の「白虹事件」は同紙が寺内内閣のシベリア出兵などの政策を批判して起きたものであり、吉野もすでに述べたように成立当初から厳しい眼差しを注いでいたが、しかしだからといって寺内内閣に代わる原内閣の誕生を心から歓迎したわけではなかった。「立憲的内閣らしき内閣の初代の首班」[*104]とは言うものの、吉野の原を見る視線は終始冷たかった。原首相は一九年に有権者の納税資格を三円に下げる法案を成立させると、普通選挙は時期尚早として翌年衆議院を解散して勝利を手にする。吉野はこれを「曖昧」で日和見的なやり方だと言って糾弾した。「よくいえば老獪だが、わるくいえば蒙昧で、いかに学問と政治とを離して考えて居る人とはいえ、よくもこれで首相の役が勤まるものと我々は実に不思議に堪えない」[*105]。

原が就任三年目を迎えたときも「原内閣は倒れさうにして倒れない。失政百出にして而かも議会に党員の著るしく増加して居るのは、丁度町の爪弾きを受けて居る高利貸が益々其富を増すやうなもの」と特にその「道徳的失態」、すなわち汚職などの不正手段を用いての政権の維持を口を極めて罵った。[*106]

だから原の暗殺を知って「稀に見る偉才として不時の凶変を愛惜する」と述べるけれども、前途に対するそれほどの喪失感は見られなかった。[*107] 大久保利通や森有礼や星亨のような「政治的暗殺」ではないし、「伝播性」を有するものでもないとしている。[*108] もちろんテロリズムを許すものではなかったし、むしろ影響の拡大を抑える趣旨の発言であっただろう。原の後継についても、「閥族は最早今日となつては、僅に政党政治に対する消極的牽制力たるに過ぎぬものとなつた」[*109]という見通しを述べている。しかし我々は少し先に進み過ぎた。吉野が最も輝いた時期を見よう。

浪人会との対決

吉野作造の名前を一躍有名にしたのは、一九一八年一一月の立会演説会での右翼団体浪人会との対決である。その発端となったのは、大阪朝日新聞が八月二五日に大阪中之島で開催した寺内内閣弾劾関西新聞記者大会の模様を伝える同紙二六日夕刊の記事であった。超然内閣としての成立の経緯やシベリア出兵などに対して朝日は従来から寺内内閣を批判する論陣を張ってきたが、同内閣が七月に富山県で勃発した米騒動の全国への波及を恐れて言論の取り締まりを強化すると[*110]、いよいよこれと対決する姿勢を明確にした。

そこで二五日の大会の様子を伝える記事の中に「白虹日を貫く」という兵乱の前兆を意味する言葉があるのを目にした政府当局は、二六日の夕刊を発売禁止にするとともに新聞紙法違反（朝憲紊乱）の容疑で告発した[*111]。さらに一か月後に大阪朝日新聞の村山龍平（一八五〇～一九三三）社長が中之島公園で右翼の暴漢に襲われて燈籠に縛り付けられるという事件が発生した。

一連の圧力を受けて村山社長は辞任し、編集局長の鳥居素川と社会部長の長谷川如是閑は退社した。さらに通信部長の丸山幹治、調査部長の花田大五郎（一八八二～一九六七）、論説委員の大山郁夫らもこの処置に抗議して一斉に退社し、客員の櫛田民蔵、河上肇、佐々木惣一も執筆関係を絶った。

丸山幹治は生涯に八つの新聞社を渡り歩いた生粋の新聞記者で丸山眞男の父であり、「白虹事件」は眞男が四歳のときの出来事であった。[*112] 長谷川と大山は翌年に東京で雑誌『我等』を創刊する。

多くの言論人が沈黙する中で、吉野は『中央公論』一九一八年一一月号に「言論自由の社会的圧迫を排す」を書いた。そこで彼が強調したのは「憲政論文」のときと同様に、「言論の自由を圧迫するものに国家的なるものと、社会的なるものとの二種類ある」ということであり、前者が言論の抑圧であることは言うまでもないが、後者も決して見逃しえないということであった。「事は大阪朝日新聞に関係する。同新聞の最近の論調が国体を冒瀆し、朝憲を紊乱するものとなし、浪人会と称する一団が起つて盛んに攻撃の矢を放つて居る」、「一村山翁を途上に要して暴力を加ふるが如きは以ての外の曲事である[*113]」。

はたして浪人会のメンバーは研究室にやって来た。一一月一二日の吉野の日記によれば、「浪人会本夜集会し決議の上予を詰問に来るべしとなり　要は中央公論に掲げたる彼等の「言論の社会的圧迫」を難ぜるに激してなり」。そして一六日には「昼浪人会の代表者として田中舎身、佐々木安五郎、伊藤松雄、小川運平の四氏来る　不得要領を極め甚だ平凡にして帰る[*114]」。吉野の気迫が伝わる。

いくらかの交渉の結果、二三日に東京神田の南明倶楽部で立会演説会を催すことになった。当日、吉野は大勢の東京帝国大学の学生たちに囲まれて会場に臨んだ。先に研究室を訪れた浪人会の四人が代わるがわる演壇に立ち、その都度吉野が質問に答える形をとったらしい。吉野の主張の要点はいかなる思想に対してもそれを暴力で封じ込めることの非を説くものであった。聴衆の支持は圧倒的に吉野のほうに向けられた。当日の吉野の日記には「十分論駁し尽して相手をして完膚なからしめし積り

なり　十時過凱旋す」[115]とある。「白虹事件」とこの立会演説会の間の九月に寺内内閣が退き、原内閣が成立していたことも、(吉野の原に対する評価はともかく)吉野の側に有利に作用したであろう。

ただし一つだけ微妙なのは、浪人会の背後に寺尾亨がいたとされることである。[116]すでに述べたように寺尾はかつての日露早期開戦論の「七博士」の一人であり、辛亥革命が起きると革命政府の法律顧問になり、第二革命後は東京に政法学校を作って吉野や小野塚を講師に招き、第三革命後に吉野に「支那革命史」の執筆を勧めた人である。寺尾と吉野は中国革命への共感という点では通じていたはずである。つまり寺尾と浪人会を同一視することはできないし、吉野の暴力を嫌う態度は揺るぎなかったが、吉野と浪人会の対決を仲介する者が誰もいなかったわけではないと思われる。その意味では左右の対立はまだ後年のように明確ではなかった。

よく知られているように、吉野と浪人会の対決は吉野と経済学の草分けである福田徳三(一八七四～一九三〇)らの協力による黎明会という知識人の結集の契機となり、また東京帝国大学の学生たちによる新人会と、早稲田大学の学生たちによる民人同盟会の結成をもたらした。[117]それらは、黎明会が大学教授を加入の要件としたためにジャーナリストの長谷川如是閑が参加できなかったり、[118]新人会の学生たちがその後マルクス主義の影響を受けて急進化し、さらに当局の弾圧下で次には国家社会主義への転向者(その典型は他ならぬ吉野の次女明子の女婿赤松克麿(一八九四～一九五五)である)を輩出させるなどの限界や問題を含むものであったが、大正デモクラシー運動の頂点を形作るものであった。

歴代内閣論（二）——高橋是清内閣から加藤高明内閣まで

一九一八年の浪人会との対決から、二四年に東京帝国大学教授を辞職して朝日新聞に入社し、わずか四か月後に筆禍事件に巻き込まれて退社するまでが、吉野作造の活動のピークであった。吉野は朝日新聞を退社してフリーになってまもなく呼吸器の疾患で半年間の静養を余儀なくされ、その後も三三年に亡くなるまでその病に苦しめられることになる。

この時期に吉野は大量の原稿を書き、全国を飛び回って多数の講演をこなした。ここでは「憲政論文」と「憲政再論」を受けて、また第一次世界大戦後の大正デモクラシーの社会的気運が高まる中で、彼が普通選挙法案が成立するまでの歴代の内閣をいかに見ていたかということに注目したい。なお、吉野が朝日新聞に入社したのが超然内閣の清浦内閣のときでありそのことが彼の筆禍事件の背景にあったこと、また憲政会、政友会、革新倶楽部の護憲三派が二四年五月の総選挙で勝利して誕生させた加藤高明内閣が翌年普通選挙法案を成立させたとき、吉野は病床にあったことをあらかじめ記しておく。

注目すべきは、原首相の暗殺後に内閣を引き継いだ高橋是清が政友会の内紛で早くも行き詰まったとき、「今日の政界を憲政の常道を以て律するは、瀕死の病人に常人の養生法を勧むるよりも無理な話だと思ふ」[*119]と述べていることである。ここに「憲政の常道」という言葉が出ている。しかももちろん「憲政の常道」はまだ確立していない。その上で吉野は早急にそれを適用することの無理を指摘しているのである。

したがって第二次大隈内閣以来海軍大臣を務めてきた加藤友三郎（一八六一～一九二三）が高橋の

後を継ぐと、「政党に根拠なきもの、台閣に立つが如きは力めて之を避くべき」としつつ、「加藤新内閣の如きが、我国現時の政情の下に於ては其存立を認む可らざる底のものでないことだけは、明白に之を承知して置かねばならぬ」[120]と述べることになった。そして加藤が現職のまま死去して次に山本権兵衛が後を継いだときも、吉野は反対しなかった。海軍の出身者に甘いということは言えるかもしれない。しかしそれだけではないとすると、吉野のこの判断はどこからもたらされたのであろうか。

吉野が言うには、そもそも「民衆の良心を反映する政客の集団を政党と謂ふ」[121]のだ。「政党内閣を執る根拠は民意の忠実なる代表たる所にある」[122]。「形の上で民衆の代表だといふ丈では、白色の液体を人に飲めとすゝめ難きと同じ」だ[123]。要するに吉野が見るところ、総選挙が公正に行われていない。制限選挙であれ普通選挙であれ、総選挙において利益誘導や買収などが横行するところでは、とても国民の代表が選出されているとは言えない。まずそれを正すことが重要だと吉野は言うのである[124]。

この時点で直近の総選挙は政友会の原内閣のときのものであったが、仮に憲政会に政権を委ねても同様の事態になると吉野は見ている[125]。もともと吉野はふつうの国民は政党に所属すべきではないと考えていた。「何れの党派でも構はぬ、良い方に投票するといふので、政党の争に道徳的意義が出て来る」[126]のだ。だから「憲政の常道」すなわち議院内閣制（責任内閣制）のルールの確立を言う前に、さしあたり公正な総選挙を行えというのが吉野の主張であった。

第二次山本内閣が皇太子（摂政）狙撃事件の責任を取って四か月で総辞職し、代わって超然内閣である清浦内閣の登場を許したときには、近い将来にそれが自分の運命に重大な影響を及ぼすとは予想できなくても、従来の発言からさぞや怒り心頭であったと思われるが、意外にも吉野の反応は冷静であった。たとえ「憲政の常道」が理想論でも今は適わぬと言うのである。むしろこの際公正な総選挙を期待するという趣旨である。[127]

護憲三派の加藤高明内閣が誕生した一九二四年六月、吉野は窮地に追い込まれていた。朝日新聞に入社して同紙に書いた「枢府と内閣」その他が検察当局の追及に遭っていた。かつての寺内内閣から原内閣への交代は吉野にとって追い風になったかもしれないが、今回の清浦内閣から加藤内閣への交代はやや遅かったと言うべきか。加藤内閣に対する吉野の期待も決して高くない。普通選挙も貴族院改革も綱紀粛正も緊縮財政もよいが、「旧勢力に阿附妥協する惰容を示さゞる限り、吾人は極度の忍耐を以て加藤内閣の存続を許さうではないか」と言っている。[128]翌年、普通選挙法案を通した後に加藤内閣が憲政会の単独内閣になるに及んで、「吾々は加藤内閣を有つことを先づ国民の為に幸福と云ていゝ」[129]と言うのだけれども。

今日からすれば、護憲三派内閣による普通選挙法の成立と「憲政の常道」の確立はほぼ同時期と思われる。けれども普通選挙が実現したときには、吉野の関心はもはや既成政党である政友会および憲政会すなわち後の民政党の両者間で行われる「憲政の常道」ルールの成立如何の問題から離れていた。二大政党の各々が益々総裁のリーダーシップ、特に政治資金調達能力に依存する事態に警告を発していた。[130]そして彼の関心は無産政党の結成およびその動向に向かうのである。しかし吉野の無産政党論を見る前に、彼が巻き込まれた筆禍事件について考えたい。

朝日新聞退社の経緯

吉野が朝日新聞に入社したのは、たまたま一九二三年末に第二次山本内閣が摂政狙撃事件の責任をとって総辞職し、超然内閣の清浦内閣に代わった時期であった。「白虹事件」や続く吉野の浪人会との対決の経緯もあり、また関東大震災からまもない時期でもあったから、政府当局や右翼団体が朝日新聞および新たに入社した吉野の発言に目を光らせていたことはまちがいない。

最初に問題になったのは、二四年二月に朝日に入社した吉野が同月に神戸で行った講演で、明治維新当初の新政府の行動に触れて「明治政府の当路者は、金にも困り兵力にも困り、窮余の結果悲鳴を揚げるに到つた。その際陛下の出されたのが五箇条の御誓文である」と述べたことであった。しかしその二日前に京都で行われた講演「最近の政論に現れた二三の謬想」でも、吉野は摂政狙撃事件で第二次山本内閣が総辞職する必要はなかったと述べていたから、それに代わった清浦内閣がすでに彼の言動に注目していたことは考えられる。*131

吉野の意図は明治の政治史が当初に出された五箇条の御誓文からあたかも自動的に展開したわけではなく、より紆余曲折に満ちたものであったことを指摘するところにあった。ただし吉野には従来から東北地方の出身者にありがちなことであるが、薩長の明治政府を相対化する視点があったことは否定できない。これに対して早速右翼団体の国粋会から明治天皇を冒涜するものだという抗議の声が上がった。*132

続いて吉野が三月から四月にかけて『大阪朝日新聞』に発表した「枢府と内閣」が政府当局の目に触れた。この論文は五日間の連載で掲載され、吉野の書いたものの中でもかなり高度で難解な内容であるが、統治の非選出部分である貴族院と枢密院と軍部の三者を憲政の発達を妨げる「特権階級」とみなすのが吉野の持論であった[*133]（興味深いことに彼は財閥をそうした「特権階級」には含めていない）。吉野は特定の政策に対する枢密院の反対でときの内閣が倒れるようなことを警戒した（これはその後二七年に若槻内閣が台湾銀行の救済を枢密院に否決されて総辞職することで改めて問題化する。前章で述べたように、小野塚喜平次が帝国学士院選出の貴族院議員として、貴族院の実質的な若槻内閣弾劾決議に反対演説を行ったのはこのときである）。『大阪朝日新聞』の論説で吉野は大胆にも枢密院が今後は「名誉の閑職」となるか、あるいは「会計検査院の如きものになる」ことを提案した[*134]。

吉野のこうした指摘が枢密院議長から転出したばかりの清浦首相を拝する検察当局を刺激したことは疑いない。司法大臣は司法官僚出身の鈴木喜三郎（一八六七〜一九四〇）（鈴木は後に政友会に入り五・一五事件後に第七代総裁になったが、対英米協調と憲法遵守に欠けるという理由で元老西園寺の首班指名を受けられずに、結局政党内閣の終焉を招いた）であった。はたして当局は朝日新聞に圧力をかけ、吉野にも出頭命令を出した。「白虹事件」の過去を持つ朝日新聞である。そのときの経緯から吉野の論説に大きな期待をかけた同紙であったが、水面下での当局との交渉の末に、吉野を退社させることで彼の不起訴と事態の鎮静化を図ったものと思われる[*135]。

吉野の朝日新聞入社の背景に留学生に対する援助で負った負債を償還する必要があったと見られることは前述した。しかし吉野はその先ずっと朝日の専属でいるつもりであったのだろうか。継続的に『中央公論』誌に寄稿しながら専属になる気はなかった吉野である（「冗談ではない　そんなことで縛られては迷惑だ」という記述が日記にある[*136]）から、いずれはフリーになるつもりであったのかもしれない。新聞は雑誌よりも社会的影響力が大きいから、初めからある程度の覚悟はしていたであろう。

すでに森戸事件も起きていて、大学の研究紀要に発表した論文に対してても司法当局の介入は及んでいたが、それでも大学は最後の学問の砦であった。少し前に夏目漱石が『三四郎』（一九〇八年）や『それから』（一九〇九年）で登場人物に日本の滅亡を予言させても、それは小説の中でのことであった。時代もまだのどかだったのであろうか。文学も決して安全でないことは後の歴史が示す通りであるが、古来政治学の任務は国家権力を裸にすることである。フリーになってこその吉野ではあるとしても、リスクの大きさは彼の想像を超えていたと思われる。

無産政党論

朝日新聞を退社してまもなく吉野は体調を崩して半年間の入院・加療を余儀なくされ、護憲三派の加藤高明内閣が普通選挙法案を成立させた一九二五年三月にも病床にあった。早晩行われる普通選挙をめざして、二六年中には無産政党を結成する試みが相次いで見られた。結果として誕生したのは、右から社会民衆党、日本労農党、労働農民党の三つ（日本農民党を加えると四つ）である。このうち吉野が結成に関わったのは右派の社会民衆党である。「私は去年十一月安部磯雄堀江帰一の両君と共に右翼無産政党結成の産婆役をつとめた。従て私が所謂左翼の立場とは根本的に反対の見地に在るは云ふをまたない」[*137]。ちなみに大山郁夫が労働農民党の結成に関わり、当初大山と行動をともにした河上肇がまもなく大山と袂を分かって非合法の共産党に入党するのは、吉野の場合と合わせて当時を代表する知識人の三者三様の選択であった。

吉野は自分でも「私の最近の新政党結成の斡旋は従来の立場と一見相容れぬ」と言っている。それではなぜそうした変化が起きたのか。それは多くの友人が関わっていたからであり、「労働農民党の分裂に依て右翼結成の機運が熟して」いたからであり、「新有権者の政治的結束を必要ならしめた」からである。だから「私が新政党の出現と共に直に之と絶縁し再び元の超越的立場に復したのは、私の年来の主張を忠実に貫かんが為に外ならぬ」[*138]。元来吉野は「政党は政治家の仕事である。一般民衆は本来之に直接の関係を有すべきものではない」、「一般民衆が政党の誘惑に応ぜず常に自由独立の超越的態度を維持するとき、各政党は始めて善を為すことを競ふ様になる」と考えていた[*139]。自らに関しても、「私一己の問題としては、一方に教授としての任を辱しめず、他方同時に忠実なる政党員たり得べしとは、私の到底夢想だもせぬ所である」し、「私は今は所謂大学教授ではない、謂はば学問を好む一私人に過ぎぬ。それでも他に兼務を有つを忌む」と述べている[*140]。

吉野は自らの立場を「階級主義」に対して「自由主義」であるとする。そこに吉野と親しい関係にあり、労働農民党から分かれた麻生久（一八九一～一九四〇）（麻生は後に社会大衆党を経て近衛新体制運動の協力者となる）の率いる日本労農党が、最終段階で社会民衆党と分立した理由もあった。吉野たちは自党に「純無産者に非る者の来り投ずる」を妨げぬとしたのである[*141]。「階級的政党論の主張は、その実中央集権的な少数幹部の専制主義の強行に外ならぬ」。しかも彼らは「一挙に政治的支配権を獲得せねば駄目だと云ふ」。そうした主張の背後には「マルクス正系と称する唯物主義的政治思想が消化されずに」横たわっている[*142]。

ゆえに吉野は「単一無産政党主義」にも反対する。実際に「単一主義」を掲げる無産政党（労働農民党）は他の無産政党の攻撃ばかりしているではないか。「真理は唯一つであるべきだ。唯一つであるべきだが、未だ曾てその唯一の真理の見付かつたためしはない」。だから多様な意見を「正々堂々と争はしめ、其間に切磋琢磨の功を積ましむる」べきだというのが吉野の主張であった。[*143] 一国内における複数の社会主義政党の存立ということでは吉野にはヨーロッパ諸国に関する豊富な知識があったはずであるが、ここにはそうした事柄に対する言及はない。

田中義一内閣の下で第一回の普通選挙が行われた一九二八年二月二〇日に先立つ一か月近くを、吉野は継続する発熱を押して、宮城県から立候補した女婿の赤松克麿（落選）や東京府から立候補した安部磯雄（当選）らの応援のために飛び回った。吉野の故郷の宮城県古川は一九八二年の東北新幹線の開業によって仙台の次の駅になったが、それまでは東北本線の小牛田で乗り換える陸羽東線の駅であり、仙台からも一時間はかかったと思われる。ましてや東京からの往復には体力を消耗した。この第一回普通選挙では田中内閣の与党である政友会が二一七議席、民政党が二一六議席、無産政党は合わせて八議席であった。選挙後に吉野は肋膜炎と診断されて、また三月いっぱい寝込むことになる。

なお、日記によれば、総選挙前に吉野は東京帝国大学法学部の中田薫に依頼されて、古在由直総長名義で学生の暴力を禁じた「告諭」の文案を作成している。古在の病気のために、まもなく総長は小野塚喜平次に代わる。文案は日記に掲載されているが、たった一日で成ったものらしい。[*144] 吉野にとっては容易な仕事だったに違いない。しかし五〇歳を迎えた彼に残された時間はあと五年であった。

歴代内閣論（三）――「憲政の常道」期

護憲三派の加藤高明内閣が憲政会単独の加藤内閣になり、加藤首相が現職のまま亡くなって同じ憲政会の若槻礼次郎に大命が降下されると、吉野はこの措置を歓迎した。「見よ、現に加藤総裁逝いても国民の多数は若槻新内閣に格別失望していないではないか」[*145]。彼はもともと原首相の暗殺後に同じ政友会の高橋内閣ができたように、大命降下は個人にではなくて衆議院に多数を占める政党にあるべきだと考えていた[*146]。若槻総裁・首相の登場に際して、吉野は「総裁に必要とせる在来の形式的威厳観」を捨てることと、「資金調達の任務を専ら総裁に負はしむる冥妄」を去ることを望んでいる[*147]。そこには政友会がまさに上の二つと反対の理由で、二五年四月に陸軍出身の田中義一を総裁に迎えたことに対する批判が込められていた。

以前から吉野は枢密院の介入でときの内閣が倒れることを警戒していたから、二七年四月の枢密院の台湾銀行救済案否決による若槻内閣の総辞職とそれに代わる田中政友会内閣の成立は、憲政の正常な運営の上から決して許してはならないことであった。しかもこの倒閣運動には政友会が関わっていた。「若し政友会が若槻内閣を打倒する為に枢密院と協力したとすれば、或は少くとも双方部内の者の一部の陰謀的策動を黙認したに止るとしても、どの道政権の帰趨を支配する勢力としての枢密院を黙認したことに変りはない[*148]」。

しかも「彼は総選挙に於て自家の多数を獲べく凡ゆる不正不義を公行して憚らなかつた」。のみならず「事後に於て議員の節操を買収するの醜手段に倚り利権の提供に依て更に十数名を加ふるに成功した[*149]」。「即ち彼の拠る所の陣地は、大正の始めに世上一般の公認を得た処より遥に後へ引き退つて居る[*150]」。そもそも総選挙が公正に行われないところに憲政の常道、すなわち議院内閣制が成立するはずはないのであった。

吉野が、蒋介石による北伐の開始を受けて行った第一次、第二次山東出兵から張作霖爆殺事件（満州某重大事件）にまで至る田中内閣の対中国政策（田中外交）を厳しく批判したことは言うまでもない。田中内閣は「満蒙」地域の独立を図っているが、それは「武力干渉を必要とすべきこと」、また「支那分割の端をひらくものなること」、したがって中国側の猛反発を招くことが明らかな政策である。[151]これはその後の満州事変から満州国の独立、そして日中全面戦争の勃発を完璧に予測したものであった。

以上の経緯から見て、吉野は田中首相が張作霖爆殺事件の処分の不十分さを昭和天皇から叱責されて総辞職に追い込まれたことを歓迎したはずである。けれどもそれに代わる浜口内閣の成立を彼は冷やかに見ていた。「西園寺公は所謂憲政の常道に従て第二党の総裁を奏薦したるに過ぎぬ」[152]。だから早晩衆議院の解散・総選挙に訴えざるをえない。この文章は八月六日付けで書かれているのだが、吉野が心配するのはもしそこで政友会が勝利を収めれば、憲政の常道により再び田中に大命が下されるのではないかということであった。衆議院に「多数を擁した儘で倒れた」田中内閣は、「謂はば大金持の餓死とでも申すべき格好で、之れが抑も憲政運用上の一大変態なのである」から。[153]結果的にそうした事態は、それから二か月足らず後に田中が死去して犬養毅が政友会の第六代総裁となり、また三〇年二月の総選挙で民政党が勝利を収めることによって回避された。しかしここには大命降下が総選挙による国民の直接の信託に依らない憲政の常道ルールの危うさが垣間見えている。

浜口内閣が海軍の反対を押し切ってロンドン海軍軍縮条約に調印していわゆる統帥権干犯問題が起きると、吉野は浜口内閣を支持する論陣を張った。憲政を守るための彼の提案は「軍部大臣文官任用制の採用」、「帷幄上奏制の廃止」、内閣総理大臣の副署を必要としない「軍令の廃止」の三つ[154]で、枢密院の改革を提案したときと同様に極めてラディカルなものであった。

浜口首相が狙撃されて同じ民政党の第二次若槻内閣に代わり、その若槻内閣も満州事変の勃発と民政党内の内紛で退陣して、政友会の犬養内閣になる。そして犬養内閣は二八年の政友会田中内閣、三〇年の民政党浜口内閣のときと同様に衆議院を解散して三二年二月の総選挙で勝利を収める。そのわずか三か月後に五・一五事件が起きたのであった。

吉野は改めて悲痛な声を上げる。「犬養兇死の結果としてその内閣が総辞職をすると、政友会の多数たるに変るところなくして、政権は遂にこの党に来らず、しかも人多くこれを怪しみもせぬ[155]」。斎藤実内閣は「臨時の留守番に過ぎぬ[156]」。かつて政友会の高橋内閣の後に相次いで海軍出身の加藤友三郎、第二次山本権兵衛の両内閣ができたとき、吉野はこれらは必ずしも超然内閣ではないとしていた。斎藤も海軍出身である。まして犬養の後継者として政友会第七代総裁になったのは、朝日新聞退社のきっかけになった筆禍事件のとき以来、吉野の天敵とも言える司法官僚出身の鈴木喜三郎であった。吉野にとっては悩ましい選択であったと思われるが、ここでは憲政の常道ルールの維持の前に迷いはなかった。「超然内閣とても所謂立憲的に行動するために多少の技術が必要となる」。そうでなければ「憲法停止」の「ファッシヨ」である[157]。

憲政の危機はそこまでやって来ていた。しかしたび重なる呼吸器の疾患を経て、吉野にはもう時間が残されていなかった。犬養首相の暗殺後に触れた上引の「政界の回顧と展望」、直近の総選挙で三百議席を得た政友会と軍部の妥協の可能性を論じた「議会から見た政局の波瀾[158]」、「リットン報告書を読んで」、「スタイン・グナイストと伊藤博文」などが日本の内政と外交、さらには明治文化史のそれぞれの領域での彼の遺作となった。「リットン報告書を読んで」では、「満州国はもはや既に出来あがり又承認済となつた」とし、「日本は結局独自の見解を強調して遂に連盟脱退を決行するの外なきに至るのだらう」[*159]と述べられている。ここでは一年足らず前に「日本の満州経営は一朝一夕の事ではない」としつつ、満州事変の勃発はもはや自衛権の発動ではなくて「帝国主義」（直接的な表現としては伏せ字にされている）であるのに、「無産党は黙し新聞は一斉に軍事行動を賛美する」のはなぜかと問い、無産政党の中にも「国民社会主義」を掲げて国際関係における土地と資源の平等を説く勢力が現れたことを厳しく戒めた[*160]批判的姿勢は、ある種の諦観に取って代わられている。日本が国際連盟から脱退したのは、吉野作造が亡くなった一九三三年三月一八日から九日後のことであった。

明治文化研究

吉野作造の明治文化研究については評価が難しい。先にも引用したように丸山眞男は「科学としての政治学」で、「吉野博士の民本主義に関する諸論文は理論的というよりむしろ多分に啓蒙的なものであり、博士の学問的業績としては政治史とくに日本政治史の方が重要である」[*161]と述べているが、この「日本政治史」が何を意味するのかは必ずしもはっきりしない。なるほど吉野の明治文化研究は明治政治文化研究であるが、それにしても文化史もしくは思想史に傾斜している。吉野を中心にして一九三二年に完成された『明治文化全集』全二四巻は、その後の日本政治史研究に土台を提供する金字塔であるが、三二年から三三年にかけて刊行された『日本資本主義発達史講座』全七巻が近代日本の総合的な分析であるのと比べると、いかにも資料集にとどまっている。ちなみにこの二つが同時期に刊行されたということは、昭和の初期に至ってようやく明治維新以来の日本の近代が学問的に対象化されつつあったことの証である。

吉野が明治文化研究を志したきっかけは、一九一八年に国家学会が創立三〇周年を記念して『明治憲政経済史論』を編集し、何人かの著名な人物に聞き書きを求めたところ、伊藤博文の側近で大日本帝国憲法の制定に深く関わった伊東巳代治（一八五七〜一九三四）がいまだ時期にあらずとして断ったことであった。吉野の推測によれば、伊東の中では自由民権運動を背景に持つ大日本帝国憲法の制定期と、依頼を受けた大正デモクラシーの時代とがまさに重なって見えた。そこで吉野は彼に独特の進歩的な歴史観により、逆にこの二つの時代の違いを明らかにしようとしたのであった[*162]。

元来吉野は「一体に明治の歴史の物語られるのを聞く毎に、私はいつも成金輩の自叙伝を読まされる様な感がしてならない[*163]」という評価を持っていた。「我国近代史に於ける政治意識の発生」は一九二七年に「小野塚喜平次教授在職廿五年紀念」として刊行された書物に寄せられた論考であるが、そこで吉野は「鎖港攘夷を一枚看板にして見んごと徳川幕府の倒滅に成功した京都政府は、自分達には最早固より攘夷断行の決心なく、四囲の状勢は却つて諸外国との親交締結に急ぐを要求するので、今更ながらその態度の豹変をば天下に向つて何と説明したものかと、はたと当惑したのであつた」と述べている。その結果として新政府が持ち出したのが、西洋由来の「公法」とか「天地の大道」という観念であった[*164]。そこには「一刻も早く日本の中央政府は当方でござると正式の通牒を発しなくてはならぬ」という対外的な理由も存在した[*165]。もとよりそうした一連の言葉の使用によって新政府は近代国家の建設のためのエネルギーを国民から引き出そうとしたのであるが、吉野によればそれは終始上からの国民の創出であり、動員であった。

すでに明らかなように、吉野には明治政府を相対化する視点が貫かれている。それは学問的研究としては当然のものであるが、明治政府を受け継ぐ側の者からすれば許しがたいことであったであろう。吉野から見れば薩長政府がやがて藩閥政府となり、超然内閣の担い手となるという歴史観であった。憲政はそれに対抗する勢力によってこそ発達する。ただしそうした歴史認識の大枠は提出されたが、吉野の関心はそれに則った普通の意味での政治史の叙述には向かわなかったと言わざるをえない。彼が情熱を傾けたのは基礎資料の収集であり、パイロット・トンネル的なエッセイの執筆であった。ちなみに吉野の古書店通いは日記にも頻繁に登場し、有名であった。政治史そのものを描くにはまだ対象からの時間が短く、かつそれに挑めば時局を論じた文章以上に現存の国家権力との衝突を招く恐れがあったからかもしれない。どちらかと言えば後者のほうであったのではないか。

ほとんど遺作となった「スタイン・グナイストと伊藤博文」において、吉野は一八八二年から八三年にかけての伊藤博文の訪欧による憲法調査の過程を描いている。ドイツのグナイストが東洋の国に憲法が必要かと言って冷たかったのに対して、多民族国家であるオーストリアのスタインが各々の国は各々の国情に適した憲法を持つべきだと助言したエピソードを引きつつ、吉野は伊藤が両者から憲法の条文の解釈だけでなく、官僚制の服務規律から教育を通じた人心掌握の仕方に至るまで、幅広く精力的に学んだことを伝えている。*166 ただしここでも伊藤がどのような人間関係に基づいてグナイストやスタインとの接触を持ったのかについての叙述は詳しいが、彼がそもそもいかなる問題関心を持ち、またなぜ後年になって藩閥政府の指導者としては例外的に政党政治への道を切り開くことになったのかなどについては、情報を得ることができない。

吉野作造の戦い

大正デモクラシーの思想と運動はすでに吉野作造の存命中にマルクス主義に取って代わられたと見る人は多い。そのマルクス主義も国家権力の激しい弾圧を受けて、たちまち運動としてばかりか思想としても存在を許されなくなった。吉野が亡くなった一九三三年はプロレタリア作家の小林多喜二の取り調べ当局による虐殺や佐野学と鍋山貞親の獄中転向などが起こった年である。そして藤田省三（一九二七〜二〇〇三）も述べるように、三七年の日中戦争を契機として、「転向は以前のように単にマルクス主義・反国体主義・革命運動「から の」転向だけではありえなくなり、総力戦があたえる目標「への」転向となった」[*167]。吉野の近くにいた人々、とりわけ中間派や右派の無産政党に属した人々（右派よりも中間派の日本労農党系の人々に戦争協力者が多く出たのは有名な事実であるが、それはそれだけ彼らが国家社会主義に期待した結果である）の中には、戦争の遂行がもたらした種々の社会政策のために国家社会主義への転身を図る者が続出した。

大正デモクラシーの無力のために後の天皇制ファシズムを招いたという見方がある。結果から言えばそうである。しかしドイツのワイマール共和国の場合と等しく、戦間期の日本においてもイデオロギーの左右への両極化の傾向が著しく進み、国家的なものを批判する社会的な勢力の台頭は、やがて国家的なものに改めて併呑されたと考えられる。

けれども吉野作造の民本主義は、もちろん民衆の政治参加を要求したけれども、民主主義というよりは人間の人格の自由を尊重する自由主義の思想であった。だから生ぬるいとも言えたけれども、この立場に転向はない。一般的に大正教養主義と呼ばれた思潮はヒューマニズムもしくは博愛主義に支えられていたが、吉野の場合は超越神を戴くキリスト教の信仰に支えられていただけに、容易には世俗の動向に左右されなかったと思われる。

すでに述べたように、二〇世紀の日本の有力な政治学者の中には、吉野をはじめとして南原繁、高木八尺、堀豊彦、斎藤眞、福田歓一、京極純一らのようにプロテスタントが多かった。丸山眞男のように青年期にマルクス主義をくぐった人はむしろ少数派であったほどである。もちろん等しくプロテスタント系と言っても、各々が独自の思想と学問のスタイルを確立したことはまちがいない。次章で考察する南原繁が軍国主義の時代に大学アカデミズムの中に籠ってあくまでも日本の敗戦を予見した(南原は一九四一年一二月八日に「人間の常識を超え学識を超えておこれり日本世界と戦ふ」という短歌を詠んでいた)[*168]のと異なり、また戦後の南原があたかも預言者のように壇上から日本の復興の精神的根拠を説いたのとも異なって、吉野は晩年の日々においては社会の平場で一人で時代の暗転と戦おうとした。

戦後の日本においていわゆる民主社会主義、政党で言うと民社党の結党に関わった人々の中には、政治学者の蠟山政道のように、自らの非マルクス主義的社会主義の思想的源流を吉野作造に求める立場がある。民社党は一九六〇年の日米安保条約の改定の直前に安保絶対反対ではなくて具体的な代案を出すことをめざして結党されたが、必ずしも支持は広がらなかった。ここには思想史における難問がある。それは二つ以上の勢力が対抗関係にあるとき、いずれかがあらかじめ均衡点をめざした主張を掲げると、当の均衡点自体の到達が困難になるということである。吉野が生涯をかけて求めたのは実は普通選挙と議院内閣制だけであったと言ってもよい。けれどもその要求に反対する吉野のいわゆる「特権階級」のために、実現したのはたかだか政党の腐敗と憲政の常道の短いエピソードだった。人は直ちに戦後の日本の平和主義を想起するのではあるまいか。自衛隊と日米安保条約の堅持を掲げて来た歴代の自民党政権に対して、社会党の非武装中立の主張はあまりにも非現実的であった。しかしこの社会党の主張がなければ、戦後の日本の安全保障政策は憲法改正を含めてもっと右寄りのものになっていたであろう。社会党があらかじめ憲法も安保もという政治的均衡点の主張を展開していれば、実際の均衡点はやはりもっと右に寄っていたと思われる。戦後は戦前に比べて言論の自由が確立されたことを忘れることはできないが。

二〇二〇年の現在、自民党に対抗する進歩的勢力は、かつて一九五〇年代前半に社会党が左右に分裂していた時代と同じように、再び立憲民主党と国民民主党に割れている（本書の校正段階で、国民民主党の多くの部分を含んで新しい立憲民主党が発足したが、対立はまだ残っている）。もちろん共産党も存在する。憲法改正の有無などに関する我々主権者国民の選択は、各党の政策に対してのみならず、結果としていかなる政治的均衡点が実現するかという予測をも踏まえて行われるべきであろう。

あるいは人は一九九〇年代の政治改革の政治過程を想起するのではあるまいか。当時にあって小選挙区制中心の選挙制度の導入とそれによる二大政党制の実現に期待した政治学者は多かった。しかし政治改革の要求がそれら二つに絞られた結果として、はたして政治改革は本当に成し遂げられたのであろうか。根本的な日本の政治改革のためには、もっと抜本的な構想が求められたのではなかろうか。これが吉野作造の国家権力との接近戦から得られる最大の教訓である。換言すれば、原理的と状況的の複眼的思考を持つことの必要である。

註

＊1　吉野作造「ヘーゲル法律哲学の基礎」（一九〇五年）『吉野作造選集』第一巻、一九頁。「穂積老先生の思ひ出」（一九二六年）『吉野作造選集』第一二巻、一六六～一六八頁。

＊2　吉野作造「評論家としての自分並佐々政一先生のこと」（一九一八年）『吉野作造選集』第一二巻、五頁。

＊3　吉野作造講義録研究会編『吉野作造講義録』（岩波書店、二〇一六年）六五頁以下、一七二頁以下。

＊4　たとえば尾崎護『吉野作造と中国』（中公叢書、二〇〇八年）は、吉野が後述するように『日支交渉論』で「対華二十一か条要求」を支持したことについて、帝国主義時代においてはやむをえなかったとしている（二四六頁）。

＊5　吉野作造『支那革命小史』（一九一六～一七年、単行本は一七年）『吉野作造選集』第七巻、一一～一二頁。

＊6　同右、一四～一五、二三～二五、三〇～三一、七二～七三頁。

＊7　同右、三五～三七、四一～四二頁。

＊8　同右、四六～五五頁。

＊9　袁世凱に対する吉野の評価は、吉野作造『日支交渉論』（一九一五年）の「附録」（『吉野作造選集』第八巻、一六二～一六三頁）を参照。吉野は天津で三年間彼の長男克定の家庭教師をしていたわけだが、父親に会うことは稀だった。それにしても評価はともかく余人には得られない印象を有したはずである。なお、息子の克定に関しては、「聡明なる貴公子だけれども父に代る丈の人物なりやに疑ある」（同右、一六一頁）と述べている。同様の評価は他の場所でも見られる。早いものは一九〇九年発表の「清国の夏」『吉野作造選集』第一二巻、二六一～二六三頁。

＊10　宋教仁その他の人々の暗殺について、吉野、前掲『支那革命小史』六一～六二頁を参照。

＊11　同右、六四〜七〇頁、七九、九三頁。吉野作造『第三革命後の支那』（一九一五〜一六年、単行本は二一年）『吉野作造選集』第七巻、二一八頁。
＊12　吉野作造『日支交渉論』『吉野作造選集』第八巻、一五二頁
＊13　同右、一五七頁。
＊14　吉野、前掲『支那革命小史』三頁。
＊15　同右、九〇〜一〇七頁。
＊16　同右、九二頁。
＊17　同右、一一四頁。
＊18　同右、一一六〜一一八頁。
＊19　吉野作造『対支問題』（一九三〇年）『吉野作造選集』第七巻、三八八、三九一頁。吉野の「西原借款」批判は随所にある。たとえば寺内内閣が成立してまもない頃の、吉野作造「現内閣の所謂対支政策の刷新」（一九一七年）（『吉野作造選集』第八巻、二五九〜二六二頁）を参照。
＊20　吉野、前掲『対支問題』三八八〜三八九頁。
＊21　吉野作造「支那の形勢」（一九二八年）『吉野作造選集』第九巻、三五四頁。
＊22　吉野作造「支那の革命運動に就いて」（一九一六年）『吉野作造選集』第八巻、二四七頁。
＊23　吉野作造「軍事協約は日支両国に何ものを与ふるか」（一九一八年）『吉野作造選集』第八巻、三一四〜三一五頁。
＊24　吉野作造「支那留学生拘禁事件」（一九一八年）『吉野作造選集』第八巻、三二七、三二九頁。
＊25　狭間直樹「解説　吉野作造と中国」『吉野作造選集』第七巻所収、四〇四〜四〇五頁。
＊26　吉野作造「北京大学学生騒擾事件に就て」（一九一九年）『吉野作造選集』第九巻、二四二頁。
＊27　吉野作造「日支学生提携運動」（一九二〇年）『吉野作造選集』第九巻、二八九頁。
＊28　吉野作造「朝鮮青年会問題」（一九二〇年）『吉野作造選集』第九巻、一二五頁。
＊29　同右、一二八頁。
＊30　同右、一二九頁。
＊31　同右、一三二〜一三三頁。
＊32　吉野作造「朝鮮統治策に関して丸山君に答ふ」（一九二〇年）『吉野作造選集』第九巻、一四九頁。ちなみに丸山鶴吉（一八八三〜一九五六）は内務官僚で、一九一九年に朝鮮総督府警務局長に就任した。
＊33　同右、一四六〜一四七頁。
＊34　吉野作造「所謂呂運亨事件について」（一九二〇年）『吉野作造選集』第九巻、一一二頁。
＊35　吉野作造「朝鮮統治に於ける「向上」と「正義」」（一九一九年）『吉野作造選集』第九巻、一一七頁。
＊36　吉野の留学生に対する金銭的支援については、松尾

尊兊「解説 吉野作造の朝鮮論」『吉野作造選集』第九巻所収、三九七頁以下に詳しい。
＊37　吉野、前掲「朝鮮青年会問題」一三一頁。
＊38　『吉野作造選集』第一四巻、二六二頁。なお、松尾、前掲「解説 吉野作造の朝鮮論」は五月二五日としているが、二六日である。
＊39　松尾、前掲「解説 吉野作造の朝鮮論」三九九頁。
＊40　『吉野作造選集』第一四巻、一三七頁。なお、吉野の朝日入社については、田中惣五郎『吉野作造』（三一書房、一九七一年）二四三頁以下、田澤晴子『吉野作造』（ミネルヴァ書房、二〇〇六年）二〇二頁以下も参照。
＊41　松尾尊兊「解説 民本主義鼓吹時代の日常生活」『吉野作造選集』第一四巻所収、三九三～三九五頁。詳細は『吉野作造選集』第一五巻の巻末に付せられている。
＊42　松尾、前掲「解説 民本主義鼓吹時代の日常生活」四〇五～四〇六頁。吉野作造「所謂「私共の理想郷」」（一九二二年）『吉野作造選集』第一二巻、一五、一九頁。なお、吉野の年譜については、『吉野作造選集』別巻の松尾尊兊作成のものを参照。
＊43　吉野作造「民本主義鼓吹時代の回顧」（一九二八年）『吉野作造選集』第一二巻、八〇頁。
＊44　吉野、前掲「評論家としての自分並佐々政一先生のこと」六頁。
＊45　吉野が滝田をどう見ていたかについては、滝田が一九二五年に四三歳で亡くなったときに書かれた吉野作造「滝田君と私」（一九二五年）（『吉野作造選集』第一二巻、一五三～一六〇頁）を参照。
＊46　吉野、前掲「民本主義鼓吹時代の回顧」七三頁。
＊47　美濃部達吉『憲法講話』（岩波文庫、二〇一八年）。
＊48　南原繁、蠟山政道、矢部貞治『小野塚喜平次　人と業績』（岩波書店、一九六三年）一五四～一五六頁。
＊49　『定本 丸山眞男回顧談』下、二四八頁。
＊50　吉野、前掲「評論家としての自分並佐々政一先生」三頁。
＊51　吉野、前掲「民本主義鼓吹時代の回顧」八一～八二頁。
＊52　吉野は単一無産政党に固執する者をカトリック教会にたとえている（吉野作造「我が国無産政党の辿るべき途」（一九二七年）『吉野作造選集』第二巻、二三六頁）から、当然のことながらカトリックとプロテスタントの行動様式の違いを踏まえていた。
＊53　吉野の無産政党観、無産政党との関わり方については、同右、一八六頁以下を参照。
＊54　『吉野作造選集』第一巻および第二巻の「初出及び再録一覧」を参照。
＊55　吉野作造「現代政治思潮」（一九二八～二九年）『吉野作造選集』第一巻、三〇〇～三〇一頁。

＊56　同右、三〇七頁。この話は「憲政の本義を説いて其有終の美を済すの途を論ず」にも出てくる（『吉野作造選集』第二巻、二八～二九頁）。
＊57　同右、三一〇～三一一頁。
＊58　同右、三一四～三一五頁。
＊59　同右、三一八頁。
＊60　同右、三二二～三二四頁。
＊61　同右、三二七頁。
＊62　同右、三三二頁。
＊63　同右。
＊64　同右、三四〇～三四一、三四八頁。
＊65　同右、三四五頁以下。なお、吉野作造「近代政治の根本問題」（一九二九年）（『吉野作造選集』第二巻）の大半は多数決と代議制の意義に関する説明である。最後の一五頁余りは「社会改造」の話で、それは「階級問題と国際関係問題との二つ」（後者は平和の問題）（二八五頁）であり、これが刊行された一九二九年当時の状況を物語るが、特に紹介を必要とするものはない。
＊66　吉野、前掲「現代政治思潮」三五八頁。なお、吉野、前掲「近代政治の根本問題」二四七頁も参照。つまり吉野は個々の政策の内容ではなくて、あたかも政策決定過程を見るのが政治学だと言っている。
＊67　吉野作造「民衆的示威運動を論ず」『吉野作造選集』第三巻、二三頁。
＊68　同右、一七頁。
＊69　同右、三一、一八頁。
＊70　吉野、前掲「民本主義鼓吹時代の回顧」八四頁。
＊71　吉野、前掲「民衆的示威運動を論ず」四一頁。
＊72　同右、二一、二六～二七頁。
＊73　同右、三九頁。
＊74　同右、三三頁。
＊75　吉野、前掲、「憲政の本義を説いて其有終の美を済すの途を論ず」一一～一八頁。
＊76　同右、二一～二三頁。
＊77　同右、三〇頁。
＊78　同右、二七頁。
＊79　同右、三五頁。
＊80　同右、四四頁。
＊81　同右、四七頁。
＊82　同右、四九、五二頁。
＊83　同右、五四～五五頁。
＊84　同右、六九頁。
＊85　同右。
＊86　同右、七一頁。
＊87　同右、七二頁。
＊88　同右、八五～八六頁。
＊89　同右、八八頁。

＊90　吉野作造「明治文化の研究に志せし動機」（一九二六年）『吉野作造選集』第一一巻、一〇三頁。
＊91　吉野作造「民本主義の意義を説いて再び憲政有終の美を済すの途を論ず」『吉野作造選集』第二巻、一〇三、一一三頁。
＊92　同右、一一三頁。
＊93　同右、一一八頁。
＊94　同右、一二一頁。
＊95　同右、一二二頁。
＊96　同右、一〇九頁。
＊97　同右、一一一頁。
＊98　吉野作造「山本内閣の倒壊と大隈内閣の成立」（一九一四年）『吉野作造選集』第三巻、六二頁。
＊99　同右、六四頁。
＊100　吉野作造「寺内内閣の出現に対する厳正批判」（一九一六年）『吉野作造選集』第三巻、一五四頁。
＊101　同右、一七〇頁。
＊102　同右、一五八頁。
＊103　原を大正デモクラシーの時代における「政治的職業人」の典型、吉野をそれに対抗する同時代の「政治的非職業人」の代表と見るのは三谷太一郎「思想家としての吉野作造」『大正デモクラシー論　第三版』（東京大学出版会、二〇一三年）一二三頁である。しかしこの二分法は予定調和的で、吉野が知識人という「職業人」でも「非職業人」でもないいわば第三のカテゴリーであったことを見失わせる結果になる。この問題は戦後に「市民」思想を提出した丸山眞男のような人も逃れようもなく知識人であったという問題と相似形である。もちろんそこに両者の知識人としての光栄なる使命があった。吉野の原嫌いを指摘するのは坂野潤治である。すなわち「大正時代を通じてもっともすぐれた民主主義的思想家であった吉野作造が、生涯を通して政友会とその指導者原敬を嫌い抜いたのには、それなりの理由があった」（『近代日本政治史』（岩波書店、二〇〇六年）一〇四〜一〇五頁）。
＊104　吉野作造「原首相に呈する書」（一九一八年）『吉野作造評論集』（岩波文庫、一九七五年）一四〇頁。なお、この文章は『吉野作造選集』には収められていない。
＊105　吉野作造「原内閣の訓示を読む」（一九二〇年）同右、一五四〜一五五頁。この文章も『吉野作造選集』には収められていない。
＊106　吉野作造「現内閣の運命を決すべき転機」（一九二一年）『吉野作造選集』第三巻、三二一頁。
＊107　吉野作造「原首相の凶変に就て当局の一官人に与ふるの書」（一九二一年）『吉野作造選集』第三巻、三四二頁。
＊108　同右、三四三〜三四四頁。

*109 吉野作造「凶変より新内閣の成立まで」（一九二一年）『吉野作造選集』第三巻、三五二頁。
*110 松本三之介『吉野作造』（東京大学出版会、二〇〇八年）一四六頁。
*111 「白虹事件」から吉野の浪人会との対決までについては、田中、前掲『吉野作造』一八九頁以下、田澤、前掲『吉野作造』一二一頁以下、松本、前掲『吉野作造』一四六頁以下、参照。
*112 丸山眞男「如是閑さんと父と私」『丸山眞男集』第一六巻、一五二～一五三頁。
*113 吉野作造「言論自由の社会的圧迫を排す」『吉野作造選集』第三巻、二五〇～二五一頁。
*114 『吉野作造選集』第一四巻、一六六～一六七頁。
*115 同右、一六八頁。
*116 寺尾亭の存在に触れているのは、田中、前掲『吉野作造』一九四、一九六頁、田澤、前掲『吉野作造』一二七頁であるが、吉野と寺尾の関係についての言及はない。
*117 黎明会、新人会について記した著作は多いが、さしあたり田中、前掲『吉野作造』一九八頁以下、田澤、前掲『吉野作造』一二九頁以下、松本、前掲『吉野作造』一五〇頁以下、を参照。
*118 この間の経緯については、田中、前掲『吉野作造』二〇〇～二〇二頁が詳しい。
*119 吉野作造「高橋内閣瓦解のあと」（一九二二年）『吉野作造選集』第四巻、九頁。
*120 吉野作造「加藤内閣存立の根拠」（一九二二年）『吉野作造選集』第四巻、三三～三五頁。
*121 吉野作造「最近政変批判」（一九二三年）『吉野作造選集』第四巻、四〇頁。
*122 吉野作造「憲政常道論と山本内閣の使命」（一九二三年）『吉野作造選集』第四巻、六〇頁。
*123 吉野、前掲「最近政変批判」四〇頁。
*124 吉野、前掲「憲政常道論と山本内閣の使命」六〇～六一頁。
*125 吉野、前掲「最近政変批判」三九頁。
*126 吉野作造「現代政局内面観」（一九二三年）『吉野作造選集』第四巻、二九頁。
*127 吉野作造「山本内閣の倒壊から清浦内閣の出現まで」（一九二四年）『吉野作造選集』第四巻、八〇頁。
*128 吉野作造「新内閣に対する期待」（一九二四年）『吉野作造選集』第四巻、八五頁。
*129 吉野作造「第二次加藤内閣の出現」（一九二五年）『吉野作造選集』第四巻、九九頁。
*130 吉野作造「加藤没後の政界」（一九二六年）『吉野作造選集』第四巻、一四一～一四二頁。
*131 吉野作造「現代政局の史的背景」『時局問題批判』（朝日新聞社、一九二四年）二四六頁。吉野作造「最

近の政論に現れた二三の謬想」『時局問題批判』一五四～一五五頁。この書物は国立国会図書館のオンラインサービスで公開されている。
＊132　田澤、前掲『吉野作造』二〇七頁。
＊133　吉野作造「現代政局の展望」（一九二九年）『吉野作造選集』第四巻、二五八～二六一頁。
＊134　吉野作造「枢府と内閣」『大阪朝日新聞』（一九二四年三月二八日～四月三日）五、六。この文章は神戸大学電子図書館システムで公開されている。なお、『中央公論』一九二七年六月号に掲載された「枢密院と内閣」（『吉野作造選集』第四巻、一九八～二一七頁）も同趣旨であるが、「枢府と内閣」のほうが舌鋒鋭い。
＊135　この間の経緯は、田澤、前掲『吉野作造』二〇九～二一二頁に詳しい。
＊136　一九二四年七月一五日の条。『吉野作造選集』第一四巻、三五九頁。
＊137　吉野作造「我が国無産政党の辿るべき途」『吉野作造選集』第二巻、一八八頁。
＊138　同右、一九〇～一九一頁。
＊139　同右、二〇二頁。
＊140　吉野作造「教授と政党員との両立不両立」（一九二七年）『吉野作造選集』第四巻、一九三～一九四頁。
＊141　吉野、前掲「我が国無産政党の辿るべき道」一九二～一九三頁。
＊142　同右、一九八～一九九頁。
＊143　同右、二三四～二三六頁。
＊144　『吉野作造選集』第一五巻、五九～六六頁。
＊145　吉野、前掲「加藤没後の政界」一四〇頁。
＊146　吉野作造「浜口内閣の前途」（一九二九年）『吉野作造選集』第四巻、三〇八頁。
＊147　吉野、前掲「加藤没後の政界」一四二～一四三頁。
＊148　吉野、前掲「現代政局の展望」二五七頁。
＊149　同右、二五二頁。
＊150　同右、二五七頁。
＊151　吉野作造「田中内閣の満蒙政策に対する疑義」（一九二七年）『吉野作造選集』第六巻、二九四～二九五頁。
＊152　吉野、前掲「浜口内閣の前途」三〇三頁。
＊153　同右、三一二、三〇七頁。
＊154　吉野作造「統帥権の独立と帷幄上奏」（一九三〇年）『吉野作造選集』第四巻、三五〇頁。
＊155　吉野作造「政界の回顧と展望」（一九三一年）『吉野作造選集』第四巻、三六一頁。
＊156　同右、三六二頁。
＊157　同右、三六五頁。
＊158　吉野作造「議会から見た政局の波瀾」（一九三三年）『吉野作造選集』第四巻、三七九頁。
＊159　吉野作造「リットン報告書を読んで」（一九三二年）

三頁。

『吉野作造選集』第六巻、三〇九頁。

＊160　吉野作造「民族と階級と戦争」（一九三二年）『吉野作造選集』第九巻、三五九〜三六五頁。

＊161　丸山眞男「科学としての政治学」『丸山眞男集』第三巻、一三六頁。

＊162　吉野、前掲「明治文化の研究に志せし動機」一〇〇〜一〇三頁。

＊163　吉野作造「明治維新の解釈」（一九二七年）『吉野作造選集』第一一巻、二一八頁。

＊164　吉野作造「我国近代史に於ける政治意識の発生」『吉野作造選集』第一一巻、二二六〜二二七頁。

＊165　同右、二四四頁。

＊166　吉野作造「スタイン・グナイストと伊藤博文」（一九三三年）『吉野作造選集』第一一巻、三五〇〜三五一頁。なちなみに瀧井一博『文明史のなかの明治憲法』（講談社選書メチエ、二〇〇三年）九六〜九九頁は、グナイスト冷淡説である。

＊167　藤田省三『転向の思想史的研究』（岩波書店、一九七五年）一〇七頁。『藤田省三著作集』（みすず書房、一九九七〜九八年）2、では一一二頁。

＊168　南原繁『歌集形相』（岩波文庫、一九八四年）一三九頁。ただし南原は同時に「民族は運命共同体といふ学説身にしみてわれら諾はむか」（同右、一四〇頁）とも詠んでいる。『南原繁著作集』第六巻、では三七

第3章

南原繁または教育者精神の形成

上：東京大学卒業式後の祝賀会（1949 年）〔『南原繁著作集』第 7 巻〕
下：「古稀祝賀論文集」の執筆者とともに（1961 年）。前列左から丸山眞男、五十嵐豊作、南原繁夫妻、堀豊彦、小松春雄、後列左から京極純一、神島二郎、尾形典男、福田歓一、石田雄、松本三之介、坂本義和、左上に中村哲〔『聞き書 南原繁回顧録』〕

政治思想史と政治哲学

南原繁は不屈の人である。一九一四年に東京帝国大学法科大学を卒業して七年間の内務省生活の後、二一年に母校の助教授となり、直ちにヨーロッパ留学に出発。イギリス、ドイツ、フランスに滞在して二四年に帰国後、教壇に立った。翌年教授に任ぜられる。*1 吉野作造が退職して非常勤講師になってまもない頃である。

小野塚喜平次が日本で最初の政治学の教授に就任したときの講座の名称は「政治学政治史」であり、それが後に「政治学」と「政治史」に分かれて、後者に吉野作造が就任した。そして「政治学」は「政治学政治学史」の第一と第二となり、前者が小野塚で後者が南原になるのである。講座の名称は必ずしも授業の内容と一致しないが、「政治学」、「政治史」に次いで「政治学史」が設けられたことは、もちろん蕃書調所以来の伝統でいずれも「洋学」が想定されているが、広義の政治学の中での学説史の重要性を表している。西洋にはソクラテス、プラトン以来学問としての政治学の伝統があるという認識が前提になっていて、「政治学史」という名称は今日の東京大学法学部の授業科目の中にも存在する。

一九三九年に「政治学政治学史」の第三講座が設置されてそれをもとに「東洋政治思想史」という授業科目が開設されたとき、おそらくは東洋（日本）には学問としての政治学の伝統がないということを前提に、対象を示すものとして「思想史」という概念が用いられた。ところがこの授業の担当者になった丸山眞男が政治学全体に及ぶブレイク・スルーというかパラダイム革命を行ったために、それ以後「思想史」という言い方が普及したと思われる。今日では「西洋政治思想史」という大学の授業科目や教科書も存在する。
しかし一九七二年から七三年にかけて『南原繁著作集』全一〇巻が刊行されたとき、長年の「政治学史」の講義に由来する著書は『政治理論史』として収められたが、小野塚喜平次が総長に就任したために行った若き日の講義を基に八四歳で書き下ろしたのは、『政治哲学序説』であった。南原が七一年のロールズの『正義論』に目を通したかどうかはわからないが、時代が改めて政治思想史から政治哲学に移りつつあったことは事実である。ただし南原は政治哲学者どころか、本物の哲学者であったと言える。

さて、南原は大学に戻って、カントやプラトン、とりわけフィヒテの研究に営々として取り組んだ。もちろん継続的に学術論文を発表していたが、最初の著書である論文集『国家と宗教』が公刊されたのはすでに太平洋戦争が始まった一九四二年のことであり、ときに五三歳であった。南原はそのときのことを、「あり経つつ初めてつくりしわが書を師は手に持ちてよろこび給ふ[*2]」という歌に詠んでいる。目に浮かぶようである。師はもちろん謹厳実直に見える小野塚である。小野塚はつとに了解していたと思うが、吉野はどんどん外へ出ていくし、南原がどんどん哲学にはまり込んで行くのを心配していたかもしれない。

南原には小野塚と内村鑑三という二人の師がいた。小野塚について、「政治は先生にとっては、世界観的イデオロギーの問題でなく、いわんや形而上学的信念のことでなく、一に専門的知識と即物性の問題であった[*3]」と述べている。南原とは正反対のタイプである。内村は南原の入門時には「厳めしき預言者」のようであったが、その後接してみると「偉大な小児の自然のごとく動いた人」であった。[*4]吉野作造も小野塚と海老名弾正の二人を師と仰いだが、同じプロテスタントでも海老名は雄弁家的、内村は自然児的だったと言えようか。

丸山眞男によると、戦前の南原は「洞窟の哲人」[*5]と呼ばれていた。「世間には勿論のこと、当の法学部の学生にさえ殆ど無名に近かった」[*6]。「政治学史」の講義も「最初の時間に「この講義は哲学に興味があるものだけ出てくれ」」と言うので、法学部の学生は驚いて受講者は少なかったらしい。[*7]七年間も内務省の役人暮らしをしたということで、一教授として以上に学内行政に関わることはできるだけ辞退した。[*8]その南原が敗戦の年の三月に法学部長になり、一二月に東京帝国大学、東京大学の総長に就任するのである。

一九五一年まで六年間の総長時代については別途検討することにして、南原は総長を退くと、かつての研究成果を著作にまとめることに精力を費やした。あたかも総長時代は若い頃の役人暮らしと同じだったかのように。そして七〇歳になる一九五九年に『フィヒテの政治哲学』、六二年に『政治理論史』、そして亡くなる前年の七三年に八四歳で『政治哲学序説』を刊行するのである。本書が南原に「不屈の人」を見出す理由である。

政治的価値の固有性──「価値並行」論

南原の著作には深い意味を持つ言葉、抽象的な概念が頻出する。特に発話の状況から言って当然であるが、日本の敗戦を挟む時期の文章や東京大学総長としての演述に多い。たとえば、「国家が単に人間を強制する権力機構であるか、またはたかだか市民の生命財産の安全を保障するための制度設備であれば格別、いやしくも国民の精神的生の共同体として、高い道義的・文化的国家であろうとする以上、およそ真理と正義に基づくのでなければ、その永遠の存在を確立し得ない」[*9]。「いやしくも民族の発展を庶幾い、世界に貢献せんと欲するほどのまじめな国民にして、自己の神的使命と悠久の生命を理想とし、そのために努力しない国民があるであろうか」[*10]。前者は一九四二年の「国家と学問」、後者は四六年二月のあえて「紀元節」に総長として行った演述「新日本文化の創造」の一節である。ポツダム宣言の受諾を挟む時期に述べられたこの二つの引用は、時間の順序を前後反対にしても通用するほど、そうした事実を賛美するにせよ批判するにせよ、連続性が高い。同じく四六年四月の「天長節」に「いずれの日にか、国民の道義的精神生活の中心として、天皇躬らの大義を炳らかにし給わんことを庶幾う」[*11]と、退位の勧めを意味する言葉を述べた南原であった。

南原から紡ぎ出されたこうした言葉の連鎖は決してうわべだけの無内容なものではなくて、長年の哲学的思索の結果に載せられた冠であった。けれどもそれだけではなかった。そうした南原による真理の探究を理性の光が導いたとすれば、それを根本で支えていたのは非合理的な信仰であった。宗教は哲学ではない。カトリック中世のスコラ哲学はアリストテレスの哲学を用いて体系化されたが、プロテスタントの南原は「およそ宗教の特質は純粋な非合理性にある」とし、原始キリスト教のように「どこまでも神と人間との間における愛の関係が中核である」とみなしていた。そして「神と結合された人間相互の共同体」の生き生きとした結び付きが政治的共同体の基礎になると考えた[*12]。要するに人間の存在は合理性と非合理性の両方にまたがるもので、そのような存在の仕方は決してキリスト教文化圏に固有のものではないと考えられたのである。

南原の政治哲学の公理は彼が自ら述べるところの「価値並行」論にある。それは彼の主著である『フィヒテの政治哲学』の途中にやや唐突な形で登場し、『政治哲学序説』においても再論される。カントやフィヒテが参考になっているのはまちがいないが、「私の見る政治的価値の性質」と言っているので、文字通り南原自身の政治哲学である。なぜ政治的価値と言うかというと、「政治的価値の探究」こそが政治哲学だからである。*13

政治的価値とは何か。それは政治の目的と言ってもよいが、論理的価値、道徳的価値、審美的価値のそれぞれが真、善、美をめざすのに対して、それらとは独立に、正義である。特に道徳的価値との相違が重要で、道徳は人格の問題であるのに対して、政治は国家社会の原理に関わる。そして正義を真、善、美のいずれかに従属させたり、下に置くのではなくて、それらと「並行」的に考えるというのが「価値並行」論の意味である。それらの価値をすべてひっくるめて南原は「文化価値」と言っている。*14「そもそも絶対的価値は真・善・美の三つに尽きるものではない。あたかも、この三者相互のごとく、これらと並行して政治的社会的価値として「正義」を考えることができる」*15。「政治的価値」も「文化価値」の一つである。なお、宗教はこれらの価値のすべてに対して超越的な位置を占める。*16

南原によれば、「政治は正しい政治そのものと区別さるべきである」*17。「実証的現実政治の問題としては、その目的内容を問わず、社会共同体の統制・管理自体において政治の概念が認められるけれども、政治は結局正しい政治、正義の政治目的を意図しなければならない」*18。そのことは孔子の「政者正也」に、アリストテレスのポリスにおける「善き生活」に示されている。*19 小野塚喜平次、吉野作造ときて、三人目の南原繁に至って、ついに日本の政治学は正しい政治について、正義について考察する人を生んだと言うべきか。

学生時代の丸山眞男が一九三六年度の政治学史の最初の講義で南原が「政治とは創造である。文化的創造の業である」と言うのを聞いて、「何という観念論的なたわごとか!」と「名状しがたい困惑」を感じたと回想する所以である。思いがけず南原がその二か月前の二・二六事件に触れて、「皇軍の私兵化」を慨する青年将校たちがまさにそれに値する行動を取ったのは、「自らの行動の思想的意義」に対する客観的考察がなかったからだと厳しく批判した直後だっただけに、丸山の当惑はなおさらだった。丸山のほうはマックス・ウェーバーと同じように、政治をもっぱら悪魔的な行為と考えていたのである。しかし南原は南原で筋金入りだった。この先生の「精神内面の「配線」がいかなるものか」と疑問に思ったことが、若い丸山を南原に結び付けた。[*20] 学生に解答を与えるのでなく、永続的な疑問を生じさせるのが優れた教師である。

自由主義批判

南原繁は自由主義者であっただろうか。答えは然り、かつ否である。一九三七年の日中全面戦争の勃発後に、多くの元マルクス主義者が「東亜共同体論」などを掲げて「からの」転向から「への」転向へ、すなわち国家主義と戦争支持への第二段階の転向を遂げる中で、南原はナチズムのドイツに対しても天皇制ファシズムの日本に対しても英米中心の連合国が勝利を収めることを信じて動かなかった。もちろん彼我の軍事力の差に関する的確な認識もあっただろうが、何よりも南原にとっては自由と民主主義の大義の勝利であった。そして国家はどこまでも真理と正義の上に築かれねばならず、真理の探究のためには何よりも学問の自由が、したがって大学の自治が必要であることを戦中にあって説き続けた。[*21] そのような人が自由主義者でないはずがない。けれども、南原にとって自由主義とは結局のところ個人主義と功利主義に他ならず、自由主義批判は彼の学問的出発点であった。

南原の二作目の論文として一九二八年に『国家学会雑誌』に発表された「政治原理としての自由主義の考察」(後に「自由主義の批判的考察」と改題)によれば、中世の神学的世界観から人間を解放したルネサンスに引き続き、「合理主義哲学の体系を立てた最初の人」ホッブスは、自己保存の自然権を有する孤立した個人を政治社会の出発点に置いた。そこですべての人間は同型であるが、「人間相互の間には何の内的関連もな」い。

その後に登場したロックの自然状態はホッブスのように「闘争」ではなくて「平和」であるが、ともに自由で平等な個人が自らの安全のために合意によって国家社会を樹立すると見ることに変わりはない。[*22]「自然法上の個人の自由と平等の原理のうえに構成せられる国家権力の根拠が、個人の契約に置かれるのは怪しむに足らぬ。なぜならば、自由は各人の本質的生活条件であるが故に、これを強制する権力に服従するのはひとり各人の合意の形式によってのみ可能であるから」。そして南原によれば、契約は「経験的事実」ではなくて「論理的必然」である。[*23]

そうした社会契約を担保するのはホッブスとロックの場合は自然法であるが、それがベンサム以後に「最大多数の最大幸福」の功利主義に代わっても、もともと苦痛を避けて幸福を求めるという動機づけはホッブス以来一貫しており、自然法的根拠づけも依然として生きている。[*24] なお、注目されるのは、自由主義と結合されるべき重要な「民主主義《デモクラシー》」は、個人主義を超ゆる新たな共同主義の要素が認められる」（ルビは原文のもの）とされながら、それについての詳しい言及が見られないことである。南原は自由主義において個人は国家の外に立つのに対して、民主主義においては国家の中に入り「協同してひとしく国家意志の構成に参加する」とみなしていた。[*25]この時点で言及が控えられたのは、パリ不戦条約中の「人民の名に於て」という言葉さえ日本国内では問題視された、一九二八年という時代のせいであろう。

南原が主張したいことは、個人主義および功利主義としての自由主義の思想においては、「人間と人間との関係はそれ自身何ら固有の価値を認められず、自己に対して本質的な何ものをも与えるものではない」という点である。「個人主義にとっては個人道徳は存し得るけれども、社会共同体固有の倫理は存しない」。[*26]この一文はほとんど同義反復のように見えるけれども、マイケル・サンデルにより広く知られるようになった言葉を使えば、南原は個人主義的自由主義者（リベラル）ではなくてどこまでも共同体主義者（コミュニタリアン）なのである。彼は「個人自由主義」が「倫理観念において、また政治理論において、いかに実り少ない論結に導くものであるか」と言っている。[*27]「政治的原理としての自由主義は個人の価値と権利を形成するのに急であって、国家は一つの道具・機構としてのみ観られ、政治的共同体それ自身の客観的意義と秩序原理は立てられぬ」。[*28]ちなみに南原自身には今見た論文の翌二九年に書いた「個人主義と超個人主義」の中に、「およそキリスト教は、一方においては極端に個人主義的であると同時に、他方においては絶対に共同体主義的である」[*29]という言葉がある。彼は後年のアメリカにおけるリベラルとコミュニタリアンの論争を予見していたかのようである。

それでは言うところの政治的共同体の原型は何か。これが南原繁の生涯をかけて取り組む問題になる。プラトンやアリストテレスのように最初からポリスの哲学ならばいざ知らず、またキリスト教共同体の結合を無限に拡大できるのならばともかく、そしてマルクス主義の唯物論的な階級にもナチズムの血と土でできた生物学的な民族にも同意できないとすると、どこに行けば政治的共同体の原型に出会えるのか。カントの三批判書を熟読したあげく、なお真、善、美の価値だけでは足りないものを求めて、南原はフィヒテに向かったのであった。しかしその前に我々はもう一つ若き日の南原の佳品を見ておきたい。

「理想国家」と「神の国」

「プラトンの理想国と基督教の神の国」は南原の師である内村鑑三の『聖書之研究』の、内村が亡くなった年一九三〇年の終刊号に寄せられ、三七年に増補されて『国家学会雑誌』に載り、四二年の『国家と宗教』の第二章「キリスト教の「神の国」とプラトンの理想国家」となった。南原の政治哲学における人間の合理性と非合理性の総合を考える場合の最良の文献である。

プラトンは天上にイデアの世界、真の実在の世界、真理の世界があることを説き、この世の事物はその影、仮象に過ぎないと考えた。『国家』が伝えるように、人々は洞窟につながれてこの仮象を見ている。しかし鎖を解く者が現れて、洞窟の外に出て太陽すなわち真の実在の姿を見る。彼は再び洞窟に戻り、人々に自分の見たものを語る（しかし若者を惑わす者と見られて、ついには処刑されてしまう)。

プラトンの『饗宴』に描かれているように、人間の霊魂はかつて見たイデアの世界を記憶していて、それを憧れ求める。それがエロスという意味での愛である。南原はこのプラトン哲学の構造が、後のキリスト教の「神の国」とそれを希求する人間との関係に似ていることを指摘する。プラトン哲学は「人間と世界との全体の像を形づくる精神として、人間の全的転回と世界の創造を企図し、広大なる精神の王国の建設に向った」。その意義は「実に人類久遠の救済と世界の新創造との業の上にある」[*30]。中世のカトリシズムにおいてプラトン哲学が取り入れられた結果として、両者の構造はますます近似するに至った。そもそも「ギリシャ主義とキリスト教とはヨーロッパ文化の二大要素を構成するに至ったと同時に、二者の総合ないし結合をいかにして達成するかは、それ以後のヨーロッパ精神世界の根本問題となった」[*31]。けれども、「キリスト教の神の国とプラトンの理想国家とは根本において区別されるべきものがある」[*32]と南原は述べる。総合の前にまずはそれぞれの独自の意義が認識されなければならない。

古代のギリシア人は世界を美しく完結した「コスモス」として描き、人間がそうした自然の秩序と調和して生きることを理想とした。しかしキリスト教は、人間が「むしろ霊肉の不調和・分裂、根本において罪悪の状態にあることから出発する」[*33]。「罪悪の根元は、人間の神自身に対する反抗、言いかえれば結局、人間が人間的自我をおし立てて神的実在に迫ろうとするところにある」[*34]。プラトンのエロスは美しいもの、真・善・美の究極の実在に迫ろうとする知的活動であった。しかしキリスト教の救済は、絶対的な神の一方的な犠牲と愛と、それに対する人々の全面的な信仰によってもたらされる。だから「いかなる徳と能力も問題でない」[*35]。そうした神の無差別愛がアガペーである。

ギリシア哲学の目標が自己実現・自己完成にあるのに対して、キリスト教の目的は自己放棄である。「その結果、両者の差別は、プラトンの国家がついに善美のイデアを観照した一人または少数の聖王または哲人階級の支配であったのに対して、キリスト教はいかなる階級に属するを問わず、すべての人びとが罪の赦しによって与る、あまねく人間の普遍的救済である。前者の精神的貴族主義に対して、後者は福音的平民主義と称することができよう」[*36]。古代ローマの誇り高い貴族が軽蔑する中で、キリスト教がまたたく間に奴隷を含む民衆の間に浸透していった光景を描いたシェンキェヴィチの小説『クォ・ヴァディス』を思わせる。シェンキェヴィチにおいては、古代ギリシア哲学はプラトン的であるよりもキニコス学派のディオゲネス的にシニカルに描かれているけれども。換言すれば、ソクラテス哲学はプラトン的によりもディオゲネス的に解釈されているけれども。

南原の政治哲学の魅力は、以上のようなヘレニズムに由来する合理主義とヘブライズムに由来する非合理主義を二つながら抱えて、政治的共同体の基礎づけに向かったところにあると思われる。今見ている論文の後半は、この二つの異なる系譜の総合がいかに失敗に終わったかの二つないしは三つの事例の分析である。まずは中世のカトリシズム。そこでは教会というこの世の新たな政治組織が、天上の「神の国」および世俗の「地の国」といかなる関係に立つかが問われた。結果は、普通の人々の救済のためには教会および聖職者の仲介が必要不可欠であり、そのローマ法王を頂点とする聖なる階層秩序が地上のすべてを支配するという神政政治の政治思想であった[*37]。

二つ目はドイツ理想主義哲学、とりわけヘーゲル。そこでは反対に国家そのものが「絶対精神」を顕現する実体として権威づけられる。「ヘーゲル哲学において、国家こそは自由が最高の権利にまで具体化された自己目的であって、この終局目的が個人に対して最高の権利であり、個人の最高の義務は国家の成員となることである」。「中世カトリック教会に代って近世国民国家が精神的万能をもって現われたのである」[38]。第一の事例が「問題の中世カトリック的解決」であるとすれば、第二の事例は「近世プロテスタント哲学」的解決である[39]。

なお、現代においても一方にはプロテスタント的自由主義に対する反動から中世カトリシズムの再興をめざす立場があり、その中のある者はイタリアのファシズムと結び付き、他方にはプロテスタント的立場からヘーゲルの復興を図る新ヘーゲル主義があって、こちらはあたかもドイツのナチズムの民族国家のイデオロギーに哲学的基礎を提供しようとしている。しかし南原によればそれらはいずれも国家と宗教の早急な融合であり、結果は「形而上学的独断と政治的独裁」に他ならない[40]。マルクス主義の唯物史観もまた「一切の超験的な価値的のものを却けながら、しかもあえて自ら一つのまとまった世界観を主張する点に、自己矛盾の存すること」は明らかである[41]。とりわけ南原にとってナチズムの民族主義は、言うところの民族が文化的なものでなくて生物学的なものであり、また個人の人格と自由を蹂躙する点において、決して支持することのできないものであった。この点でも南原は他ならぬドイツ理想主義哲学、中でもフィヒテのそれとナチズムの違いを見究めることになる。

『フィヒテの政治哲学』

『フィヒテの政治哲学』は戦前の南原が段階的に発表したいくつかの論考をまとめて、一九五九年に刊行したものである。それは戦前から戦後への南原の問題関心の一貫性の証でもある。目次を見ると、第一部が「フィヒテ政治理論の哲学的基礎」（初出一九三〇〜三一年）で三章から成り、第二部は「フィヒテ政治理論の発展」と題されて第一章「自由主義の理論」（この部分は書き下ろしで、最初に短い伝記的記述がある）、第二章「社会主義の理論」（初出一九三九〜四〇年、原題「フィヒテにおける社会主義の理論」）、第三章「民族主義の理論」（初出一九三四年、原題「フィヒテにおける国民主義の理論」）、第四章「現代政治哲学の問題」の四章から成る。第二部の章立てからは、フィヒテが容易には共存し難く思われるいくつかの思想を持ち合わせていたこと、あるいはフィヒテが時代に応じて重点を移動させたこと、極端に言えば転向したことがうかがえる。幸い、最近刊行されたばかりの熊谷英人の大著『フィヒテ』があるので、もちろん熊谷も先行研究の第一に南原の著書を挙げているが、読み比べると南原のアプローチの特徴がよくわかる。

　南原の手法はフィヒテの哲学を彼の時代に還元させて時代との関わりで読み解くものではない。あくまでもフィヒテの哲学を一個の思想体系と見て、諸要素の相互関係を内在的に探るものである。だから短い伝記的記述はあるけれども、フィヒテその人の姿はあまり浮かんでこない。熊谷がフィヒテを要するに「せわしない」人と呼んで、直ちにイメージを彷彿とさせるような表現はない。[*42]しかしだからと言ってフィヒテの思想体系をすでに閉ざされた完結したものとして捉えているわけではない。どこまでも南原自身の問題関心によって対象は再構成されている。丸山眞男が南原の政治学史の方法を「それぞれの政治哲学と先生の政治哲学との直接の対話」とみなす所以である。だから青年期にヘーゲルやマルクスの歴史主義の影響を受けた丸山には、南原の講義は当初はなじめなかった。[*43]

南原の方法は後に『政治理論史』として公刊された「政治学史」の講義録の「緒論」では、「政治理論史は、たんに過去についての歴史的叙述でなく、批判の学として、また現代の政治的思惟との連関において考察されなければならぬ」[*44]と述べられている。次に見るように、南原の『政治理論史』にはそれぞれの思想家を扱った後に必ず南原の立場から見た「批判」の項目が設けられている。

これまでに見たように、共産主義とファシズム・ナチズムに引き裂かれた一九三〇年代を生きながら、『フィヒテの政治哲学』に集められた諸論考を執筆する南原の問題関心は明らかであった。この書物の中の言葉で改めて引用すると、「およそ啓蒙的合理主義の政治理論において打ち勝ち難い制限は、個人をもって終局の標準とすることと、したがって、その国家・社会理論が機械的構造を有することである」[*45]。それでは政治的共同体の基礎づけにはならない。しかるに一八〇〇年の『閉鎖商業国家』を境としてフィヒテの政治哲学（知識学）の後期に至って、「啓蒙的個人主義の政治理論に対して、新たに共同体主義の理論を構成するに至った」。「そのことは第十八世紀の合理主義に対して「民族」あるいは「国民」および「歴史」の政治的非合理概念の形成されたことを意味する」[*46]。

端的に言えば、一八〇六年にナポレオン一世のフランスとプロシアの間で始められた普仏戦争が〇七年のティルジット条約によりプロシアの屈辱的な敗北で終わり、ケーニヒスベルクからベルリンに戻ったフィヒテは、混乱の中で〇八年に『ドイツ国民に告ぐ』の連続講演を行う。そして一〇年に開学されたベルリン大学の教授・哲学部長になり、一一年には総長にも就任するが、病気のために一二年に退いて、一四年に五二歳で亡くなった[*47]。戦前から日本では『ドイツ国民に告ぐ』のみで有名だったフィヒテの政治思想について、そこに至るまでの思索の経緯を南原も熊谷も丹念に描き出しているが、要するにフィヒテの生涯のクライマックスが彼の晩年にあったことは否定できない。ちなみに本人はまったく予想もしなかったであろうが、敗戦直後に東京帝国大学の総長に就任した南原の姿がどうしてもフィヒテに重なって見えることはやむをえない。

それではフィヒテが言う「民族」もしくは「国民」はいかにして形成されたのであろうか。南原はまず「ドイツ国民の性格をつくり出した根本条件として、フィヒテの掲げるのは「国語」である」ことに注目する。それに乗って「宗教改革」と「ドイツ哲学」により「ドイツ精神」が形作られる。[*48]ルターの宗教改革は「ラテン的カトリシズムでなくして、まさにゲルマン的プロテスタンティズムの精神[*49]」を高揚させた。「ナチス全体主義」のように民族を「血」と「土」によってもっぱら生物学的に規定するのでなく、「かように民族の本質を「精神」の法則において規定したことは、他の語をもって言い表わせば真に「文化」の本質において理解したことを意味する。しかるに、文化は必然に人間精神の自由と個性の創造的価値の上に要請せられる理念でなければならない[*50]」。

小学生でも知っていることかもしれないが、カント（一七二四〜一八〇四）、フィヒテ（一七六二〜一八一四）、ヘーゲル（一七七〇〜一八三一）、ゲーテ（一七四九〜一八三二）、シラー（一七五九〜一八〇五）、ベートーヴェン（一七七〇〜一八二七）の六人は、一七七〇年にヘーゲルとベートーヴェンが生まれてから一八〇四年にカントが亡くなるまでの三四年間、ドイツ語文化圏で同じ時代の空気を吸っていた。カントが生涯動かなかったケーニヒスベルクは今日ではロシアに所属し、ボン生まれではあるがオランダ系とも言われるベートーヴェンが成人後はウィーンに住んだとしても。このうち一七四〇年から八六年までは、典型的な啓蒙専制君主と言われる第三代プロイセン王フリードリッヒ二世

（大王、一七一二〜八六）の治世であった。

このように同時代の異なる分野での相次ぐ天才の出現は、他にはイタリア・ルネサンスの時代のフィレンツェにおけるレオナルド（一四五二〜一五一九）、ミケランジェロ（一四七五〜一五六四）、マキアヴェリ（一四六九〜一五二七）らの事例ぐらいしか思いあたらない。つまりフィヒテによるドイツ文化の自覚には、当然とも言える歴史的背景が存在した。

それでは「文化的民族」はいかにして「政治的民族」になるか。ナポレオン戦争における敗北を通じて、フィヒテは「政治的独立のない民族の文化が、いかに憐れな無意義なものであるか」[*51]を痛感した。「なぜならば、民族の政治的独立の喪失によって、同時に学芸はそれ自らの存立条件を失うからである。それ故に、ドイツについて考えれば、あたかも相分たれた諸邦の統一国家、ドイツ国民共和国の形成こそは、ドイツ文化の固有性の保障であるのみならず、まさにその源泉をつくるものといわなければならない」[*52]。

外に対抗するためはわかるが、内部はどうするのか。ここで南原はフィヒテがプラトンとマキアヴェリに学んだことに注目する。後者から言えば、マキアヴェリもまた絶対主義王国フランスとの戦いの中で、祖国イタリアの統一を夢見たのであった。マキアヴェリの夢はフィヒテの夢でもあった。

一方、フィヒテがプラトンに学んだのは「職能的階級国家」論となかんずく「教育国家」論である。プラトンの理想国家の哲人、戦士、一般庶民にならって『閉鎖商業国家』で説かれたのは、「原生産者」、「工芸者」、「商人」の三つの基本階級と特別の「公務員」階級である。[*53]それらは「自由の契約」に基づくがゆえに身分ではなくて職能であるが、かくしてでき上がるのは一種の「社会主義国家」に他ならない。[*54]けれども、「彼の社会主義国家は人間自由と本来の権利の国であり、その意味において「理性の国家」は「自由の国」を意味する。かように自我の自由の理想と社会共同体の理想、人格目的と文化目的とが内的に結合されてあるところに、フィヒテの特質が見出される[*55]」とされる。ここにあるのは「人は自由になるように強制される」というルソーの「一般意思」と同じ問題である。[*56]

そのルソーにもましてフィヒテがプラトンから受け継いだのは「教育国家」の思想であった。すなわちフィヒテは「利己心と罪悪に充ち満ちた時代から人間を救い出す」ために、「従来の教育の根本的改革」を提唱した。[*57]そこでは「国家はそれ自ら一つの教育共同体であり、各人はこれが成員として全体目的のために奉仕し、その故に、これが秩序に服従することをもって国民的義務として課せられる」。「国家の一つの職能として教育を行うのでなくして、国家共同体の本質が教育にあ」るのである。[*58]このような考え方が恐るべき逆機能を営みうることに南原が盲目だったとは思えない。後に見るように、南原自身が人間の教育に大きな関心を注いでいた。けれども南原はフィヒテにおいては「職能国家」の思想も「教育国家」の思想も人間の自由な人格の発達の上に置かれてあるところに、少なくともナチズムとの重大な相違を見出したのである。そして最終的にそのような南原の知的認識を支えていたのは、非合理主義とも言える神に対する信仰を自らがフィヒテと共有するという確信であった。

『政治理論史』

『政治理論史』は、大学における長年の「政治学史」の講義を踏まえて書かれているから当然であるが、南原の教育者としての資質をよく表している。まず南原の著作の中では、講演を起こしたものを別にして、文体が比較的平易でよみやすい。これはおそらく何度も口に出して話された事柄がもとになっているからであろう。やや「上から目線」の語り口であるが、それはやはり学生を相手にした講義だったからであろうか。最も難解なのはフィヒテの節で、これはそもそも対象がそうであるのと、南原自身の力が最も入っているからだと思われる。興味深いことに「上から目線」的なのは語り口だけでなく、それぞれの思想家を扱った後に必ず付けられている「批判」がやはりそうで、全巻を通じて取り上げられる思想家は皆あたかも南原の生徒のようである。もちろん偉大な先人たちに学んだことはまちがいないが、評価はあくまでも対等というか、南原の視点からのものになっている。一例を挙げると、「彼は自己を取り囲む世間に対して受動的に処し、でき得るかぎりこれと衝突を避けることによって自己の生存を楽しくしようとする。それは自己自身の平安を究極の隠れ場とするものであり、その思想の帰結は、畢竟、所与の世界との消極的和解にほかならない」[*59]。これはエピクロス(学派)に対する「批判」なのであるが、まるで受け持つ生徒の生活態度に対する講評のようではあるまいか。

まず目次を見て印象に残るのは、「ギリシア思想」の章にはプラトン、アリストテレス、「文芸復興と宗教改革」の章の「ルネッサンス」の節にはマキャヴェリー、トーマス・モーア、「宗教改革」の節にはルッター、カルヴィンのように、ほとんどは思想家の名前が立っているのに、「近世啓蒙思想」

の章は「絶対主義」、「自由主義」、「啓蒙的専制主義」、「啓蒙思想の転回」となっていることである。本文を開くと、それぞれホッブス、ロック、ライプニツ、ルソーという副題が付いているのだが、社会契約説の思想家たちに対するこの冷たさはどうであろうか。なにしろそこに至って、「人間は国家と反立の関係に自己を措定し、国家の観念から一切の価値的なものを切り離し、価値的意識はひとり個人の裡に保有された。ここに、啓蒙主義の政治思想の強味と、同時に欠陥がある」[*60]のだから。

「実証主義」の章の「イギリス功利主義」に至っては、もちろんベンサムとJ・S・ミルが論じられているのだが、ついに副題さえもない。南原の後継者福田歓一の『近代政治原理成立史序説』によって「政治学史」の世界に導かれた戦後世代にとっては、学説史の解釈更新のドラマを目の当たりに見る思いがする。この啓蒙思想とドイツ観念論（南原の本では「ドイツ理想主義」）に対する南原と福田のウエイトの置き方の違いについては、つとに佐々木毅が指摘している。民主化された戦後日本における政治学のパラダイムは、ホッブス、ロック、ルソーの社会契約説であった。福田によれば、「ルソーが契約説の形式のうちに共同体を描き得たのに対して、フィヒテがまさにそこからの離脱によって政治的共同体に達し得た」[*61]。もっとも、今やアメリカ合衆国の建国についても、再び個人主義的な「社会契約説」よりも、共同体主義的な「共和主義」的解釈のほうが有力であるけれども。

しかし南原のホッブス解釈は秀逸である。たとえばホッブスの場合、「自然状態において自然法は妥当せず、自然権と称するものも、正確には権利概念でなく、法的規範によって基礎づけられたものでない」こと、自然権を譲渡する契約は「すべての個人の間の社会契約であると同時に、個人の主権者への服従を意味する統治契約を包含する」こと[*62]、しかるに「社会契約の形式によって政治社会を創設する瞬間、論理を一転して、各個人の主観的な一切の自然権は放棄され、主権者の絶対的権力による統一的全体が前面に出」ること、それは南原に言わせれば「なお一つの自然状態であって、各個人の自然状態に代えて、いまや君主一人の自然状態を成立せしめたに過ぎない」こと[*63]、などの鋭い指摘にあふれる。

それに比べれば、万事に中庸を重んずる経験主義者ロックに対する南原の評価も穏当なものである。すなわちロックの人間が何よりも「自己決定的な個人」であり、それこそが「自由」を意味すること[*64]、ロックにおいては社会契約と統治契約が区別され、前者が国家建設の同意であり、後者が特定の者への立法権の信託であること、それが「立憲主義」の基を築いたこと[*65]、などが指摘される。

南原において「自然に還れ」と言ったルソーは、もはや文明への道を説く啓蒙主義者ではない。彼において自然概念は再度転換され、「理知的自然」、「機械的秩序」から「人間の魂の鏡」となった[*66]。南原が矛盾に満ちたルソーの思想を重視するのは、彼の「一般意思」の概念が後のドイツ理想主義哲学の扉を開いたからである。つまりそこに個人の自由と政治的共同体の意義とを結び付けようとする試みが見られるのであり、並行してルソーにおいてはプラトンやフィヒテと同様に教育の意義が説かれているからである[*67]。

南原の「政治学史」、『政治理論史』が古代ギリシアの政治哲学を重視していることは容易に想像できる。まずはソクラテス。「彼の偉大性は、その教説においてよりも、その実践においてあった」、「その死は、彼の学的功績よりも、彼の人間―市民としての偉大性を証示するものであった」[*68]。何と言ってもプラトン。「プラトンが時代の力に抗して国民に提示したものは、国家の原像、政治的なものの原型であった」[69]。「プラトンの国家論は個人の自由や平等を前提として出発するのでなく、国家的全体の中に各人がそれぞれの分を実現することにおいて、正義を立てた」[70]。「そこには未だ人間人格の自己意識と自己形成が欠けている」が、「ディアレクティクな哲学的思惟」に満ちており、「理想と現実との二元の分離にもかかわらず、なお且つ、二元の克服への不断の闘いにおいて統一を観ようとする」ものであった[71]。そして指導者たるべき哲人王を発掘し育てる観点から教育が重視されたが、そこでは「まさに国家の本質として教育がその根本原理であるのである」[72]。我々はすでに南原が『フィヒテの政治哲学』においてフィヒテの「教育国家」論に言及したときも、同様の表現がとられていることを見た。

アリストテレスは「実在は個体に内在する」と考えた。すなわち「形相」（これは南原の歌集のタイトルでもある）は「質料」において実現を見る。「これはプラトンになかった進化または発展の概念」である[73]。ここから「一連の目的の階統的秩序」が生まれる[74]。なお、アリストテレスの「「人間は政治的動物である」という命題の真の意味は、人間のもつ政治社会的な自然性においてよりも、むしろ人間の内的な道徳的使命の達成は共同の政治的国家生活においてこそ実現され得る、という人間の本質目的にあると解されなければならない」[75]。その意味ではアリストテレスもソクラテス、プラトンと同様に完全に古代ギリシアのポリスの哲学者であった。ただしアリストテレスにはプラトンのように唯一性ではなく、「個の差異と多様性」や「中間階級の政治形態の維持」に対する関心があった[76]。この点も、思想の「体系化」もしくは「知的組織化」に残した功績と並んで、後のヨーロッパの政治哲学が繰り返しアリストテレスに戻る所以である[77]。

しかし「偉大な天才の哲学も国民思想をギリシアの盛事に復帰せしめることができなかった」、「アレキサンダー大王がギリシア諸邦と東方アジア諸民族との統一融合を企図したとき、その師アリストテレスの政治的命題は完全に時代遅れとなった」[*78]。政治哲学も政治学も当面の政治的変化に対してはまったく無力かもしれない。たとえ何百年を経た後に再発見されることがあったとしても。そのことは戦前・戦中を生きた南原自身にもあてはまるものであった。

古代ギリシアの都市国家は解体して世界的普遍国家の時代となった。「ここに、自律的な人間、みずから本源的価値を担うものとしての人間が、やがて発見されねばならなかった。人びとは識らずして、そのために闘ったのである」[*79]。エピクロス学派もストア学派も一方でそうした滔々とした個人化および非政治化の進行と、他方で拡大するローマの支配の中で起こった。「しからば、彼らが果して人間人格の価値を立て得たか」[*80]。答えは否である。それらはいずれも「賢人」たちによる精神の貴族主義であることを免れなかった[*81]。「人生と世界に対する思惟の全的転回」をもたらすのはキリスト教である[*82]。「新約の「神の国」の原理は、ロゴス的な「正義」においてよりも、むしろ非合理的な「愛」においてである」、「イエス・キリストのほかに何人の媒介をも必要とせず、ただ信仰に基づき、愛によって結ばれる人類の普遍的救済を説く」[*83]。

南原においてキリスト教がいかに一人ひとりの人間と神との直接の結び付きによりかけがえのない個人の意識の覚醒をもたらしたか、それが総じてギリシア思想の精神の貴族主義に対する価値の転倒としての無辜の民への福音であったか、そして近世初頭の宗教改革はまさにそうした原始キリスト教への復帰であったかなどについては、先に「キリスト教の「神の国」とプラトンの理想国家」論文などでも見たので、ここでは再論しない。中世のカトリシズムにおけるローマ教会の階層支配に対する南原の評価が総じて厳しいことも、すでに述べた。

南原はマキアヴェリをどう見ていたのだろうか。「彼は、神学のみならず、あらゆる形而上学的思惟と訣別して、主として歴史的経験に依拠し、なかんずく古代ローマの歴史と彼が生きた時代の現実政治を利用し[*84]」て思索を進めた。しかし彼が試みたのは「政治の哲学的思惟でなくして、主として国家技術ないし政治技術の研究である[*85]」。祖国イタリアの統一を夢見たマキアヴェリは「国民的統一と自己決定の最初の註釈者」として後のフィヒテにも通ずるが、「彼自身においては、国家はあくまで一箇の権力組織であって、その精神的＝価値的な基礎は問題とされていない[*86]」。

興味深いのは、南原においてマキアヴェリは同時代の政治的現実を素材とした点で「アリストテレスの復興」という位置が与えられていること[*87]で、それに対して同じルネサンスの思想家トーマス・モアの『ユートピア』にはプラトンの理想国家論の再来という評価が与えられている。『ユートピア』の特徴は「共産主義」と「平和主義」の主張であり、その目的は「文化国家」の建設であり、そのための手段は「教育国家」たることである[*88]。マキアヴェリに比べてモアに対するこの高い評価には、理想主義者南原の政治観がよく表れている。

さて、ドイツ理想主義である。ドイツ観念論ではなくて、あくまでもドイツ理想主義である。啓蒙思想からの橋渡しは、すでに見たようにルソーの「一般意思」である。ドイツ国家哲学においては、精神的存在である人間の自由と国家による強制の一致が課題になる[*89]。その意味では国家における自由である。

南原にとっては何と言ってもカントである。「カントにおいて、道徳は「心情」の問題として内部関係であるのに対して、外部的「行為」の関係が法律の世界である」[*90]。恣意は自由ではない。「恣意に対する制限は決して自由の制限ではなく、さらに進んで恣意に対する制限はかえって自由のために要求されねばならぬ」。したがって「法的強制は人間の共同生活において自由を確立するための論理的必然の条件」である。そのために創設される国家結合の根拠がカントの「原契約」である。それは「歴史的事実」ではなくて「論理的前提」である[*91]。「人類が安全や幸福に対して持つ意味からではなく、人間の道徳的自律と自由の人格に対して有する意味から、国家は正当づけられる」[*92]。たとえ「その法律国家観が抽象的形式性に過ぎない」としても[*93]。

南原のフィヒテ研究についてはすでに詳しく見たところであるが、ここではフィヒテの政治哲学は明確に前期と後期に分けられている。前期の中心を占めるのはカントと同様の法律国家論で、「法は現実社会生活における理性的者相互の共同存在の条件」である[*94]。ところが『閉鎖商業国家』における経済国家論をはさんで、後期になると文化国家論、教育国家論になり、そこにあるのは「国家はすべての市民の全力を要求する権利を認められ」るような「絶対国家」である[*95]。しかし南原はフィヒテの民族主義の思想は「国粋主義あるいは国家絶対主義者として、後世に幾多誤解の因をつくった」けれども、そこには「人間人格の自由がどこまでも保有されている」と見た[*96]。

厳しいのはヘーゲルに対してである。ヘーゲル哲学の特徴は「概念による思惟」である。「われわれが考えるというよりも、思惟がわれわれの裡にあって考えるのである」。それはもはや個人の中にとどまらず、人類や世界史の中に移される。こうして「世界は概念が自己自身の法則によって発展する過程」である。概念は実在と分離しない。そして概念が発展する契機は「否定」である。そこに弁証法の論理が成り立つ。[*97]

ヘーゲルにおいて「世界史」は「世界精神」の発展過程であるが、いうところの「世界精神」はそのときどきの「民族精神」に他ならない。ヘーゲルは「民族性をとおして理性国家の実現を世界歴史の課題とした」のである。[*98] かくして「人間個性――偉大な個性も「世界精神」の進行のための道具となり」、「不正な現実をも理性的なものにまで合理化する結果が生ずる」。[*99] これこそまさにヘーゲルとヘーゲルの弁証法を逆立ちさせて受け継いだマルクス主義に共通の歴史主義的な思考方法であり、起きたことをいかようにも正当化しうる論理に他ならない。そうした論理がナチスと共産主義の双方によっていかに駆使されたことか。そのことを暗示させてドイツ理想主義の章は結ばれる。

『政治理論史』には最後に実際の講義では取り扱われなかった「社会主義」の章があり、「マルクス社会主義」と「民族社会主義」の節が立っているが、その共産主義とナチズムに対する批判はそれまでに南原が著作の随所で指摘してきたところと同一である。それゆえにここで改めて検討する必要はないと思われる。

『政治哲学序説』

南原が最晩年の一九七三年に発表した『政治哲学序説』は、若き日に彼の師の小野塚喜平次が総長に就任したために代わって行われた「政治学」の講義が基になっている。すでに述べたように、小野塚が総長に就任した一九二八年に彼の後継者として「政治学」担当の助教授になったのは矢部貞治である（「政治史」の吉野作造の後継者である岡義武と同時就任）。矢部が実際に講義を担当するまでの短い間、南原が講義をしたと思われる。

したがって、南原の『政治哲学序説』は「政治学」と題されても「政治原論」と題されても不思議はないものであるが、「政治哲学」である。しかもこれもすでに述べたことであるが、戦後の丸山眞男の活躍により「政治思想」という言い方が広く流通していた時代にあって、「政治哲学」である。南原の立場と問題関心の一貫性が強くうかがわれる。もちろんわれわれが先に少し見たいくつかの「政治原論」の著作と比べてもユニークな位置を占める。

時代は一巡して、今日では改めて歴史学の一分野としての政治思想史と、歴史を越えて普遍的な正義の問題を扱う政治哲学とは再び分離したかのごとくである。マイケル・サンデルのハーバード大学における政治哲学の講義の教科書（Michael J. Sandel, *Justice*, 2009. 鬼澤忍訳『これからの「正義」の話をしよう』早川文庫、二〇一一年）や彼の「ハーバード白熱教室」の映像で政治哲学がどのような問題を扱うかはすっかり有名になった。

『政治哲学序説』の構成を見ると、第一章「序論」を別にして、第三章「政治の概念」をはさんで、第二章「政治哲学の方法論」と第四章「政治理念の類型」がある。この二つの章は視角は異なるが、内容的には西洋政治思想史の考察である。だから『政治理論史』とも重なる。ちなみに前者は「自然法学派」、「歴史学派」、「ヘーゲル的弁証法」、「功利主義哲学」、「社会学派」、「唯物弁証法」、「批判主義哲学」であり、後者は「国家主義」、「自由主義＝民主主義」、「無政府主義」、「マルクス共産主義」、「理想主義的社会主義」である。南原自身の政治哲学はこの最後の「理想主義的社会主義」

において展開されるのだが、それはしばらく後に譲る。なお、上に示した第四章「政治理念の類型」を語るにあたって、「一般に政治の世界観的基礎の上に政治の理想や目的を論ずることは、同時に政党の哲学的考察ともなることである」[*100]と述べられていて、政治哲学と政治、思想と政党の密接な関係が指摘されていることは、南原の政治（学）的センスを物語るものであろう。

まず最初にイェリネックの『一般国家学』と小野塚喜平次の『政治学大綱』への言及がある。[*101]イェリネックへの言及はこの書物の最後になって改めて効いてきて、要するにそこではすでに小野塚の『政治学大綱』でのイェリネックの位置づけでも見たように、国家の「法律学的概念」と「社会学的概念」が対置される。そして南原はこれらの二つに対して「政治哲学的国家観」を対峙させ、それは「国家が何であらねばならぬかの理想目的に依存し、社会学的存在の問題とは別であり、また実定的な法律秩序そのものとも異なる」と述べる。そして「国家は正義を実現すべく組織化された政治的統一体と称することができる」[*102]と言うのである。これだけでは何だかよくわからないかもしれないが、すでにここまで見てきた我々にとっては南原の趣旨は明らかである。我々はすでに小野塚について論じたときに、政治学が国家学でも社会学でもないのはそれが国家と社会の臨界面を扱うからだとしたのであるが、南原の場合はいわば国家的事実と国家が持つ強制力に加えて、第三の国家の目的すなわち正義を論ずる学問として、政治学なかんずく政治哲学を構想したのである。

第三章「政治の概念」で述べられるのはわれわれが先に見た南原のいわゆる「価値並行」論である。だからここでは改めて再論しない。この書物の中で南原自身の政治哲学が開陳されるのは、あまり目立たないが、第四章の最後の「理想主義的社会主義」の節である。

ドイツ理想主義哲学を基盤とする南原によれば、「文化価値一般を立てることによって、個人と社会との対立の問題の解決、同時に社会共同体の概念も得られる」[103]。そこで発見されるのが民族に他ならない。なぜならば、「民族は何よりも文化概念から導かれる文化共同体である」から。しかるに「人間の血液いかんは、その住居する土地の問題と同じように、それ自体民族の本質ないし価値を決定するものでない」。見逃せないのは「自由の精神的自覚と教養」である。「ことに民族の歴史的経験は重要であり、多くの人びとが一つの民族として把握されるのは、ともに経験して来た顕著な歴史的事件と苦難、あるいは戦争における勝利と敗北等による」[104]。敗北に目が及んでいるのは、フィヒテにとってのドイツ、南原にとっての日本が念頭にあるからだろう。

「かようにして、民族は個人と人類との間の紐帯であって、人類歴史の過程において、やがて克服さるべき過程ではない」。そして「かような民族は必ずやそれを一つの政治的「国民」として共同の意識と自覚に結びつける」。「固有の文化共同体としての民族は、必然にそれ自らの政治秩序と組織を持たなければならない」。「真の文化国民はついに政治国民たらざるを得ないであろう。これが国民共同体の理念であり、文化国民と政治国民との総合の共同体を意味する」[105]。ここに「国民共同体」主義者南原の相貌が浮かび上がる。その意味で彼は「民族国家主義」者なのであるが、しかし彼が選択するのは「共同体社会主義」であり、「「唯物的社会主義」に対して「理想主義的社会主義」であり、もちろんナチス・ドイツの「民族社会主義」とも異なるものであった[106]。南原がなお「社会主義」にこだわったのは、年来の個人主義、自由主義、ひいては資本主義に対する批判もあり、「社会経済生活において正義の実現を政治社会の任務とする」と考え、「国民経済として国家の統制・管理」を必要とするとしたからである。[*107]

さて、『政治哲学序説』は終章である第六章「政治組織論」に至って、初めて「国家の本質」の問題が出てくる。全文四三九頁のうち、三七一頁目である。「従来の政治学ないし政治哲学は、ほとんど国家学または国家哲学に終止していたのに対して、われわれはここに初めて国家の問題を取り上げる[*108]」と述べる南原はどこか誇らしげでもある。そこで南原がイェリネックの『一般国家学』における国家の「法律学的概念」と「社会学的概念」の二分法に対して、「政治哲学的概念」を提出していることは先述した。結論として、「著者の立場からは、この場合、個人の自由ないし意思を尊重するのは、あくまで共同体の構成者としてである。それは自由主義民主制から「共同体民主政」への転換でなければならない[*109]」と言われる。

政治組織論の最後は国際政治組織である。南原の「国民共同体」の理論に基づく「理想主義的社会主義」は、民族主義の思想であると同時に、「世界主義」の理念と結び付く。「文化民族」の理念は「普遍的人類」の理念を排除せず、むしろ後者の積極的定立への寄与を含む。しかしそうした貢献は直ちに「世界国家」をめざすものではない。それは国民的個性の磨滅に通ずる。南原が掲げるのはカントの『永久平和のために』にならった「国際連合」の樹立である。[*110] しかるに政治とりわけ国際政治は、しばしば正義と安寧の「二律背反」に直面する。そこで求められるのが「最高善」としての「永久平和」である。それはあくまでも正義を「先験的原理」として立てながら、「正義とそれに値する安寧・幸福との総合」をめざす。[*111]

考えてみれば、南原の処女作は後に『国家と宗教』に収められる一九二七年の「カントにおける世界秩序の理念」（原題「カントに於ける国際政治の理念」）であった。そこですでに南原は「正義をして支配せしめよ、世界は滅ぶとも」というカントの命題を掲げつつ、「形式的原理」としての道徳および法と「実質的原理」としての利益および幸福との対立と総合を説いていた。[*112] 半世紀に及ぶ南原の政治的思索は、こうしてその円環が閉じられたのである。

南原の日本国憲法論

南原は敗戦の年の三月に東京帝国大学の法学部長に選任され、ひそかに同僚の高木八尺、田中耕太郎、末延三次、我妻栄、岡義武、鈴木竹雄の諸教授（奇しくもかつて小野塚喜平次が加わった日露早期開戦論のときと同じ七教授である。ただし和平工作である）と図って、「終戦工作」に乗り出した。「陸軍の徹底抗戦論をおさえるには、宮中―重臣の線しかない。どうしても陸軍がきかないなら、海軍の力をつかう以外に方法はない」という見通しの下に、内大臣の木戸幸一（一八八九～一九七七）、近衛文麿、若槻礼次郎、農商務大臣の石黒忠篤（一八八四～一九六〇）、外務大臣の東郷茂徳（一八八二～一九五〇）、陸軍出身者の中では異端の宇垣一成（一八六八～一九五六）、海軍の米内光政（一八八〇～一九四八）のブレインであった高木惣吉（一八九三～一九七九）らの人々に面会した。[*113] 読みは正しかったが、四月に就任した同じく海軍出身の鈴木貫太郎（一八六八～一九四八）首相と昭和天皇（一九〇一～一八九）により、広島、長崎への原爆投下とソ連参戦後になってようやく実現する日本の降伏には影響を及ぼすことができなかったと言うべきか。戦後の首相で南原の論敵となる吉田茂も同時期に近衛らと語らって和平工作を試み、憲兵隊に拘束されているから、南原と吉田はある意味では「戦友」であった。

降伏後の一二月に南原は東京帝国大学の総長に就任する（一九五一年まで）。また翌年三月から一年余りの期間、最後の貴族院議員に勅選される。師の小野塚が一九二五年から四三年まで帝国学士院選出の貴族院議員を務め、二八年から三四年まで東京帝国大学総長の任にあったのとよく似た経歴である。総長在任中に行った数々の「演述」が戦後の南原を一躍著名な人物にしたのであるが、実は一九四六年八月の第九〇帝国議会貴族院本会議で行った憲法改正案に対する質問演説が、それまでの南原の学問の集大成という意味でも、その後の日本国憲法についての議論の土台を作ったという意味でも、現代日本政治思想史の上では極めて重要な資料に位置づけられる。少し詳しく見ることにしたい。

後の南原の回想では、事前に前首相で副総理格の幣原喜重郎から貴族院議員たちに対して、「わが国はいま連合軍の占領下という特殊の状態のもとにあるので、この憲法草案成立の経過について、余り問題とされぬように」という要請があり、また民政局のホイットニーらのスタッフが一夕、学者グループを招いて懇談会を催したという。しかし後者について南原は遠慮が生ずるのを恐れて出席しなかった。[*114] それほどの覚悟をもって臨んだ質問演説であった。なお、南原は総長に就任するや、四六年二月に大学内に憲法の宮沢俊義を委員長として、法学部の高木八尺、我妻栄、横田喜三郎、経済学部の大内兵衛、矢内原忠雄、文学部の和辻哲郎ら二〇名の委員から成る憲法研究委員会を設けていた。南原の質問演説はそこでの議論を踏まえていたが、あくまでも学問に携わる一個人として述べられたものであった。

南原が提出した大きな論点は三つあった。すなわち、まずこの憲法の成立過程の問題、次に果たして国体は変更されたのか、そして自衛権と兵力の完全な放棄は国家の自由と独立と将来の国際連合加盟時の兵力提供義務に背かないか、である。

幣原内閣は四五年一〇月に松本烝治（一八七七～一九五四）国務相を委員長とする憲法問題調査委員会を設けたが、そこで作成された「天皇統治権の大原則に変更を加えない」方針の改正案を飛び越えて、四六年三月に「突如として、現在の憲法改正草案の要綱が政府によって発表された」。両者は内容的に「はるかに隔絶したもの」であり、政府は「国際情勢の急激なる変化」を理由とするが、「かような根本的変化が何によって起ったか」を南原は問い質す。*115

もとより「国際情勢」の名の下に占領軍の介入があったのは明確であるが、南原もまたそのことへの直接的な言及は控えている。彼は言う。「われわれは日本政府が自主自律的に責任をもって、ついに自らの手によって作成し得なかったことをすこぶる遺憾とし、これを日本国の不幸、国民の恥辱とさえ感ずる者である。かくては新憲法は上より与えられたというだけでなく、これはまた外より与えられたとの印象を国民に感ぜしめる惧れはないであろうか」。*116 加えてその文体について、「外国調を以て書かれている」ことが指摘される。*117 これらと関連して質問演説の最後に、新憲法の条文によれば将来の憲法改正時には国民投票が必要とされているので、当然に今回の制定においてこそ国民投票にかけるべきではないかと言っている。*118

次に新憲法草案の内容について、大きな問題が二つ挙げられる。まず「日本の政治的基本性格は変更されていない」のか。天皇は今や象徴としていかなる政治的権能も有しない。君主主権は、人民主権あるいは国民主権（南原はこの二つを「同義語」と見ている）に変更された。これは南原によれば明らかに「国体」の変更である。先回りすれば、この質問に対する貴族院憲法改正案特別委員会における幣原喜重郎国務大臣の答弁は、「政体は変っても国体は変らない」[*119]というものであった。「国体」は日本固有の国家構造という意味で用いられることが多かったが、ここでは君主制か貴族制か民主制か、あるいは後二者をまとめて、君主制か共和制かの区別とすると理解しやすいであろう。

ここに見られるのは国家存立の根本に触れる問題である。南原は「国体」は変更されたと言うのだが、それを認めれば革命が起きたことになり、大日本帝国憲法に基づく政府側の担当者は皆ここにはいられないことになる。だから政府側はどこまでも否定せざるをえない。明らかに国民主権の確立をもって「国体」は変更されたという南原のほうに論理的には分があるのだが、革命が成立したと言うためには革命の担い手が存在しなければならない。しかし国内には共産党を別にすれば革命勢力は存在しない。ポツダム宣言に述べられた「自由に表明された日本国民の意志」に先立って、「国体」の変更を強いたのはもちろん占領軍であった。

南原は「純客観的に解釈して肇国以来の大革命が国民の識らざる間にいま成されつつあるのである。われわれはかような革命を必ずしも避くるものではない。ただ問題は国民自身がそれを意識し要求せるかということである」[*120]と言う。国民主権の憲法を要求する国民の姿は南原の目には見えない。しかしそれがもし個人主義的な民主主義を意味するなら、それも南原の考え方とは異なる。彼は「私自身はかねて「民族共同体」または「国民共同体」（national community）の考えをもつ者である」という年来の持論を述べる。「これはあたかも十八～九世紀のいわゆる「自由主義的民主主義」から新たに「共同体民主主義」への発展を意味する概念である」[*121]。

この立場に立つとき、「国民共同体結合の中心たる天皇は、必ずやそれにふさわしい地位をほかならぬ国家のなかにおいてもたれねばならぬ」。それは単なる象徴ではなく、「日本国家統一意志の表現者」とすべきである。「かかる天皇制と民主主義とは本来いささかも矛盾することなく結びつき、ここに「日本的民主主義」が実現される」[*122]。

以上のような天皇制民主主義もしくは天皇を中心とする文化国家の理念は、南原もまたいわゆるオールド・リベラリストの世代に属していたことを示す事実である。しかし南原はさらに一歩踏み込む。それはこのときの質問演説には出てこないが、本章の最初に紹介した四六年四月の彼の「天長節」における演述や、同年一二月の第九一帝国議会貴族院本会議で行った皇室典範案に関する質問演説で明らかにされる。すなわち、新しい皇室典範には旧皇室典範と同様に天皇の退位の規定がない。今や「現人神」ではなく「人間天皇」となったのに、身心に「不治の重患」があるときも、「一個の自由の人間として、已み難い要求」があるときも、「道徳的自由意志」から発するときも退位はできない[*123]。

南原の重点はもちろんこの最後の場合にあった。「陛下が戦争に対し政治的・法律的の御責任のないことは、現行憲法〔当時はまだ大日本帝国憲法〕の解釈からも明白であ」るとは言え、天皇が戦没者に対して、また法の審きを受けつつある側近者、指導者に対して道義的責任を取ることは十分ありうる。否、天皇が「国民共同体」の道徳的中心であればこそ、「祖国再建の精神的礎石は国民の象徴たる天皇の御進退にかけられている」。「皇太子いまだ御幼少であられること」は理由にならない[*124]。南原の考える天皇制国家の存続のために、現天皇〔昭和天皇〕はまさに退位すべきなのであった。

南原による戦後日本国家の政治哲学的基礎づけが直ちに多数に受け入れられたとは思えない。いっそのこと天皇制の廃止を考える者もいたであろうし、逆に戦後巡幸が行われる中で現天皇（昭和天皇）を支持する者は増えていった。しかし南原は長年の政治学的思索に基づいて、あくまでも彼自身の立場から問題の本質を明らかにしたのである。昭和天皇の死後、跡を継いだ天皇が後に自ら退位の意思を示し、それが実現した二〇二〇年の今日から見るとき、かつて南原が指摘した事柄の意味は明らかである。そしていかに特例法に基づいてであったにしても、天皇の生前退位が可能になった今日からすれば、昭和天皇は結果的にはできたはずの退位を自ら選んでしなかったことになる。つまり現上皇の生前退位の決断は昭和天皇の戦争責任を無化する効果を持ったわけである。限定的に集団的自衛権の行使を認める安保法制にあれほど反対した憲法学者は、この事態について何ら発言を試みなかった。

新憲法草案の内容に関する南原のもう一つの重要な指摘は、第九条に関わる。「戦争はあってはならない」が、「戦争はある」というのが現実である。それゆえに「少くとも国家としての自衛権と、したがってそれに必要な最小限度の兵力を備うるところがなければならぬはずである」。「いかなる国家も憲法によりこれを放棄し国家として無抵抗主義を採用する道徳的義務はないのである*125」。

これまた今日まで続く戦後日本国家の平和主義もしくは安全保障のあり方に関する本質的問題である。しかし当時において帝国議会（新憲法が施行される一九四七年五月までは帝国議会である）で自衛権の放棄に疑義を唱えたのは南原と日本共産党のみであった。吉田首相さえも従来多くの侵略戦争が自衛権の名をもって行われたことに鑑み、自衛権と戦力を放棄する第九条を支持したのであった。

その後南原は「新しい教育の関係も考慮し、むしろ憲法にかかげる平和の根本精神を生かすことに主力をそそぎ、政治的には積極的中立の立場を取るとともに、日本の再武装を防ぎ、非武装の原則がやがて世界の全面的軍縮への道であることを説いた」。しかし一九六二年の時点で依然として「自衛のための最小限の武力の保持は警察という名分と機能の範囲において認めること」を考えていた。[*126]

南原の質問演説に対する政府側の答弁は、吉田首相にしても幣原国務相にしても木で鼻をくったような素気ないものであった。吉田も幣原も戦前の軍部による支配には抵抗した経歴の持ち主だが、新憲法草案の審議過程ではもっぱら言質をとられまいとする政府側の担当者として、あるいは政治家としてふるまっている。

それにしても南原が一九四六年八月の貴族院本会議に引き続いて出席した憲法改正案特別委員会の委員長は、戦争中に第一高等学校校長を務め、戦後は学習院の院長や平和問題談話会の議長になる安倍能成であり、憲法担当国務大臣の金森徳次郎（一八八六～一九五九）は岡田啓介内閣の法制局長官時代に天皇機関説的であるとの理由で辞任に追い込まれた人であり、文部大臣は南原の同僚で長年のライヴァルと言える田中耕太郎であった。丸山眞男は南原に対する安倍や田中の激しいライヴァル意識について語っているが、[*127]そのことは逆に「共同体民主主義」を主唱する南原の孤高の立場を物語るものでもあっただろう。南原の愛弟子である丸山眞男をはじめとする多くの「第一次戦後派」的知識人たちが、「国民共同体」の観念に同意しなかったことは言うまでもない。

南原は一九四六年一一月に総長として行った「新憲法発布」という演述で、君主主権から国民主権への転換に伴って、「わが国体はこの意義において、今回の憲法改正に当り、放棄せられた」と改めて述べている。[*128]「まさに肇国以来の思想的精神的革命」である。[*129]けれども、「それと同時に、新憲法がもと、敗戦の動かすべからざる運命がわれわれを置いたところの制約のもとに起草されたものであることを、われわれは記憶するであろう」とも述べられた。「それに暗影が伴っていたとはいえ、わが国の歴史において、多くの善きものをつくり、われらを育てたところの、あの輝かしい明治時代を、われわれは決して忘れないであろう」という言葉を添えて。*130 まことに南原の言う「国民共同体」は、過去から未来へ向かって幾多の栄光と苦難の経験の共有の上に築かれるべきものであった。

全面講和論

しかし戦後の南原を改めて有名にしたのは、日本国憲法の制定に対する彼の見解よりも、その後のいわゆる全面講和論の提起と、それに対するときの吉田首相の南原を名指しての「曲学阿世の徒」という批判（一九五〇年五月三日）であった。ときあたかも岩波書店の雑誌『世界』の執筆者を中心にして一九四八年末に結成された平和問題談話会が、同誌四九年三月号の「戦争と平和に関する日本の科学者の声明」に次いで、五〇年三月号に「講和問題についての平和問題談話会声明」を発表した直後であった。そこでも「結語」四項目の最初に「講和問題について、われわれ日本人が希望を述べるとすれば、全面講和以外にない」と述べられていた。*131 安倍能成を議長とし当時の若い世代としては清水幾太郎、久野収、丸山眞男らも加わった平和問題談話会に南原は参加していないが、この声明以上に、すでに卒業式や入学式ごとの演述が注目されていた東京大学総長による政府批判に、吉田首相は敏感に反応した。

南原の発言が注目された理由として他に考えられるのは、それが最初に一九四九年一二月にワシントンで行われた国務省協力・アメリカ教育協議会主催の「第一回占領地域に関する全国会議」でなされ、何らかの形で政府の耳に入ったことである。当時はもとより占領下であり、海外渡航者が極めて限られていた時代の彼の地での講演であった。そこで南原は「民族の自由と精神的独立とは、政治的独立なしに、達し得られるものではない。アメリカ並びに他のすべての連合国が、協同一致して、日本との講和条約の締結を早められんことは、われわれの切なる希望である」[*132]と述べていた。講和交渉の本格化に先立って行われた発言に政府は目を尖らせたに違いない。

さらに五〇年三月の卒業式の演述では、「わが国の政府並びに一部の間に、昨年秋以来唱えられて来た単独講和説ぐらい、速断的なものはあるまい。それは真に民族の独立と平和の理想において徹しない点は別としても、変移する国際情勢の現実に、かえって眼を覆うものといわなければならぬ。いわんや、もしこれによって軍事同盟や軍事基地設定を条件として考えるものであるならば、それこそわが国の中立的性格を放棄し、その瞬間に敵か味方かの決断をあえてすることとなり、わが国は勿論、世界を再び戦争に追いやる動因となるであろう」[*133]と断じられたのである。

「如何なる国に対しても軍事基地を与えることには、絶対に反対する」[*134]というのは、平和問題談話会もまた掲げた要望の一つであった。南原にとっても、仮に必要最小限度の自衛力は自国の独立のために認めても、講和後に日米安保条約のような形でアメリカの軍事基地が国内に存続することは、同じく日本の独立を図る見地から断固反対すべき事柄であった。平和問題談話会も南原も求めたのは、冷戦の激化の中での日本の中立であった。平和問題談話会がもとより多様な立場の知識人たちの集合体であることから、そこには思想としてのマルクス主義を信じる者も含まれたのに対して、南原の場合は反マルクス主義であり、正真正銘、民族の文化的・政治的独立を重視する立場からの中立の要求であった。しかるに再軍備をはじめとするいわゆる逆コースの諸政策が相次いで実現を見るに至って、一九五〇年代前半の南原は他の多くの知識人たちとともに、明らかに戦後の日本の民主化を擁護する立場に立つのである。

人間南原

書いたものからでは人柄はわからないという。自然科学の業績では人柄は関係がないかもしれないが、人文・社会科学ではどうであろうか。書いたものよりも、書いた人のほうが人間的価値が高いということはある。これは進歩的・保守的の立場の分類でいうと、どうしても進歩的立場の人のほうが書くものが「頭でっかち」で「ええかっこし」になりがちなので、実際にその人に会うと人間味がなくてがっかりすることがある。保守派は保守派なのだが、保守的思考には人の気持ちがわかる人情、あるいは人間の能力の限界の認識に発するユーモア感覚が伴われることが多いのも事実である。いずれにせよ、人柄はその人の立場とは結び付かない。

「政治学史」の南原には歌集『形相』がある。短歌である。政治哲学とは距離がある。「足らはぬ講義をすましかへりしにうらがなしくして早く寝にけり」[*135]。一九三八年の歌である。当時四九歳。講義もすでにヴェテランだったろうに。南原にもそのような日があったのか。「かたつぶりの殻《から》にひそめる如くにもわれの人生《ひとよ》のひそみてあらな」[*136]。ひそかに「洞窟の哲人」と言われた時代の歌である。戦後の自らの姿など思いも寄らなかったに違いない。「ベルリンの郊外にゐて朝も夕べも馬鈴薯《カルトッフェル》食《た》うべしことの思ほゆ」[137]。内務省から母校の助教授に戻って直ちに私費（翌年から公用出張）でヨーロッパに旅立ったとき、南原には病に伏せる妻と二人の幼児があった。留学中の三年間、家族を思わない日はなく、どこにも出かけなかったという[138]。帰国の翌年に妻は亡くなる。「この二年間ほど、私にとっては暗黒――いちばん困った時代はなかった。学者になれるかどうか、私自身、悩んだ時代でもありますす」と語っている。郷里の母親が家屋敷を売り「墳墓の土」を携えて上京してくれた。しばらく後に再婚する。「個人的なことですが、こうしたことは私としては、やっぱり通るべき道だったのでしょう。そういうものがなくて、ずっと何事もなくいったのでは駄目だったでしょうね」と振り返る[139]。

短歌だけでなく、少年時代から習っていた浄瑠璃語りの蘊蓄《うんちく》は人並みはずれたものだった。一夜文楽に誘われて解説を施された若き日の丸山眞男は、「これがあのプラトンを批判し、カントに帰れと力説される同じ先生」かと思ったという[140]。西洋政治学史の人が日本の伝統芸術に深い造詣を示し、その弟子の日本政治思想史の人が無類の西洋音楽好きであった。

日本で最初の政治学者の小野塚喜平次は新潟県長岡の出身であり、二人目の吉野作造は宮城県古川、そして三人目の南原は香川県大川郡の出身であった。地方というだけでなく、藩閥政府の指導者たちの出身地からは遠く離れていた。四人目の丸山に至って、ようやく大阪生まれの東京育ち、つまり都会育ちになった。その後も福田歓一は神戸の出身であり、京極純一（高知県）と藤田省三（愛媛県）は南原と同じ四国である。日本の政治学は地方の出身者たちによって作られた。

南原は大変な故郷思いだった。これも丸山によると、香川県関係だけは講演を引き受けたという。一九五七年一二月に心筋梗塞で倒れたのも母校の相生小学校を訪れたときであった。丸山は「笠置シヅ子まで総長室引見なんだ」と言うが、*141 南原の総長時代すなわち昭和二〇年代の前半において南原と彼の同郷の「ブギの女王」笠置シヅ子（一九一四〜八五）はともに超有名人どうしであり、上述の南原の庶民的な趣味の傾向から言っても、笠置のファンになって当然のように思う。

教育者南原

敗戦直後に六年間にわたって東京大学の総長を務め、戦後の教育改革にも携わったことから、南原を教育者と見る人は多いだろう。また南原の政治哲学、わけても『政治理論史』を読む者は、彼がプラトンやフィヒテ、あるいはモアやルソーのような、おしなべて教育国家論を説いた思想家に多大の共感を寄せていることを知るだろう。また師の小野塚喜平次が吉野作造や南原繁らを育てたように、南原もまた丸山眞男や福田歓一らの多くの弟子を育てた。丸山が助手を志願したとき、任期が終わっても就職の見込みはなく、田舎の旧制中学の教師（と言っても、現在の大学教師より数は少ないぐらいだが）になるつもりはあるかと問うて、丸山の学問に対する本気度を確かめた南原であった。*142

しかし南原の教育への志は若い頃からのものだった。それはあるいは彼のもう一人の師である内村鑑三由来の、信仰を持つ者どうしの人間的な絆から発していたものかもしれない。大学を出て内務省に入り、二年間の見習期間を経て希望して赴任したのは富山県の射水郡長だった。本人の意思に反してわずか二年で本省に呼び戻されてしまうのだが、南原がそこで試みたのは広大な湿地の埋め立て事業と全国で初めての「農業公民学校」の設立だった。前者は南原自身も語っているがまるでゲーテの『ファウスト』の結末のようで、赴任時に汽車の窓から見た巨大な湿地の埋め立てを彼が企画する話である。[143]ファウストはメフィストフェレスが提供するこの世のあらゆる快楽にも満足せず、最後に共同で湿地の埋め立てに取り組んで「己は自由な土地の上に、自由な民とともに生きたい」[144]と言って救われる。黒沢明の『生きる』のようでもあり、少し違うが佐野洋子の『一〇〇万回生きたねこ』のようでもある。

後者は南原が「普通の中学校でもなく、また単なる農学校とも異なる、新らしい学校を郡に創立することを考えた」結果であった。郡会で彼が提案理由を説明した直後に本省に呼び戻され、また当時の原内閣が郡制の廃止に踏み切ったため、その後は県立となり他の学校との違いは明確でなくなったが、南原の当初の計画は「上級の学校に進むための階梯としてでなく、卒業後は、むしろ郷にとどまって、実生活に入り、将来その地方の指導的役割をなす人物を養成すること」であった。そのためには農業に関する技術だけでなく、広く日本と世界の問題についての教養を身につけることが必要であった。最初に文部省に設立を申請したとき、「農業学校」ならよいが「農業公民学校」は前例がないから認められないということだったので、本省に戻った南原が「側面から文部当局に運動して、ようやく了解を得」た。[145]

このエピソードを紹介したのは、一つの疑問を解くためである。敗戦直後の一九四六年三月にアメリカ教育使節団が日本の教育制度の調査のために来日したとき、南原は東京帝国大学（名称が東京大学になるのは四七年九月、新制東京大学の発足は四九年五月である）総長の傍ら、それに対応して組織された日本教育家委員会のメンバーとして活動し、使節団の帰国後の八月にそれが教育刷新委員会（後に教育刷新審議会）に改組されてまもなく委員長の任を負った。この委員会は五二年六月まで存続して、戦後日本の重要な教育制度の改革に当たった。その中心は日本国憲法に対応する教育基本法の制定と、六三三四制の新しい教育体系の確立であった。[*146]

疑問というのは、南原が彼の世代の大学人としては意外に思えるほど、六三三四制の導入に積極的だったのはなぜかということである。つまり大正教養主義は旧制高校文化でもあったから、その中で育った人々は旧制高校の廃止を意味する六三三四制の導入には消極的だったとしても不思議はない。しかし南原は前向きだった。

南原の考えはこうだった。「新学校体系のうち最も重要なのは、新らしい高等学校である」。「新高校の狙いは、いかなる実業と技術も、人間の高い教養と一体に結合せしめることにある。これによって、古い高校のごとくに、大学に進むための単に予備校的性格とは全然違い、それぞれ実際的知識と技術をも具え、ただちに地方や社会に出て、実生活に入り込む人間、公民としての完成教育を目的とするものである」[*147]。

あるいは、「戦前、わが国の高等学校は、国・公・私立をふくめて、全国を通じ、三十三校に過ぎなかった。これが原則としてわずか七つの帝国大学に直結し、事実上、大学の予備校たる性格をもっていた」。「しかるに、現在求められているのは、ただに少数の進んで大学教育を受けるもののためでなく、とどまっていかなる職業に従事するもののためにも必要な、あまねく「人間」とし「公民」としての教養でなければならない」。「かようにして、日本の津々浦々に、実業教育を身につけ、一応の教養や識見をも具えたものが満ちわたるときに、日本の復興は完成されるであろう」。「他方、従来の単なる専門学校に代えて、大学を増設し、そこではますます専門的知識や職業教育を授けることは勿論であるが、それと同時に、新たに高い教養を授け、それぞれ職業人たる前に、おなじく善き人間、良き市民としての養成を図らなければならない」。「大学はもはや少数の特権的階級をつくるためでなく、広く国民の大学としての役目を果すであろう」[*148]。

以上が、南原の抱く教育観であった。そこには若き日の「農業公民学校」以来のいかにも地方出身者らしい一貫した構想がある。学校教育の目的がまずそれぞれの地域で働く人々の養成にあり、しかもそれらの人々が専門的な技術や知識に加えて幅広い教養を備えられるように指導されなければならない。これは東京大学総長としての顔とは別の、若い頃から南原が抱いた志の一環であった。男女ともに大学進学率が五割を超え、南原たちが作った新制大学の特に一般教養科目（学生たちは「パンキョウ」と呼ぶ）がどんなに形骸化したとしても、専門職業人であると同時に「良き市民」であるような人間、すなわち彼らが互いに意見を交換できるような人間を育てることが大学教育の目的であることに変わりはない。

一九五一年末に東京大学総長を退いた後、南原は日教組（日本教職員組合）の教育研究大会で講演を行っている。「君主制軍国主義によって興った近代日本は、必ずや自らを清算せねばならなかった」、「人間性の確立と平和文化国家の理想を目ざしての民主主義教育は、絶対に維持されなければならぬ」[*149]というのは、当時において南原と日教組が共有する問題関心であった。その際にも、マルクス主義ないしは「唯物史観は、いかに一面的且つ皮相的」かということを指摘せねばいられない南原であった。「ヨーロッパの社会民主党は、マルクス主義から出て、もはやマルクスを抜け出ている」[*150]。日教組は社会党を支える労働組合の総評の有力メンバーであったから、当時はソビエト共産党の強力な指導下にあった共産党よりは文字通りの平和主義、中立主義の勢力であったが、それにしてもこのような宗教的確信に基づいてマルクス主義批判を行う者を講演者に招いたところに、一九五〇年代前半の革新勢力の危機感がうかがえる。「わが民族の新しい教育理想を、暴力的革命主義からと同じく、いま反動的権力主義から、最後まで守り抜こうではないか」[*151]というのが、その場での南原の結論であった。

天皇制ファシズムと無謀な戦争に終止符が打たれたとき、「たとい戦いに敗れ傷つき、国は崩壊の悲運に陥ったとはいえ、国に――世界に、真理が――正義が成就したことをもって、むしろ悦びとせねばならぬ」[*152]と言い、「国家の価値は、人間の自由を擁護し、永遠的なものの現実の保障者として、人類世界の最高目的に参加しているかどうかによって測定せられる」[*153]と未来を担う学生たちに呼びかける大学総長を持ったことは幸運であった。ましてや彼の政治哲学は、昭和戦前期に大学アカデミズムの奥深くにおいて、時代との秘かな緊張関係の中で、真理の探究を掲げ長い年月をかけて形成されたものであった。

総長を退いて東京大学での三〇年に及ぶ教員生活を終える前日、南原は学生たちが催した送別会で、急進的なマルクス主義の学生運動の指導者たちを念頭に置いて、「私の在任中、最も辛かったことは、同じく前途有為の青年、わが教え子を処罰せざるを得なかったことである」と述べ、「これらの処分には、いつも回復への道が開かれている」として、「私が大学を去っても、私の家の門は、それらの諸君のために、いつでも開かれている」と結んだ。[*154]そして南原はかつて七年間の内務省生活を辞して研究者になったときと同様に、六年間の大学総長生活を終えて再び一研究者の生活に戻ったのである。それは以前の研究者生活が一九二一年から四五年までの二四年間であったのに対して、五一年から彼の死の七四年まで二三年間続き、その間に『フィヒテの政治哲学』（一九五九年）、『政治理論史』（一九六二年）、『政治哲学序説』（一九七三年）などが刊行され、また七二年から七三年にかけては丸山眞男、福田歓一編『南原繁著作集』全一〇巻の刊行を見たのであった。

註

＊1 南原繁の年譜については、『南原繁著作集』第一巻所収のものを参照。

＊2 南原繁『歌集形相』（岩波文庫、一九八四年）一五六頁。『南原繁著作集』第六巻、では四〇一頁。

＊3 南原繁「小野塚喜平次先生」（一九四四年）『南原繁著作集』第六巻、七一頁。

＊4 南原繁「内村鑑三先生」（一九三四年）同右、七六、七七頁。

＊5 丸山眞男「編集にあたって（南原繁著作集）」『丸山眞男集』第一六巻、二三四頁。

＊6 丸山眞男「南原先生を師として」『丸山眞男集』第一〇巻、一七二頁。

＊7 丸山眞男、福田歓一編『聞き書 南原繁回顧録』（東京大学出版会、一九八九年）一四三頁。

＊8 同右、二六六頁。

＊9 南原繁「国家と学問」『南原繁著作集』第六巻、二三〜二四頁。

＊10 南原繁「新日本文化の創造」『南原繁著作集』第七巻、二二頁。

＊11 南原繁「天長節」同右、六〇頁。

＊12 南原繁『政治哲学序説』『南原繁著作集』第五巻、一四八〜一五〇頁。なお、南原繁『フィヒテの政治哲学』『南原繁著作集』第二巻、一二八〜一二九頁も参照。

＊13 南原、前掲『フィヒテの政治哲学』一三九頁。前掲『政治哲学序説』では、一一三頁。

＊14 南原、前掲『フィヒテの政治哲学』一四〇、一四七頁。

＊15 南原、前掲『政治哲学序説』一一九頁。

＊16 同右、一四五頁。

＊17 同右、一一八頁。

＊18　同右、一二六頁。
＊19　同右。
＊20　丸山眞男「南原繁著作集第四巻解説」『丸山眞男集』第一〇巻、一三一～一三三頁。もちろん南原が政治の悪魔的側面に盲目だったわけでないことは、南原繁「現代の政治理想と日本精神」（一九三八年）（『南原繁著作集』第三巻、八二頁以下）を見ればわかる。
＊21　南原繁「大学の自治」（一九三八年）『南原繁著作集』第六巻、一一頁。南原、前掲「国家と学問」二八頁。
＊22　南原繁「自由主義の批判的考察」『南原繁著作集』第三巻、一四～一九頁。
＊23　同右、三四～三五頁。
＊24　同右、二〇～二一頁。
＊25　同右、二三頁。なお、戦前の南原の民主主義観について、南原、前掲「現代の政治理想と日本精神」（九四～九五頁）参照。
＊26　同右、二九頁。
＊27　同右、四一頁。
＊28　同右、四三頁。
＊29　南原繁「個人主義と超個人主義」『南原繁著作集』第三巻、五八頁。
＊30　南原繁「キリスト教の「神の国」とプラトンの理想国家」『国家と宗教』（岩波文庫、二〇一四年）七七頁。『南原繁著作集』第一巻、では六二頁（以下、括弧内に『著作集』の頁を示す）。
＊31　南原繁「序」同右、一三～一四頁（一一頁）。
＊32　南原、前掲「キリスト教の「神の国」とプラトンの理想国家」七八頁（六三頁）。
＊33　同右、八二～八三頁（六七頁）。
＊34　同右、八五頁（七〇頁）。
＊35　同右、八三～八六頁（六八～七一頁）。
＊36　同右、九五頁（七九頁）。
＊37　同右、一〇七～一一〇頁（九一～九三頁）。
＊38　同右、一一六頁（九八頁）。
＊39　同右、一一四頁（九六頁）。
＊40　同右、一二四～一二七、一三五頁（一〇五～一〇八頁）。
＊41　同右、一一九～一二〇頁（一〇一頁）。
＊42　熊谷の南原についての言及は、熊谷英人『フィヒテ』（岩波書店、二〇一九年）六～八頁にある。「フィヒテは活動的な性格の持主だった。悪く言えば、せわしなかった」という表現は、五頁にある。
＊43　丸山眞男『「文明論之概略」を読む』上（岩波新書、一九八六年）一二頁。
＊44　南原繁『政治理論史』『南原繁著作集』第四巻、一六頁。
＊45　南原、前掲『フィヒテの政治哲学』三〇頁。

＊46　同右、三三頁。
＊47　同右、三四六～三四八頁。
＊48　同右、三五六頁。
＊49　同右、三五七頁。
＊50　同右、三三九～三四一頁。
＊51　同右、三八〇頁。
＊52　同右、三八一頁。
＊53　同右、二七七～二七八頁。
＊54　同右、二八七～二九一頁。
＊55　同右、三〇六～三〇七頁。
＊56　同右、二二六頁。
＊57　同右、三七〇頁。
＊58　同右、三七八頁。
＊59　南原、前掲『政治理論史』九八頁。
＊60　同右、二四六頁。
＊61　福田歓一『近代政治原理成立史序説』（岩波書店、一九七一年）。これに先立って福田が一九五一年に東京大学法学部に提出した助手論文「ホッブスにおける近代政治理論の形成」は長い間未公刊であったが、『福田歓一著作集』第一巻（岩波書店、一九九八年）に収められた。福田の言葉は南原の『フィヒテの政治哲学』の書評である「ドイツ理想主義と現代政治哲学の問題」（『国家学会雑誌』第七三巻第五号、五七頁）による。佐々木毅の指摘については、『福田歓一著作集』第三巻（岩波書店、一九九八年）の「解説」（六二四、六三三頁）を参照。
＊62　南原、前掲『政治理論史』二五五、二五六頁。
＊63　同右、二五七、二六四頁。
＊64　同右、二七〇、二七六頁。
＊65　同右、二七七～二七八頁。
＊66　同右、三〇三頁。
＊67　同右、三〇九、三一七、三二〇頁。
＊68　同右、四三頁。
＊69　同右、六二頁。
＊70　同右、四八頁。
＊71　同右、六三～六五頁。
＊72　同右、五二頁。
＊73　同右、六八頁。
＊74　同右、七〇頁。
＊75　同右、七二～七三頁。
＊76　同右、七四、八二頁。
＊77　同右、八七頁。
＊78　同右、九一～九二頁。
＊79　同右、九二頁。
＊80　同右、九三頁。
＊81　同右、九七、一〇五、一一〇頁。
＊82　同右、一〇七頁。
＊83　同右、一一五頁。

＊84 同右、一九〇頁。
＊85 同右、一九七頁。
＊86 同右、一九九頁。
＊87 同右、一九〇頁。
＊88 同右、二〇〇、二〇四～二〇五頁。
＊89 同右、三二五～三二六頁。
＊90 同右、三三五頁。
＊91 同右、三三七～三三八頁。
＊92 同右、三四九頁。
＊93 同右、三五〇頁。
＊94 同右、三五六頁。
＊95 同右、三五八～三六〇、三六二～三六三頁。
＊96 同右、三七四、三七二頁。
＊97 同右、四〇一～四〇二頁。
＊98 同右、四一四～四一五頁。
＊99 同右、四一八頁。
＊100 南原、前掲『政治哲学序説』一九五頁。
＊101 同右、一四～一五頁。
＊102 同右、三八六～三八七頁。
＊103 同右、三二四頁。
＊104 同右、三二七頁。
＊105 同右、三二八～三二九頁。
＊106 同右、三二九、三三三～三三五頁。
＊107 同右、三三四頁。
＊108 同右、三七一頁。
＊109 同右、四〇九頁。
＊110 同右、四二七～四二九頁。
＊111 同右、四三六～四三七頁。
＊112 南原繁「カントにおける世界秩序の理念」『国家と宗教』一八一～一八三頁。『南原繁著作集』第一巻、一五〇～一五三頁。
＊113 前掲『聞き書 南原繁』二六六～二七三頁。南原自身は「結局、私らのしたことは効果なかった。主観的な自己満足にすぎなかった」（二七三頁）と言っている。
＊114 南原繁「第九条の問題」（一九六二年）『南原繁著作集』第九巻、一二二頁。
＊115 南原繁「制定過程その一」『南原繁著作集』第九巻、一三～一四頁。
＊116 同右、一六頁。
＊117 同右、一九頁。
＊118 同右、三七頁。
＊119 南原繁「制定過程その二」『南原繁著作集』第九巻、六二頁。
＊120 南原、前掲「制定過程その一」二三頁。
＊121 同右、二五頁。
＊122 同右、二六～二七頁。
＊123 南原繁「退位の問題」『南原繁著作集』第九巻、一

〇〇～一〇五頁。
*124 同右、一〇五～一〇七頁。
*125 南原、前掲「制定過程その一」二八～二九頁。
*126 南原、前掲「第九条の問題」一三二～一三三頁。
*127 『定本 丸山眞男回顧談』上、三〇七～三一〇頁。
*128 南原繁「新憲法発布」『南原繁著作集』第七巻、八九頁。
*129 同右、九〇頁。
*130 同右、九三頁。
*131 「講和問題についての平和問題談話会声明」『世界』臨時増刊「戦後平和論の源流」（一九八五年七月）一一〇頁。
*132 南原繁「日本における教育改革の理想」『南原繁著作集』第七巻、三一五頁。
*133 南原繁「世界の破局的危機と日本の使命」『南原繁著作集』第七巻、三二二頁。
*134 前掲「講和問題についての平和問題談話会声明」一一一頁。
*135 『歌集形相』六九頁。『南原繁著作集』第六巻、二五九頁。
*136 同右、五六頁。同右、二三九頁。
*137 同右、五八頁。同右、二四二頁。
*138 前掲『聞き書 南原繁』一二八頁。
*139 同右、一三四～一三五頁。
*140 丸山眞男「南原先生の「趣味」」『丸山眞男集』第一〇巻、一五五頁。
*141 『定本 丸山眞男回顧談』下、三三～三四頁。平石直昭の注釈によると、一九五一年春に南原は笠置シヅ子後援会長になっている（三四頁）。南原の故郷での静養生活ならびに一般に伝記的記述については、山口周三『南原繁の生涯』（教文館、二〇一二年）が詳しい。静養については、三六九～三七五頁。
*142 丸山眞男「南原先生を師として」『丸山眞男集』第一〇巻、一七七頁。
*143 南原繁「郡にいた頃の回想その一」（一九五三年）『南原繁著作集』第八巻、二六九～二七〇頁、「郡にいた頃の回想その二」（一九五三年）『南原繁著作集』第八巻、二八三～二九四頁。『ファウスト』への言及は、二九一～二九三頁にある。
*144 ゲーテ（高橋義孝訳）『ファウスト』第二部（新潮文庫、一九六八年）五一七頁。
*145 南原、前掲「郡にいた頃の回想その一」二七一～二七四頁。
*146 同右、二七六～二七八頁。南原繁「日本における教育改革」（一九五五年）『南原繁著作集』第八巻、二一二～二一六頁。
*147 南原、前掲「郡にいた頃の回想その一」二七七、二七八頁。

＊148　南原、前掲「日本における教育改革」二一八〜二一九頁。
＊149　南原繁「民族の独立と教育」（一九五四年）『南原繁著作集』第八巻、二〇一、一九五頁。
＊150　同右、一九七、一九八頁。
＊151　同右、二一〇頁。
＊152　南原繁「民主主義の文化的基礎」（一九四六年）『南原繁著作集』第七巻、七一頁。
＊153　南原繁「民族の再生」（一九四七年）『南原繁著作集』第七巻、一〇三頁。
＊154　南原繁「真理は最後の勝利者である」（一九五一年）『南原繁著作集』第七巻、四五四頁。

第4章

丸山眞男または創設者精神の形成

上：丸山眞男　助手時代（1940年頃）〔『丸山眞男集』第1巻〕
中：広島・陸軍船舶司令部参謀部情報班時代（報道班長酒井四郎中尉と、1945年）〔『丸山眞男　戦中備忘録』〕
下：公開講義（1948～49年頃）〔『丸山眞男集』第3巻〕

南原と丸山

丸山眞男は懦夫《だふ》をして起《た》たしめる人である（自らも懦夫であることをわきまえた上で）。丸山については言うまでもなく多くの研究があり、筆者自身もこれまでに何度か書く機会があった。今回がそれらと異なる点は、丸山をここまで本書で考察した主に戦前の政治学の系譜の上に乗せて検討することである。敗戦直後の「超国家主義の論理と心理」をはじめとする一連の日本ファシズム研究によって、従来は丸山が新しい日本の政治学のパラダイムを築いた点が強調されてきた。もちろんそれはそうであるが、その丸山にしてもまったくの無から有を生じさせたのではない。特に後に『日本政治思想史研究』に収められる三つの論文はいずれも戦前・戦中期に東京帝国大学法学部の研究室において執筆されたのだし、戦後に続々と発表される彼の学問的成果もそれに先立つ「暗い谷間の時代」の研究生活に発酵の種を持つのである。

マックス・ウェーバーの「辺境革命論」に即して見れば、政治革命も文化革命もそれ以前の社会の中心からではなく、周辺地域からもたらされる。ヨーロッパにおけるゲルマン民族の大移動や西南雄藩による明治維新を考えればよい。しかし丸山眞男は長谷川如是閑と南原繁の二人を師とすると自ら述べるように、蠟山政道が指摘する近代日本の政治学の「実証学派」（「社会学派」）と「国家学派」、あえて言えばジャーナリスティックな精神とアカデミックな精神を二つながら備える戦前の日本の政治文化の中心から出現した。しかも彼には田中耕太郎や宮沢俊義らのような年長の世代の法律学者たちとの深い知的交流も存在した。したがって、それだけ過去の遺産を消化吸収し尽くしたところから出てきたと考えられるのである。

丸山が大学三年時の一九三六年に南原繁に提出した緑会の懸賞論文「政治学に於ける国家の概念」は、彼がそれまでのどのような勉学の成果を持ってその後の日本政治思想史の研究に入ったのかを伝える貴重な資料である。一九三六年は言うまでもなく二・二六事件が起きた年であり、丸山はこの年度に最上級学年で南原繁の「政治学史」の講義を聞き、ヘーゲルの『歴史哲学緒論』を原文で読む演習に参加した。[*1]『歴史哲学緒論』は、後に丸山が徳川時代の儒教の歴史を扱う助手論文の冒頭に引用する文献である。そしてドイツ国家学とイギリス政治学の基本的知識をベースにして、それにヘーゲルとマルクスの歴史主義的な世界の見方にマンハイムの知識社会学を加えた思想のイデオロギー的（機能的）分析の観点から、「政治学に於ける国家の概念」を執筆した。

「政治学に於ける国家の概念」を書いて助手を志願した丸山に、南原は日本の伝統思想、日本政治思想史の研究を勧める。南原の念頭には三年後の一九三九年に政治学政治学史第三講座として開設される「東洋政治思想史」の担当者を誰にするかという懸案があった。丸山はヨーロッパの政治思想の勉強をするつもりであったから、当初はまったくその気はなかったのだが、結局南原の勧めに従った。[*2]日中の全面戦争は翌年に始められるし、時代はまさに文部省が日本のアジア進出のために東京帝国大学に東洋政治思想史講座の設置を認めるような精神的雰囲気に満ちていた。講座の申請に当たった南原は、そうした時代の雰囲気を逆手にとったのである。

南原の方針はそれだけではなかった。すでに丸山の能力を見抜いてスタッフに加えるためにいまだ担当者が決まっていない分野の研究を勧めたのではなく（それもあったかもしれないが）、西洋の政治学と言うか、政治学は西洋にしかなかったから要するに政治学を含む社会科学ということなのだが、ともかくそれにどっぷりと浸かった者にあえて日本の伝統思想の研究を命じたのである。日本の伝統思想と言えば必ずや儒教を含む中国思想との関係が問われるし、すでに日本にも長い漢学の伝統があったのだが、南原が想定したのはそうした従来の漢学や国学の伝統から自由な者に日本の伝統思想の研究を担当させることであった。助手論文を書く丸山に「注は半分くらいは横文字にしたまえ」と言ったのはそういう意味であった。[*3]

中国のみならず朝鮮・韓国にも科挙の制度があり、体制教学としての儒教・朱子学の伝統が長くあるから、そういうものを離れていわば異邦人の目で儒教を見ることはそれだけ困難なわけである。丸山もまた南原の意図をよく理解した。助手論文を完成させた丸山が津田左右吉に宛てた手紙の中で「西洋の社会科学を専攻した者の眼に徳川時代の思想がいかに映じたかといふ点で、多少とも先生の御関心を惹くことが出来ましたら幸甚の至りです[*4]」と述べているのがその証拠である。東洋政治思想史の講義を非常勤講師として最初に担当した津田と正面から中国思想の解釈を争ったら、若い丸山に勝ち目はまったくなかったはずである。丸山の徳川時代の儒教思想史の研究は、その意味でまったく新しいタイプの日本の伝統思想の研究であった。やがて戦後の日本の政治学を切り開くことになる人、そればかりか戦後の日本の再出発に最も有力な思想的意味を与えることになる人が、日中戦争の勃発を受けて文部省が国策がらみで設置を認可した東洋政治思想史という講座の担当者から出たことほど、「歴史の狡知」を示す事実はない。

よく知られているように、一九三六年の「政治学に於ける国家の概念」にはそれと明示されてはいないが、後のものに比べるとマルクス主義の影響が強く見られる。本人が述べるように、学生時代に明治維新についてのレポートを書くために『日本資本主義発達史講座』を熟読し、総合社会科学としてのマルクス主義に政治運動とは別の次元で学問的に深い感銘を受けていた。[*5] つまり「市民社会」的なものは、仮にそれが明治以後の日本では未発達であったとしても、決して歴史のゴールではなく、むしろ市民層は一方金融資本と独占資本、他方「無産層」の台頭に伴って、次第に本来の合理主義を捨てて中間層（市民層は上層ブルジョワである）とともに非合理的なファシズムを形成するという見方を学生時代の丸山は持っていた。これも明示はないが、中間層こそがファシズムの担い手だという認識には、一九三五年に初版が出た戸坂潤の『日本イデオロギー論』などの影響も感じられる。

したがって、この論文が「国家は個人を媒介としてのみ具体的定立をえつつ、しかも絶えず国家に対して否定的独立を保持するごとき関係に立たねばならぬ。しかもさうした関係は市民社会の制約を受けてゐる国家構造からは到底生じえないのである。そこに弁証法的な全体主義を今日の全体主義から区別する必要が生じてくる[*6]」という言葉で結ばれるのは、市民社会でもファシズムでもない第三の選択肢の模索であった。この引用の前半は国家における自由という意味でドイツ観念論的であり、後半もまた南原の国民共同体論のように読めなくもないけれども、丸山が選択するのは「弁証法的な全体主義」であり、この結論に至るまでに、南原が立つと見られた「カント的、とくに新カント派的な存在と当為、現実と理想との峻厳な二元論」の、担い手の不在に由来する「無力」が批判されている[*7]ところからも、むしろ「理想の現実性」を主張する一元的な「革命理論」、すなわち共産主義社会の理念へのコミットメントが暗示されていたと思われる。

しかるに一九三七年に大学を卒業して法学部の助手になり、四〇年に徳川時代の儒教に関する助手論文を書くまでに、丸山の中では変わった部分と変わらない部分が認められる。変わったのは、市民社会的なもの、近代的な価値に対する丸山の認識が改めて深まったことである。もともと丸山はマルクス主義の党派的な活動に対しては違和感を持っていたが[*8]、そうした認識の深まりには他にも二つの理由が存在した考えられる。第一は、三七年の日中の全面戦争の開始を契機として、多くのマルクス主義者が戦争支持へと転向したことである。むしろ自由主義者、保守主義者と見られた人が変わらなかった。南原繁は決して個人主義者という意味での自由主義者ではなかったが、丸山との会話の中で超越的な価値へのコミットから日本の進路の誤りを指摘して動かず、そのことは丸山に変化を常に正統化しがちな歴史主義的思考の盲点を気づかせた[*9]。つまり自由で平等な基本的人権のような普遍的価値を生んだ近代への再認識、再評価が生まれたのである。

丸山が自由主義の再評価に向かった第二の理由は、より専門的な思想史という分野において単純な下部構造の反映論でない、精神的領域の相対的な自立性を認めてそれを実証しようとする学問的手続きに入ったからである。助手論文においても徳川時代の初期の朱子学から元禄・享保期の徂徠学を経て後期の国学へと至る過程を思惟の弁証法的発展というヘーゲル的な図式で捉えていることに変わりはない。そこにさらにマンハイムの視座構造やボルケナウの世界像という概念が導入されて、思考の型と担い手の社会的存在形態との間に一定の対応関係が想定されているとしても、精神の自立性の契機は見失われていない。

丸山は助手になってまもなく南原から「「思想の存在拘束性」という考え方では思想史はダメだな」と言われたと回想するが、それでも助手論文の執筆に際してなおマンハイムの知識社会学的な認識のな、歴史を作る人間の自由で創造的な契機に改めて着目したのである。

枠組みを維持し続けた。[*10] その上でしかしマキアヴェリや徂徠による「政治の発見」につながるよう

徂徠学の位置づけ

丸山眞男の助手論文である「近世儒教の発展における徂徠学の特質並にその国学との関連」は、『国家学会雑誌』の一九四〇年（第五四巻）第二号から第五号まで四回連続で発表された。すでに完成された論文を分載したのではなく、毎回締め切りに間に合うように書き継いだというから、[*11] 緊張の連続だったであろう。しかし一度も途切れることなく、また丸山の書いたものの中では一本の論文としては生涯における最長の作品である。自ら「遅筆」だと言うのだが、書くときは資料をカルタのように並べて何日も徹夜して一気に書くという。[*12] 並外れた集中力が想像される。特に時代は日中戦争からやがて太平洋戦争へと向かう間の時期である。自分の将来についても自国の運命についても、おそらく強い危機感を抱く中で丸山は執筆したに違いない。ちなみに丸山の助手時代の三年間は、ちょうど戦艦大和が広島県の呉でひそかに建造されていた時期である。

南原に指示されて始めた徳川時代の文献の研究は果たして丸山を退屈させた。「千篇一律で、どれを読んでも同じ仁義礼智信」だった。岡義武に訴えたら、「中世のスコラ哲学をラテン語でやるつもりでやりたまえ」と言われた。しかし「直感的にこれは面白いな、と思ったのが徂徠」だった。「それで徂徠を主要なテーマに据えて、その前史と後史を考えて行った」[*13]。ストーリーができた。

丸山の助手論文は要するに荻生徂徠（一六六六〜一七二八）論である。しかし繰り返して言うが、

それが徳川時代二五〇年の政治的思惟の歴史の中に位置づけられている。そして徂徠という個人の思想家に注目するというより、彼によって示された思考範型と時代状況の関係と、それぞれの次元の変化を跡づけようとする試みである。この点、『日本政治思想史研究』に収められるにあたって、この論文の第二節の表題だけが「朱子学的思惟様式とその解体」に改められ、そのほうが古いものの中から新しいものが出てくるという叙述の趣旨にも適っているのだが、初出時の表題「徂徠学の思想史的前提」のほうが、第三節「徂徠学の特質」に対してストレートな言葉遣いでわかりやすい。なお、本文については初出時と論文集収録時とで、字句の修正や表現の短縮化以外では異同がないと言ってよい。

第一節「まへがき」でヘーゲルの『歴史哲学緒論』を引いて丸山が述べる問題関心は、頻繁な王朝の交代を通じて、にもかかわらず見られる中国の歴史の「停滞性」、「非歴史性」である。そこには「分裂」を通じての発展がない。[*14] しかるに儒教が輸入された日本では、特に徳川時代において独自な発展が見られた。そこでは徳川封建社会の身分的な社会的、政治的構成が中国のそれに「類型的に相似していた」とともに、儒教的な学問が「独立の儒者によって」担われた。[*15] 前者は支配的身分の中国の文人・教養人と日本の武士の違いにもかかわらず、ともに身分的な秩序を現前させ、また後者は日本では科挙制度に代えて儒者という主に民間の知識人の独特なタイプを出現させていた。丸山の関心は儒者その人よりも「思考範型」や「思惟様式」にあったが、それでもそうした担い手たちの社会的特徴は、各々独自の学問のあり方にも反映されていると考えられた。

丸山がヘーゲルの歴史哲学に依拠して注目するのは、「儒教の内部発展を通じて儒教思想自体が分解して行き、まさに全く異質的な要素を自己の中から芽ぐんで行く過程」である。「変革は表面的な政治論の奥深く思惟方法そのもののうちに目立たずしかし着々と進行していたのである」[*16]。ヘーゲルと同時代にベートーヴェンらによって案出されたソナタ形式の楽曲の主題の展開を耳にするようである。

思い切って簡単に言ってしまうと、自然と社会の秩序を連続的に固定的に捉える徳川時代初期の藤原惺窩（一五六一～一六一九）、林羅山（一五八三～一六五七）らの朱子学の系譜の中から、山鹿素行（一六二二～八五）、伊藤仁斎（一六二七～一七〇五）、貝原益軒（一六三〇～一七一四）らを経て、荻生徂徠が登場する。徂徠に至って自然と社会の秩序が分離されただけでなく、政治と道徳も切り離される。それがマキアヴェリに比肩される徂徠による「政治の発見」である。徂徠は五代将軍綱吉（一六四六～一七〇九）や八代将軍吉宗（一六八四～一七五一）に献策した人、つまり幕府側の人間であるし、その具体的提言は武士の土着化とか将軍の「絶対君主」化と言えるような、今日から見ればむしろ反動的なものが多かったのであるが、丸山は政治を道徳とは別次元の「安民」のための営みと捉える徂徠に新しい思惟様式の誕生を見たのである[*17]。

第五節「むすび」で丸山は自らの考察の目的を改めて「近世儒教の自己分解の過程を跡づけること」と述べ、「その過程を通じて近代意識が如何に徐々に芽生えて行ったか」を探ることにあったとした[*18]。そして「近代意識」の芽生えをなぜ他ならぬ儒者の「内面的な思惟方法」に求めて、蘭学者や尊皇論者のような幕府に対する「反対者的要素」のうちに求めなかったのかという問いを自ら立てて、「外からの破壊ではなく、内部からの、いわば思われざる成果としての解体過程」に着目したと述べる。そこにこそ「日本における近代的なるもの」の「後進性」と、にもかかわらずの「非停滞性」という「二面的性格」が認められるというわけである。[19] 見えないものの中に起きている変化を探るという手法である。

そもそも徂徠への注目からしても、また思惟様式の転換という観点からしても、徂徠の思想体系の分析（論文全体の約三分の一を占める）は周到である。まず徂徠の柳沢吉保（一六五九〜一七一四）への二つの進言の実例を示して、徂徠における「政治的思惟の優位」を印象づける。一つ目は死んだ母を遺棄した農民を罰せずに「為政者の政治的責任」としたこと、二つ目は有名な赤穂浪士の事件について賞賛でも討首でもなく「私論が公論を害すること」を否定して切腹としたことである。[20]

徂徠の方法論は「原始儒教への復帰」を説いた仁斎の古義学を受け継ぐ古文辞学である。徂徠は大学中庸論語孟子の四書ではなく詩書礼楽易春秋の六経を重視し、漢唐訓古の学や朱子の注釈を排して、唐虞《とうぐ》三代と呼ばれる時代の制度文物と言葉に直接通じた上で論語の解釈に及べとした。[21] こうした方法論は対象は異なっても後の宣長の国学に受け継がれる。[22]

丸山によれば徂徠において「道」はもっぱら人道のことである。天道すなわち自然法則はもはや議論の対象外に置かれるとともに、不可知の存在とされる。しかも「道」は中国古代の聖人が作為した礼楽刑政という制度文物である。秩序の自然性もしくは所与性を言うほうがスコラ哲学にしても朱子学にしても中世的な合理主義であるのに対して、特定の個人の作為に帰するのは非合理的契機の導入である。こうして聖人が絶対化される一方で、人間の性質のどう頑張っても変わらない不変化が説かれる。「修身斉家」と「治国平天下」は切り離される。「治国平天下」は聖人とその後継者たちの仕事で、普通の人間がめざす目標ではない。そこから逆に人間の自然性に対する寛容が生まれると丸山は言う[*23]。

徂徠による「治国平天下」と「修身斉家」の分離を、丸山は公私の分岐と位置づける。そのこと自体が近代の徴候である。すなわち、「公的＝政治的なもの」から「私的＝内面的生活」の解放である[*24]。徂徠学の本領はもちろん前者にあったが、徂徠自身は公的と私的の二つの領域で顕著な活動を行った。後者は広い意味の文学活動で、後に徂徠の蘐園《けんえん》学派は主に前者を受け継ぐ太宰春台（一六八〇～一七四七）らと、後者を受け継ぐ服部南郭（一六八三～一七五九）らに分かれることになる。丸山は、弟子たちが「己れの継受した面を徂徠学それ自体として絶対化する[*25]」という、およそ傑出した師（丸山自身もその中に含まれることは明らかであるが、彼は後に「丸山学派」なるものが存在すると言われることを極端に嫌った）の下に集まった人々が辿る宿命的傾向についても言及している。

しかしそれよりもむしろ本居宣長（一七三〇～一八〇一）の国学が、以上のような徂徠学の公私の分岐を受け継ぎながら、徂徠学とは反対にもっぱら「道学的合理主義」から解放された私的、文学的、非政治的領域に立て籠ったとされている点が注目されるであろう。この論文が書かれた一九三〇年代後半の復古主義的日本主義の時代に、人間の心情の世界に注目する宣長の近代的な側面に照明が当てられているのである[*26]。なるほど宣長はあたかも徂徠の聖人の位置に皇祖神を置き、絶対服従を説いたけれども、そのことは「世のなかのよきもあしきもことごとに神のこころのしわざにぞある」（玉鉾百首）であって、徳川幕藩体制を積極的に支持する政治思想ではなかった。そこにあるのは「機会主義的な相対主義」でしかない[*27]。

なお、第三節「徂徠学の特質」の後半は徂徠が生きた元禄・享保の時代の社会的・経済的背景の説明である。執筆当初は第三節の冒頭にあったらしいが、南原の助言で「もっとあと」になった[*28]。マルクス主義的な経済的決定論と見られるのを避けたのである。徂徠の時代にはすでに貨幣経済が浸透し、武士は徂徠の言う「旅宿の境界」(『政談』巻之二)、すなわち土地から切り離されたサラリーマン化の状態に陥った。したがってあたかも徳川時代の「全盛期は没落の始まり」であった。

しかし勃興しつつあった町人も所詮「暴利資本主義的」であり、「マックス・ウェーバーの意味する様な——産業資本の展開の心理的発条としての——資本主義精神からは遠く離れていた」[*29]。人口の大部分を占める農民はもちろん搾取と統制の下にあった[*30]。丸山は武士の土着化などの徂徠の政策について、「原始封建制への復帰を主張する彼の政治思想の裡にもそれと逆行する政治的集中の要素が潜んでいることを看過してはならぬ」と言っている。そして「まこと荻生徂徠こそは徳川封建社会が生んだ最初の偉大なる「危機の思想家」であった」という結論が導かれる[*31]。

以上において極めて粗雑ながら、丸山の助手論文の概略を語り終えた。もちろん今日では広く知られているように、この丸山の徳川時代の儒教に対する見方に関しては大きな異論が提出されている。代表的なのはいずれも丸山の高弟であるが、渡辺浩と平石直昭によるものである。渡辺によれば、そもそも科挙制度がなかった日本で儒教が体制教学になったことなどはない。朱子学が武士の間で盛んになるのはむしろ江戸時代後期の「寛政異学の禁」以後であった。原始封建制への復帰を説く荻生徂徠は「反近代」の反動的思想家以外の何者でもなかった、など(渡辺浩『近世日本社会と宋学』東京大学出版会、一九八五年、『日本政治思想史』東京大学出版会、二〇一〇年)。武士の生活習慣や儀礼に着目して中国と日本の文化的相違をいち早く説いたのは、丸山ももちろん参照している津田左右吉『文学に現はれたる我が国民思想の研究』全八巻（岩波文庫、一九七七～七八年、たとえば八の四二～四三頁を参照）である。

また平石によれば、徂徠における公私の区分はたかだか幕府（公儀）と藩のような所属集団の区別であって、およそ国家権力対個人の内面というようなものではない（平石直昭「戦中・戦後徂徠論批判」『社会科学研究』三九巻一号）。後年丸山は平石の説を受け入れながら、自分が執筆していた頃の「時代との緊張」について述べている（『定本 丸山眞男回顧談』上、二四〇頁）。学説は論駁されてこそ意義を持つものである。そうでなければ学問の進歩はない。本書が注目したのは丸山の資料の読み方と引用の仕方、論文構成の特徴、論旨の展開の仕方、文章の運びなどである。そこにいつまでも古くならない学問をする喜びが感じられないであろうか。

『矢部貞治日記』

丸山眞男が助手論文を書いていた頃の東京帝国大学法学部の研究室の雰囲気を知るのに有益な資料は『矢部貞治日記』である。すでに述べたように、矢部は小野塚喜平次の後を継いで一九二八年に政治学政治学史第一講座の担当者となり、三五年から二年間ヨーロッパに留学していた。彼の帰国は丸山の助手採用の直後だった。

矢部の日記は毎日欠かさず書かれていて、詳細である。吉野作造の日記も彼の行動を知るための貴重な情報源であるが、矢部の日記のほうが内面的であると言える。おそらく矢部が遺した最大の作品であろう。

まず丸山が助手論文を提出して助教授に昇任するあたりの記述を引用する。すなわち、一九四〇年四月一七日（丸山の論文が完結するのは『国家学会雑誌』の同年第五号であるが、もし普通の月刊誌のように前月の刊行であればすでに出ていたと思われる）。「明日の教授会に丸山君の助教授への推薦が出ること、思ふので、彼の論文を一応読んで置く。長いので済まず」。翌一八日の木曜日。「十一時前に出かけ電車の中で論文を読了した。非常に優れたい、論文だ。組織の把握など非凡なものを示してゐる。／本郷一丁目の森永で中食し、一時から教授会。南原さんから丸山君の推薦があった。僕は別に言ふ必要もなかった。／但し内規による審査委員会には、僕も南原、田中〔耕太郎、商法〕、小野〔清一郎、刑法〕〔一八九一～一九八六〕、宮沢〔俊義、憲法〕と一緒に委員にされた」[*32]。

論文の批評で「組織の把握など非凡なもの」というのは何のことだろう。徂徠の『政談』に見られる組織論（徂徠はこの点あたかも行政学者のように人事や服務規律について詳しく語っている）への注目に対するものであろうか。審査委員には五名のうち法律学者が三名含まれている。政治学者には他に高木八尺と岡義武がいたはずであるが、あえて専門の近さだけで選ばないところに法学部人事の慣例を感じさせる。

四月二二日。「研究室に行き、雑用をし、午後一時からは丸山君を助教授にする委員会が学部長室であり、田中、南原、小野、宮沢と僕、何人も異議なく可決にする」[*33]。そして五月二一日。「午後は教授会。丸山君の助教授への推薦は満場一致でパスした」[*34]。これらの記述からは丸山の助手論文が狭い専門を超えた先輩たちから高い評価を受けた様子がうかがえる。この後丸山は様々な困難を乗り越えて戦後を迎えることになるのである。
ところで矢部がヨーロッパ留学から帰国したのは一九三七年五月であり、六月に第一次近衛内閣が発足し、さらに七月に日中戦争（「支那事変」）が勃発する。後に第一次近衛内閣が総辞職し、平沼騏一郎内閣に代わる三九年一月の矢部の日記を見ると、一月七日、「五時から引続き昭和研究会の文化研究で、三木〔清〕氏の書いて来た「新日本の原理」をゲラ刷で再検討」とあり、翌八日、「今日は明日のY・W・C・Aの話しの準備でつぶれた。今迄は僕が一人でしゃべって来たが、これから学年末まではゼミナール式にして、生徒らに議論をさせようといふわけで、早速昨日の「新日本の原理」、即ち東亜共同体の原理をやる」と記されている。[*35] 矢部が三木らとともに近衛のブレイン組織である昭和研究会の重要な一員になっていたことがわかる。
しかしその一方で、直後の経済学部の河合、土方両教授に対する停職処分（平賀粛学）については、「教授会を無視して処置することになるらしい点は、南原教授の懸念される通り、将来に重大結果を齎らそう[*36]」と言い、ややあって、「河合さんは遂に起訴されるらしい。馬鹿げたことだ[*37]」と河合に同情的であり、約一年後に今度は津田左右吉が例の東洋政治思想史の講義がもとで著書が発禁になり出版法違反で起訴されると、「痛惜に堪へぬ[*38]」と述べる。ただし河合の処分に抗議する意味を込めて辞職した行政学の蠟山政道に対しては、同様に近衛新体制のブレインを務めるにもかかわらず、ジャーナリズムへの露出の仕方などに関して評価は辛辣である。加えて蠟山の辞職のために矢部は辻清明が担当するまでの五年間、行政学の講義も引き受けなければならなかった。[*39]
矢部自身も蓑田胸喜（一八九四〜一九四六）の原理日本社に関わる右翼学生の小田村寅二郎（一九一

四〜九九）から、政治学なのになぜ日本の政治原理の講義をやらないのかという攻撃を執拗に受けていた。そこで矢部は講義題目をより内容に即した「欧州政治原理」に代えたのだが、それがまた攻撃の的になった。[*40]

けれども、一九四〇年七月の第二次近衛内閣の成立前後から、矢部は多忙を極めることになる。六月二四日、翌年一〇月にゾルゲ事件で検挙され四四年一一月に死刑に処せられる尾崎秀実（一九〇一〜四四）から改めて近衛新体制のブレインになることを求められ、「快諾」し、早速「新政治体制の大綱」作りに協力する。七月四日、今度は後藤隆之助（一八八八〜一九八四）を介して「近衛公の要望で僕の人格を信じて重大なことを願ひたい」という依頼が来る。大命拝受に備えて「新党」および「新体制」のプラン作りであった。そして六日から九日まで軽井沢に滞在して近衛と面会する。[*41] プランのメモも日記にあるが、ここに紹介する必要はあるまい。近衛からの信頼は続き、翌四一年一月三日にも連絡を受けて長時間面談をしている。要件は前年一〇月に発足した大政翼賛会が内部の足並みの乱れで一向に機能していない状況の打開策である。「一国一党的なもの」の総裁に近衛がなろうとすることに矢部は反対したらしいが、「近衛自身は陣営を持たず、人のふんどしで相撲を取らうとするところに弱点があ」るという感想を記している。[*42]

こうして近衛内閣のブレインになり、また頻繁に高木惣吉ら海軍の関係者とも接触しているが、矢部の仕事の中心が大学にあったことは言うまでもない。四一年一〇月の近衛内閣の総辞職に関しては、「当然に予期せるところ。さてこれからだ」と書いている。矢部の考えは「戦争目的を明確に規定せよ」ということであった。[*43] しかし四年後、日本は壊滅的な打撃を蒙り、矢部は「無条件降伏に伴ふ国内措置の作業」にも関与する。[44]

戦争中の矢部の行動を追ったのは、ときの内閣のブレインとしての政治学者もしくは知識人の政治的関与の仕方という点では、あくまでも主体は政治家で学者は受動的であるという意味で昔も今も変わらないところに注目したかったからである。最近では、一連の政治改革の動きに対する何人かの政治学者の姿が思い浮かぶ。

政治学者の政治への関与の仕方について、矢部は日記に長い記述を残している。一九四一年二月一六日。「特に先日岡〔義武〕君が僕にあまり外に活動し過ぎると言ったことについて」。再三述べたように政治学の矢部と政治史の岡は同時に助教授、教授となった永遠のライヴァルだった。しかも矢部は師の小野塚と反対に実践的であり、岡は師の吉野と反対に書斎派であった。

その岡からの一言に日記の中で矢部は反駁する。「第一、僕は二つの講座を担任してゐる。行政学など僕の嫌がるのを無理に押しつけたではないか。試験の答案でも僕のが法学部でずばぬけて多いのだ」。第二に、演習の指導を熱心にやっている。第三に、緑会の評議員も熱心にやった。「第四に、学者の仕事として、国家の要求に協力することもその一つでなければならぬ。然るに近衛公の新体制運動の構想をやったのは正に僕であるし、その後法制局にも協力している。又海軍の相談役として果してゐる役割は決して小とは思はれぬ」。「第五に、学問上の労作といふ点なら、僕だけが甚だ少いといふ根拠がどこに在るか」。「第六に、今の時局に良心的な学問的労作がどの程度まで出来るといふのか」。「僕などはいつ大学をやめねばならぬかも判らぬと覚悟してゐる」。「一朝事あるときに学外で生きる途を考へねばならぬ[45]」。

しかるに敗戦の日はやって来た。一九四五年一一月三日、矢部は辞表を書く。「自分は本来軍国主義乃至極端な国家主義には反対で、民主主義及び国際平和主義の信奉者ではあるが、世界情勢の趨向から見れば、大東亜戦争は或程度の必然性を有し、日本の立場にも少くとも半分は大義名分があったと考へ、彼我戦争目的の合理化は傍観に依ってではなく寧ろ吾人の努力に依って為さるべきものと考へ、その意味での協力的態度を採った」[*46]。一二月一六日、かつて支えた近衛の服毒自殺を知って、「悲劇の主人公で同情に堪へぬが、正々堂々と所信を述べて貰ひたかった。僕なども大学をやめたのは、一つは近衛公の弁護をするつもりでのことで、聊かがっかりした」[*47]。

一二月一二日。「研究室に帰ったら、岡君がやって来て、非常に感慨をこめて訣別の言葉を述べてくれた。……／僕も暖い心持で、過去の友情に感謝し、僕の行動について心持を話し、学内のことで怠慢で外で活動し過ぎたことを詫び、併しこれは謂はば「政治学の運命」で、特に僕の様に政治学を政策学と見る立場では、大きな国家や世界の問題について態度を明かにするの必要に迫られるので、所詮吉野先生や蠟山さんの過去の結末を考へても、政治学といふものの運命を考へざる《ママ》を得る旨を述べて、握手して別れた。これは美しい。丸山君も僕の家に来て話したいといふし、不断は殆ど話したこともない来栖〔三郎、民法〕〔一九一二～九八〕君まで訪ねてよいかと言ふ」[*48]。

吉野作造はつとに亡くなり、小野塚喜平次も敗戦の前年に亡くなっていた。少し前に蠟山政道が大学を去り、今また矢部貞治が自ら戦争の遂行に協力した責任を取って退いた。南原繁と丸山眞男の時代が来るのだが、その前に丸山眞男の困難な道程を振り返らなければならない。

助教授に昇任して東京帝国大学法学部の正式のスタッフになった丸山は、『国家学会雑誌』の一九四一年七月、九月、一二月、四二年八月号と一年がかりで第二作「近世日本政治思想における「自然」と「作為」——制度観の対立としての」を著す。時間がかかったのは間の四二年四月に「福沢諭吉の儒教批判」、六月に「神皇正統記に現われたる政治観」を発表したからでもある。「「日本政治思想史研究」あとがき」では第一作と第二作は「密接に補充し合う関係に立」つと言うが[*49]、朱子学から徂徠学にかけての記述には重複もあり、なるほど「制度観」に関する「自然」と「作為」の二項対立は、後の「である」ことと「する」ことのように、あるいは「なる」と「つくる」と同じように明確に浮かび上がるが、第二論文はやや焦点が定まらない印象もある。

丸山が強調するのは、すでに助手論文でも徂徠の聖人の「彼岸性」として言及されていたが、ヨーロッパにおいても徳川時代においても自然的秩序観から作為的秩序観への転回は、むしろ合理主義から非合理主義への転換であるということであった。「聖トマスによって代表される盛期スコラ哲学からいわゆる近世哲学の最初の樹立者といわれるデカルトに至るまでの哲学史は神の絶対性＝超越性の強化の歴史であるということは一つの逆説的な真理である」[*50]。カルヴィンの「予定救済説」もまたそうである。[*51]

そして「自然的秩序思想の転換に際して、彼方に於て神の営んだ役割こそ、此処徂徠学に於ける聖人の役割にほかならぬ」[*52]。つまり作為の論理はいかなるイデアをも背後に背負わない絶対者を想定することによって初めて可能になる。それが中世の合理主義に対する近代の非合理主義の意味である。

ヨーロッパにおいて社会契約説が説かれる以前に「国家とは朕のことなり」と語る絶対君主が登場する所以である。絶対君主と社会契約説の人民は作為的秩序観において共通する。丸山は「真理に非ずして権威が法を作る」（Autoritas, non veritas, facit legem）というホッブスの言葉を後々まで好んで引用する。[*53] 要するに徂徠は封建社会の建て直しを企図したのであるが、そこにそもそも封建社会にふさわしいゲマインシャフトではなく、近代のゲゼルシャフト的秩序観という「魔物を呼び出し」てしまったのである。[*54]

その「魔物」の行方がどうなったかというのが、第二論文の以下の行論である。そこに登場するのは、まず社会から切り離された自然を反対に「拠り所」にして自らの思想を形成した本居宣長（宣長の位置づけは第一論文と変わらない）と、『自然真営道』の著者安藤昌益（一七〇三〜六二）である。昌益は「自然世から法世への歴史的転換は誰によって行われたか。外でもない聖人である」と考え、徂徠と評価はまったく逆であるが、法世への堕落の原因を同じく聖人の作為の結果とみなした。けれども昌益はその法世を再び自然世に転換させる「主体的契機」を欠くと丸山は見る。[*55]

第二論文の特徴は宣長の後、先の「魔物」すなわち作為的秩序観の行方を求めて、叙述が幕末近くの本多利明（一七四四〜一八二一）、佐藤信淵（一七六九〜一八五〇）、海保青陵（一七五五〜一八一七）らにまで行くことである。彼らに見られる商業の国家的経営（本多）とか、国内の制度の統一（佐藤）とか、一切の社会関係への商品交換の論理の適用（海保）とかはいずれももはや封建社会の論理ではなく、作為的秩序観に立つ絶対主義の論理に限りなく近かった。[*56] しかしそこには明確に限界もあった。丸山はこう述べる。

「畢竟するに、こうした近世末期の一連の制度改革論の変革性を制約した共通の特色は、それらがいずれも上から樹立さるべき制度であり、庶民はそこでなんら能動的地位を認められていないという事である。……徂徠学的「作為」の理論的制約――作為する主体が聖人或は徳川将軍という如き特定の人格に限定されていること――はまた彼等のものでもあった。……そこには「人作説」（＝社会契約説）への進展の契機が全く欠如していた」[*57]。

それはなぜか。「この様な作為の論理の停滞の社会的根拠が産業資本の成熟度の低さにある事」[*58]は明白である。「前期的商業資本による生産工程の支配を免れて逆にそれを自己に従属せしめるところの純粋な産業資本は徳川時代を通じて殆どいうに足る程の生長を遂げなかった」[*59]。こうして今日であれば「市民の不在」として表現されるところに、「人作説」すなわち「社会契約説」の不成立の最終的原因が求められた。ここでは一転して経済的決定論がとられているようでもある。

産業資本に先立つ商業＝高利貸資本を「前期的資本」と呼んだのは西洋経済史の大塚久雄（一九〇七～九六）であり、丸山はそれにならって「前期的国民主義」という概念を作り上げた[*60]。これは敗戦以前の最後に書いた一九四四年の論文「国民主義の「前期的」形成」（原題「国民主義理論の形成」。ただし「前期的」の用語は本文中ですでに使われている）のテーマになるが、丸山の中ではいわば国民経済と国民主義が成立する以前の二つの「前期的」段階が対応するものと考えられていたのであろう。

だが、経済と政治が単純な対応関係に立たないことは飛躍的な経済成長を遂げた戦後の日本が、また現在の中国が如実に示している。そこに社会契約説の歴史的事実の次元における虚構性と、にもかかわらず人間的権利の次元における有意味性が同時に存在する。

さて、ここに筆者の力ではまだ解明できない問題がある。丸山は慶應義塾の『三田新聞』の学徒出陣記念号である一九四三年一一月二五日号に中学（一中）時代の友人である林基から依頼されて、「福沢に於ける秩序と人間」と題された短い文章を寄稿した。文科系の大学生への徴兵延期が停止されて学徒出陣の壮行会が神宮外苑競技場で行われたのは一〇月二一日であるから、その直後である。そしてそれから七か月余り後に三一歳の丸山に召集令状が届くのである。三〇歳を過ぎた人でも召集されることは、小津安二郎（一九〇三～六三）が一九三七年に三四歳で召集されて二年間中国に送られ、大岡昇平（一九〇九～八八）が一九四四年に三五歳で召集されてフィリピンに送られていることでもわかる。東京帝国大学の助教授であることが召集の有無に何ら関係ないことが徴兵制の平等性を表している。南原繁は大学にとって必要不可欠の人材であることを理由に除隊の請願書を出したが、通じなかった。[*61] 当局の覚えがめでたくなるほどの国策に適った東洋政治思想史講座の担当者でなかったことは確かである。

学徒動員と同時に大学院特別研究生の制度が講じられ、それに通ったごく少数の者はなお召集が猶予された。国際私法の池原季雄（一九一九～二〇〇〇）、労働法の石川吉右衛門（一九一九～二〇〇五）、英米法の伊藤正己（一九一九～二〇一〇）、行政法の雄川一郎（一九二〇～八五）、民法の加藤一郎（一九二二～二〇〇八）ら、戦後の東京大学法学部の法律系スタッフにはこの制度の恩恵を受けた者が多い。助教授の丸山が召集される一方で、特別研究生たちは国家によって兵役を免除された。両者の大日本帝国に対する認識が異なっても当然であろう。

さて、解明を求められる問題というのは「福沢に於ける秩序と人間」の発表と丸山の召集の関連の有無である。丸山はこの文章で福沢を個人主義者か国家主義者かの二分法で捉えるのは誤りで、福沢は「個人主義者たることに於てまさに国家主義者だった」とし、「国家を個人の内面的自由に媒介せしめたこと」に彼の出現の思想史的意味があったと述べる。それが「独立自尊」、「一身独立して一国独立す」の意味である。[62]

丸山が強調するのは、「国家的秩序」は「国民」にとって決して「外的環境」ではないということである。それは「個人の内面的意識の裡に」基礎を持たなければならない。秩序は与えられたもの、「所与」ではない。それに「能動的に参与する」、「個人の主体的自由」によって形成される。丸山は一つの段落の前半一〇行ほどの文章の中に「個人的自主性」と「自主的人格」という言葉をそれぞれ二回ずつ使って、その点を強調する。[63]今この要約の中の言葉に引用鉤を頻繁に付けたのは、実際に丸山が用いている言葉を明示したかったからである。

ここで言われていることも、かつての学生時代の論文「政治学に於ける国家の概念」の末尾で「個人は国家を媒介としてのみ具体的定立をえつつ、しかも絶えず国家に対して否定的独立を保持するごとき関係に立たねばならぬ」と言われているのと同様の、南原繁譲りのドイツ理想主義的な国家論である。かつてと違って「今日の全体主義」に代えて「弁証法的な全体主義」を選択するという趣旨の言葉もない。しかし「個人の内面的自由」、「個人の主体的自由」、「個人的自主性」、「自主的人格」のオンパレードである。もちろん表現は玉虫色である。どの国であれ、強力な戦争国家はこうでなければならないであろう。奴隷による戦争の時代ではないのである。だから丸山のこの文章を総力戦に国民を動員するためのものと読む研究者もいる。[*64] しかし一九四三年にこれだけ「個人」や「自由」の語を並べた文章を発表すれば、当局の目を引いたに違いない。まして丸山は第一高等学校時代に長谷川如是閑の講演を聞くために唯物論研究会の講演会に出て検挙されて以来、マルクス主義の実際の政治運動には参加したことがないにもかかわらず、ずっと当局のブラックリストに載り続けていた。[*65] 丸山の古くからの友人であるコミュニストの永山正昭（一九一三〜九四）は、「丸山はあれを命がけで書いた」と言ったという。[*66]

丸山は一九四四年七月に二等兵として入隊して朝鮮半島に向かい、半月後に脚気のために内地送還が決まり一〇月末に帰国するが、四五年三月に再び召集されて広島の陸軍船舶司令部で敗戦を迎えた。八月六日の原爆投下の際は爆心地からわずか四キロのところにいたのだが、建物が熱と爆風を遮って奇跡的に無事だった。福田歓一は、多くの学徒動員兵が将校に志願する中で、丸山が「軍隊に加わったのは自分の意思ではないことを明らかにしたい」という理由から志願しなかった事実を、復員後まもなく自ら語ったことを伝えている。[*67]

運命の神はこうして丸山を戦争末期に二等兵として日本の軍隊に入れ、あたかもその組織を見るに人類学における参与的観察に匹敵する機会を与えて、戦後の社会に生還させた。この経験がそれまでの学問的研鑽に加えて、丸山の戦後に書くものに人間観察の深みをもたらしたことは疑いない。だがそれを見る前に、戦前・戦後の連続と断絶を考察するためにも、入隊の日の朝までかかって書いたという「国民主義の「前期的」形成」論文を一瞥しておきたい。

国民主義の思想

総力戦の進展を受けて、「臣民」でも「人民」でもない、「国民」シンボルが改めて当時の日本社会に流通するようになった。一九三七年の日中戦争勃発後の「国民精神総動員」がそれであり、四一年の小学校の国民学校への改称もその一環である。したがって「国民」も「国民主義」もとりあえず政府公認の用語であった。この言葉でどこまで国民の動員・参加のみならず政治的権利を主張できるかが問題であった。ちなみに国民主権を意味する「民主主義」はもちろん非公認である。

「国民主義の「前期的」形成」によれば、「国民主義」とは「国民的統一と国家的独立の主張」である。[*68] 前者は国民主義の対内的側面であり、後者は対外的側面である。「国民的統一」と言えば分立に対する統一であり、表向きは誰も反対しない表現であるが、内容的には自由で平等な国民の創出であり、徳川時代におけるような縦の身分制と横の地域的割拠の打破を意味する。福沢諭吉が『学問のすゝめ』第四編で「日本にはただ政府ありて未だ国民あらずと言うも可なり」と述べたのは有名な話であるが、明治初年にまだ存在していなかった国民が果たしてその後にいかにして誕生したのか、あるいは誕生しなかったのかは重要な問題である。他方、「国家的独立」も誰も反対しない表現であるが、独立を超えてそれが対外的侵略に至る境目は、これも明治時代に徴して必ずしも明確ではない。

丸山は徳川時代の農工商の庶民が政治的な関心も責任もまったく持たず、「政治的秩序はどこまでも彼等の外部から彼等に対して与えられる」事態を描いている。[*69] 先に見た「福沢に於ける秩序と人間」と同様の問題意識である。かつて庶民にとって秩序はまったく所与であり、彼らは秩序の主体ではなくて客体であった。支配層は幕末に外国勢力の脅威が高まると、それと被支配層の結託を何よりも警戒した。[*70] それでは近代国家すなわち国民国家は作れない。
そこで対外的脅威の中から「「前期的」国民主義思潮」[*71] が登場する。段階的に言えば、海防論と富国強兵論と尊皇攘夷論である。最後の尊皇攘夷論には公武合体論と結び付く「諸侯的攘夷論」と、倒幕に結び付く吉田松陰（一八三〇～五九）らの「書生の尊皇攘夷論」がある。[*72] 会沢正志斎（一七八二～一八六三）ら後期水戸学の攘夷論は対外的危機に臨んでむしろ名分的秩序を正すことを求めた。「姦民狡夷」という言葉が示す被治者への不信もしくは愚民観が背後にある。[*73] しかるにペリー来航後の吉田松陰は一君万民的国家観に到達した。それでも「国家的独立のための国民的統一」に求められる頂点への政治的集中と底辺への政治的拡大のうち、幕末における以上のすべての議論は前者の強調にとどまった。[*74] 丸山が「「前期的」国民主義」と言う所以であった。そこに福沢諭吉の出現が待たれる所以が存在した。しかし確かに福沢は登場したけれども、以後同時代的に「大東亜戦争」と呼ばれた戦争の終盤に至るまで、日本の「国民主義」の状態は、その「上から」性において幕末とさほど変わらないと丸山は考えていたのではなかろうか。すでに「福沢に於ける秩序と人間」にも、「いわゆる官尊民卑、また役人内部での権力の下に向っての「膨張」、上に向っての「収縮」[*75]」という指摘が見られた。こうした日本人の精神構造は戦後に改めて鋭く描かれることになる。

「超国家主義の論理と心理」

丸山眞男の活動が最も旺盛だった時代を考察するにあたって、本書は決して彼の著作を網羅的に検討するものではないことをお断りしておきたい。[*76] むしろ絞ることによって、筆者の観点からの丸山像を浮かび上がらせたい。試みにもし丸山の全作品の中から五本を選べと言われたら、これまでに見た戦前編では助手論文（一九四〇年）と「福沢に於ける秩序と人間」（一九四三年）、そしてこれから扱う戦後編では「超国家主義の論理と心理」（一九四六年）と「三たび平和について第一章・第二章」（一九五〇年）と「選択のとき」（一九六〇年）であろうか。もし一〇本なら、それに「科学としての政治学」（一九四七年）、「軍国支配者の精神形態」（一九四九年）、「日本におけるナショナリズム」（一九五一年）、「日本の思想」（一九五七年）、「忠誠と反逆」（一九六〇年）を加える。『現代政治の思想と行動』に収められたものが多いのは、丸山の狭義の政治学関係の論文に触発された筆者の偏向かもしれない。著作集もあり、アンソロジーも何種類かあるが、やはり丸山が自ら手がけた論文集で読むことを好む。その意味では『現代政治の思想と行動』も最初に出たときの上下二冊本で読むと、特に上巻は日本ファシズム論で統一されていて、戦後の逆コースの時代に直面する丸山の緊張感が伝わる。歴史的な資料としてはこれ一巻だけを文庫本にしてほしいが、おそらく未来社が版権を永久に手放さないであろう。

何と言っても、「超国家主義の論理と心理」（『世界』の一九四六年五月号だから、四月上旬に出たはずである）である。一九八九年に「昭和天皇をめぐるきれぎれの回想」が出たので、今日では我々は丸山がこの論文を書くにあたって、それまで信奉して来た天皇制の「重臣リベラリズム」的理解から脱却するために「半年も思い悩んだ」ことを知っている。[*77] 確かに彼はポツダム宣言の受諾直後に陸軍船舶司令部の参謀から「陛下はどうなるのか」と問われたときには、君主制と民主主義は両立すると答えていた。[*78]

「超国家主義の論理と心理」はいくつもの対立項の一方を否定することで成り立っている。まずこれは未来のヴィジョンを描くことではなくて、近い過去の清算である。現在は過去の積み重ねの結果であるから、この作業はどのようにして現在が成り立っているのかの解明である。丸山自らがラッサールの言葉を挙げて述べているように、それがあって初めて未来が切り開かれる。なるほど文末に「日本軍国主義に終止符が打たれた八・一五の日はまた同時に、超国家主義の全体系の基盤たる国体がその絶対性を喪失し今や始めて自由なる主体となった日本国民にその運命を委ねた日でもあったのである」とあって、しばしばこの命題の正否が問われるが、これはいわば予祝の言葉であって本論ではない。

次にこの論文は事態の政治学的、精神構造的分析であって、社会的、経済的背景の分析ではない。そして政治は経済的要因によってだけではなくて、精神的、心理的契機によっても動くのである。このことが、兵士が日常的に接していた「作戦要務令」などの文章、あるいは国民に天皇制イデオロギーを注入する『臣民の道』などにおける表現を用いて鮮やかに指摘される。

そして丸山によれば日本の超国家主義は決して昭和戦前期の一時的なものではなく、少なくとも明治の近代国家建設のときから天皇制国家の国家構造の中に埋め込まれたものであった。教育勅語がその最も明らかな証拠である。丸山は『現代政治の思想と行動』の「追記」の時点で、「天皇制的精神構造の病理」を「非常時」の「例外現象」と見る津田左右吉の見解に異議を唱えている。*79 否、そもそも「超国家主義の論理と心理」はそれが載ったのと同じ『世界』の前月号に津田が発表した「建国の事情と万世一系の思想」に学問的に挑戦する意図を込めて執筆された。論文の初出時の末尾には「一九四六年三月二二日」という擱筆の日付けがある。「遅筆のぼくにしては一週間足らずで一気に書い」たというから、[*80]最終的に筆を執ったのは三月中旬である。書くとなると何日も徹夜して一気に書く丸山である。

国民主権と戦争放棄を定めた政府の憲法改正草案が突如として発表されたのは三月六日である。それを目にしただけでなく、おそらく三月上旬には出た津田の論文も読んだに違いない。仮に読んでいなくても、津田たちオールド・リベラリストの世代が天皇を中心とする文化国家の理念を抱いていたことはよく知っていたはずである。やはりオールド・リベラリストに属する田中耕太郎の推薦に基づいて、『世界』の編集長の吉野源三郎から執筆の依頼を受けたのは年の初めであった。丸山は、日中両国の文化的相違を指摘し、記紀神話を歴史的事実ではなく物語とみなす実証的学風の津田、かつて初代の非常勤講師として東京帝国大学法学部で行った東洋政治思想史の講義を助手として右翼学生の攻撃から守った津田が、にもかかわらず「「われらの天皇」はわれらが愛さねばならぬ。国民の皇室は国民がその懐にそれを抱くべきである」[*81]と言うのに、真向から挑戦したのである。

さて、ここで注目したい丸山が否定する最後の対立項は「重臣リベラリズム」である。「超国家主義の論理と心理」は、一見すると軍部および日本ファシズムの指導者とそれに操られた民衆の精神構造に対する批判に読める。したがって戦前においても天皇機関説すなわち立憲君主制説を信奉していた「重臣リベラル」と昭和天皇自身を批判の対象から外しているようにも思える。つまり戦後日本の再出発においても、かの「天皇機関説」に戻ればよいのではないか。この点は後に久野収が戦前の天皇制国家における「顕教」と「密教」という分析概念を用いて、前者を初等教育における教育勅語を通じた天皇現人神の天皇観、後者を高等教育における大日本帝国憲法の立憲君主制的解釈とする定式を提出[*82]して以来、より共有されやすくなった見方であると言えよう。

しかし違うのである。つまり晩年に回想される敗戦直後の丸山の思い悩みというのは、自らも支持した戦前の「重臣リベラル」の立憲君主制説が決して真の意味での、すなわち議院内閣制の擁護という意味での立憲君主制説ではなく、ただ天皇に責任を及ぼしたくないという動機から発するもの、したがって次第に状況に流されていくものでしかなかったことに対する反省であった[*83]。だから昭和天皇ならびに「重臣リベラル」もまた後に「無責任の体系[*84]」と命名される戦前日本の国家構造ならびに精神構造の呪縛から逃れられなかったのである。丸山もまたその中にあった。それだけに天皇制のマインド・コントロールを解くことはより困難であり、そうした困難を自ら乗り越えて書かれた文章であったからこそ、「超国家主義の論理と心理」は単なる啓蒙ということを超えて大きな反響をもたらすことになったと考えられる。

ヨーロッパの近代国家が外面的なものと内面的なもの、公私を峻別するカール・シュミットのいわゆる「中性国家」であったのに対して、近代日本の「国体」は天皇を政治的権力と同時に道徳的権威の中心に位置づけることによって成立した。政治と道徳は切り離されない。政治は絶えず倫理的粉飾を伴うとともに、道徳もまた現実的効果の観点から評価される。公私の区別がないから、国家は個人の内面に自由に介入するとともに、逆に公的なものの中に私的なものが無制限に流れ込む。そして天皇からの距離が人間の価値を決める。そうした精神構造において、人は皆「一方から規定されつつ他方を規定する」「抑圧の移譲」の関係の中にある。天皇もまた皇祖皇宗という伝統の権威を背負っているに過ぎない。かくて「主体的責任意識」はどこにも存在しない。丸山が自ら経験した軍隊がそうした日本社会の縮図であるとともに、社会が全体的に、またそれをどんなに細かく砕いても各々の部分が結晶構造のように同じ権力構造および精神構造を持っている。[*85] 足下の日本の政治のかつてなかった鋭い分析である。

かつて丸山は徳川時代の荻生徂徠に近代的な作為的秩序観の萌芽を見出したはずであった。それがあれほどの大きな戦争を起こしたのに、日本中のどこにも自由な主体が存在しない。かつての研究を「微視的」もの、戦後の問題意識を「巨視的」なものと言って区別しているけれども、どうして日本の近代はそのようなことになってしまったのか。

文献的研究だけでなくあたかも参与的観察の経験がこの文章には生きている。資料的に思想家の思想ではなく主に政治的パンフレットの類が使われることによって、人々の日常的な政治意識がどのように教導されていったかがよくわかる。この論文を読んで藤原弘達（一九二一〜九九）は「私のような学徒動員者や皇国史観の影響を受けていたような人間に対して、それをある程度観念で表現した場合にはどういうものになるかということを説明してくれた[*86]」と述べ、萩原延寿（一九二六〜二〇〇一）は「私たちの精神にとっての「戦後」が始まった[*87]」と言い、京極純一は「知的な自己理解を経て精神的な自己解放に至る知的な通路が、ひとつ、開放された。復員して半年の学生であった私が、この論文を読んだときの衝撃と昂奮は、今でも思い出すことができる[*88]」と語り、坂本義和（一九二七〜二〇一四）は「「今どう生きるか」という内面的な問題意識と、社会科学的な方法による分析とが、不可分につながっている[*89]」と指摘する。こうして彼らは皆政治学者になった。

日本ファシズム論

敗戦から五年間ほどの丸山の執筆活動は超人的だった。「超国家主義の論理と心理」に始まる一連の日本ファシズム研究があり、「科学としての政治学」や福沢研究を含む学問論があり、「明治国家の思想」や「陸羯南」のように明治時代の健全なナショナリズムを辿った論文がある。多くの座談会にも出席して印象的な発言を残しているばかりでなく、もちろん東京大学法学部で東洋政治思想史の講義も担当していた。

日本ファシズム論としては、そのイデオロギーの特質を家族主義と農本主義に求め、小工場主、土建請負業者、小売店の店主、学校教員、下級官吏ら「擬似インテリゲンチャ」と、都市のサラリーマン、文化人、学生ら「本来のインテリゲンチャ」の両方から成る「中間層」のうち、主に前者にファシズムの担い手を見出した「日本ファシズムの思想と運動」[*90]があり、また東京裁判における被告たちの証言から「既成事実への屈伏」と「権限への逃避」という二つの特徴を抽出し、かくて成り立つ「無責任の体系」が「神輿」と「役人」と「無法者」の三者（不在なのは決定を下し責任をとる政治家である）を構成要素とすることを述べた「軍国支配者の精神形態」が有名である。[*91]

時代的にファシズムに先立つナショナリズムの問題については、「アジア諸国のうちで日本はナショナリズムについて処女性をすでに失った唯一の国である」とし、「ひとり日本はその勃興—爛熟—没落のサイクルを一応完結した」とみなしている点、[*92]かつて述べたような「前期的」ナショナリズム」が「ブルジョワ・デモクラシーの諸原則との幸福な結婚の歴史」を知らずに性急に帝国主義と結び付いた点、[*93]それが敗戦後に「量的に分子化（アトマイズ）され、底辺にちりばめられて政治的表面から姿を没した」[*94]とされている点、今後の展望として「ナショナリズムの合理化と比例してデモクラシーの非合理化が行われねばならぬ」[*95]と述べられる点など、巧みな比喩に満ちた鋭い洞察を残している。

なお一言すれば、すぐ後に述べる福沢研究もそうであるが、敗戦直後の丸山には「明治国家の思想」や「陸羯南」のように勃興期の明治国家のナショナリズムを高く評価する視点があり、完全に講座派マルクス主義的ではないと言うべきか、日本近代の光と影をともに捉える複眼的思考が存在していたことを見落とすべきではない。

学問論

敗戦直後の丸山（だけではないが）に特徴的なことは、学問論があることである。それは彼が一方で行っていた政治学や政治思想史の研究を、悲惨な戦争と敗戦という時代的変化の中に自ら位置づけることであった。そのようなものとしてまず「科学としての政治学」があり、福沢諭吉に関する二本の論文があり、いくつかの有名な座談会での発言がある。

「科学としての政治学」はそもそも本書が考察の出発点に置いた作品である。なぜ丸山はこのようにあっさりと戦前の日本の政治学の「不妊性」を指摘することができたのか。丸山自身も「政治学という学問は日本では一番奮わない」と言われた経験を持つらしいが、自分でも「学問としての目鼻だちも定かでないもの」、「発育不良」、「「復活」すべきほどの伝統を持っていない」などと述べ、「我国に関する限り、そもそも「政治学」と現実の政治とが相交渉しつつ発展したというようなためしがない」と言い切っている。[*96] 小野塚喜平次や吉野作造や南原繁を見てきた我々にとっては、この丸山の批判をそのまま受け取ってよいものか。また政治学は現実の政治とどこまで交渉を持つべきなのか。
丸山の主張は明確である。政治学の「不妊性」は必ずしも政治学者の責任ではない。なぜならばあらゆる学問の中で国家権力を裸にする政治学という学問は政治と文化の接点に位置するのであり、およそ学問の自由が拘束されていた天皇制国家においてはそもそも発達の余地がなかったのである。歴史を見ても政治学が発達したのは古代のギリシアとかルネナンスのイタリアのようにポリスや都市の政治的自由が花開いたところであった。[*97]
学問の自由が認められず、天皇制国家の下で議会政治や政党政治が「戯画化」していた戦前の日本では、政治学はヨーロッパの学界の動向を追いかけるか、方法論のための方法論にエネルギーを費やすかしかなかった。しかしこれからは肝心の足下の日本の政治的現実の分析に取り組まなければならない。[*98]
この丸山の戦前の日本の政治学に対する総括が圧倒的な説得力を持ったのは、何よりも直前に「超国家主義の論理と心理」という近い過去の日本の国家構造とそれを支える精神構造の鮮やかな分析が提出されていたからであった。それはまさに足下の日本の政治的現実の徹底した解明であった。そこではなるほどホッブスやシュミットらが開発した諸概念が分析のための道具として使われていたが、身近な資料を用い、経験的観察からもたらされた「抑圧の移譲」などの手作りの概念も現実を分析するモデルとして目に見えるような形で用いられていた。政治学とは本来こういう学問なのだということを、政治学者のみならず多くの読者に伝ええていたのである。

「科学としての政治学」の後半は社会科学の方法論である。マックス・ウェーバーによる客観的な社会科学的認識の可能性についての議論が踏まえられ、丸山が学生時代から親しんで来たカール・マンハイムの「存在拘束性」の議論が紹介される。学問は「宣伝価値」ではなく「真理価値」にこそ仕えるべきであり、結局自らの「存在拘束性」に鋭く自覚的な者が、それゆえにかえって学問的真理に近づくと言われる。*[99]

この時期の丸山の福沢論もまた学問論である。丸山は生涯において繰り返し福沢を取り上げており、一九五二年の「福沢諭吉選集第四巻解題」が政治論ないしは国際政治論であるのと比べて、敗戦直後の二つの論文は照明を当てる角度が異なっている。その中で丸山は「すべての時代、すべての社会は、夫々典型的な学問を持っている」と言う。*[100] トーマス・クーンのパラダイム論の先取りのようでもあり、またマンハイムの知識社会学経由の「思考範型」という概念に以前から関心を寄せてきた丸山ならではの命題でもある。さらに丸山が、必ずしも政治学を戦後日本の学問の典型にしようと意図したわけではないであろうが、自ら取り組む学問の位置づけに極めて自覚的であった証拠であり、実際にも政治学は戦後民主主義の時代を代表する学問になった。

徳川時代の「実学」から福沢の「実学」への転回は、中心的な学問の倫理学から物理学への転回であった。しかしそのことは「「倫理」と「精神」の軽視ではなくして」、新たなるそれらの確立である。物理学を含む自然科学の精神とは、認識の主体である人間が対象である自然から自らを切り離し、対象を客観的に再構成する試みである。*[101] そして自然的秩序に向かうそうした精神は、やがて社会的秩序に対しても同様の働きを生むであろう。後には対象の人為的操作という意味で環境破壊の懸念さえもが言われる議論であるが、丸山の意図するところは秩序は決して所与ではなく、人々の主体的、能動的参与によって形成されるという年来の秩序観の表明であった。

この項の終わりに、敗戦直後の有名な座談会における丸山の学問論に関する発言を三つ紹介したい。まずは一九四七年の大塚久雄、川島武宜（一九〇九〜九二）らとの「新学問論」。そこで丸山は明治の日本に「真に近代的のものがあったというのですか」という大塚の問いに「もっとありそうな気がするのです」と答えて、「それでなければ例えば文学者にしても漱石などという人が生れるはずはないと思う」と述べている。[*102] 川島、大塚、丸山の立場はしばしば日本の近代の未成熟を指摘する「近代主義」とか「欠如論」とか言われるが、その度合いは丸山が一番小さかったように思われる。

次に一九四八年の清水幾太郎（一九〇七〜八八）、林健太郎（一九一三〜二〇〇四）らとの「唯物史観と主体性」。このマルクス主義者、フロイト主義者、主体性論者（ウェーバー主義者）という三つの立場がまるで台本で決められた配役のように絡んでいる座談会で、丸山はそれぞれの立場が依拠する価値意識を明確にせよと執拗に述べる一方で、「とにかく、唯物論者と観念論者と話しあって了解しあえるということを、どこまで信じられますか。この問題は人間性をどこまで信ずるか、人間の理性の普遍性をどこまで信ずるかの問題だ」と言っている。[*103] 敗戦直後というのはこのように瑞々しい議論が行われていた時代なのであった。

最後に日本政治学会の年報政治学の一九五〇年創刊号に載せられた蠟山政道、堀豊彦らとの「日本における政治学の過去と将来」。ここで丸山は「私はヨーロッパと日本の政治学の非常に違う点は、政治学の基礎に人間論がないということじゃないかと思うのです[*104]」と言う。これは一九四八年の「人間と政治」の冒頭で、プラトンからニーチェまで「政治を真正面から問題にして来た思想家は古来必ず人間論（アントロポロギー）をとりあげた」と言っているのと対応するが、これまた先輩の政治学者たちを前にして何と基本的な問題提起であることか。国家が先か政治が先かの概念論争をくぐり抜けてきた世代の人々に対して、丸山の目から見て何が欠けていたかを突き付けるかのような指摘であった。概念からではなくて、生身の人間の分析から始めるべきこと。人間に対する飽くことなき興味なくして、政治学は成り立たないのである。[105]

平和論

丸山は東京帝国大学総長に就任した南原繁が宮沢俊義、我妻栄、大内兵衛、矢内原忠雄らを集めて学内に作った憲法研究委員会の最も若いメンバーだった。四六年三月六日にそれまで伝えられていたものとまったく異なる内容の政府の憲法改正草案要綱が発表されると、「メンバーもみんなびっくりしてた」と振り返っている。丸山自身も「いちばん予想外だったのは、第九条の戦争放棄ではなく、第一条の人民主権でした」と言う。しかし丸山は「政府にコミットする気にはなれなかった[106]」。「新憲法自体に批判的じゃなかった。にもかかわらず、「憲法普及会」に参加するということは、やっぱりいやだった[107]」。「猫もしゃくしも民主革命といってワァワァいう気分に反感をもっていた[108]」。

すでに述べたように、丸山は戦争に迎合しなかったオールド・リベラリストたちに敬意を表しつつ、彼らが抱く天皇中心の文化国家の理念には批判的だったが、憲法改正が「外から」「上から」進められることには、むしろオールド・リベラリストたちと同様に反発を抱いていた。美濃部達吉のような天皇機関説の保持者は大日本帝国憲法の立憲君主制的、議院内閣制的運用が十分可能であると考えていたから、憲法改正必要なしの立場であった。この点で微妙なのは美濃部の弟子の宮沢で、彼は『世界文化』一九四六年五月号の「八月革命と国民主権主義」（後に「日本国憲法生誕の法理」と改題）で、「降伏によって、つまり、ひとつの革命が行われたのである。敗戦という事実の力によって、それまでの神権主義がすてられ、あらたに国民主権主義が採用せられたのである[*109]」という法理を用意した。

この「八月革命」説は一見すると先の丸山の「超国家主義の論理と心理」の末尾の言葉に近い。そこで丸山は日本軍国主義および国体の終焉と自由な日本国民の誕生を告げていた。宮沢が丸山の解釈を丸山の了解の下に発展させたという見方も存在する[*110]。両者はともに東京帝国大学の憲法研究委員会のメンバーであったから、当然にコミュニケーションも存在したはずである。しかし「革命」と言うからには担い手が存在しなければならない。丸山の規定があくまでも事態を先取りする予祝であり、下って六〇年安保当時の「八月十五日にさかのぼれ」という「復初の説」に至っても、なお未完のプロジェクトであった所以である。つまり宮沢説は天皇主権の大日本帝国憲法に国民主権の日本国憲法を接続させる、言い換えれば主権の変動という本来憲法改正の範囲にとどまらない変革を改正の範囲内に収める法的安定性の観点から、占領軍のイニシアティヴを「革命」の名をもって事後的に正当化する試みであったわけである。

これに対して先に南原繁の貴族院における質問演説でも見たように、南原にとっても「日本の政治的基本性格」が変更されたかどうかは重要な問題であった。政府側は要するに政体（憲法の内容）は変わっても天皇制（君主制）という国体は変わらないという答弁に終始した。もし変更を認めれば文字通り革命が起きたことになり、大日本帝国憲法に基づいて天皇の大命降下により職に就いた自分たちがそこにいるはずはなかったからである。

変更を認めさせようとする南原においても、占領軍の他に変更の担い手が存在しないことは明らかであった。つまり南原にせよ丸山にせよ、もちろん両者の民主主義観にはコミュニタリアンとリベラルほどの距離が存在したが、政治学者は法律学者に比べて事態の例外性（革命性ではなく）をより端的に承認せざるをえなかったと思われる。法的安定性の観点からはありうべからざることも、政治的次元においてはありうることであったからである。もちろん承認は正統化とは異なる。事態の説明としてしばしば用いられる比喩であるが、占領軍はルソーのいわゆる「立法者」の役割を演じたのである。そうした出自を持つ日本国憲法をどのように運用するかが、日本国民のその後の課題であった。

さて、丸山が平和主義の理論化に取り組んだのは、一九四八年末の平和問題談話会の結成をきっかけとする。米ソ冷戦の激化に伴って対日占領政策の転換が進み、憲法改正・再軍備の逆コースの路線が始まろうとしていた。四九年一〇月の中華人民共和国の成立から翌年六月の朝鮮戦争の勃発にかけての時期が危機の頂点であった。アメリカにおけるレッド・パージの動きは日本にも及び、五〇年一月のコミンフォルムによる日本共産党批判を受けて同党が武装闘争方針に転ずるやいなや、左右の対立は恐怖が恐怖を生む悪循環に突入した。丸山が平和問題談話会の「三たび平和について第一章・第二章」を執筆したのはそのときであった。しかしこれはあくまでも平和問題談話会の三回目の声明として発表されたから、限りなく丸山の単独執筆に近い作品であることは長い間明らかにされず、したがって『現代政治の思想と行動』にも収められなかった。

朝鮮戦争が勃発して東西の緊張が高まる中で『世界』一九五〇年一二月号に発表された「三たび平和について」で、丸山は何よりも「思考方法が平和の問題に重大な関係を持つこと」を強調した。[111]確かに「われわれのものの考え方自体におけるさまざまの根本的変化」[112]とか「思惟様式の根本的変化」[113]の必要は、抽象的な形ではもともと平和問題談話会結成の契機となったユネスコからの八人の社会科学者の声明や、談話会の第一回の声明にもうたわれていた。しかし丸山の文章ではそれが国際政治の認識の仕方において抜群の説得力を発揮する。

すなわち続く「問題提出の仕方によってその処理の方向が変化すること」の項では、「われわれは、世界政治を動かしている複雑な諸条件のなかから、米ソの対立の激化という傾向だけをとり出して、これを一方的に強調するような言論と思考からは、平和をより危殆ならしめる現実的効果しか生れないと考える故に、そうした一刀両断的な考え方にどこまでも反対する」と述べられる。そもそも「主体的立場と全く無関係な「客観的認識」などというものはありえない。問題をどう設定するかによって、現実処理の方向が変化する」[114]。

これは希望的観測とか、現実主義に対する理想主義ということではない。丸山はこの時期のあらゆる機会を捉えて、政治的現実の流動性、可変性、多元性ということを言っている。[115]そのどこを見るか。どの可能性を伸ばすかがまさに政治である。「ある自由主義者への手紙」は同時期の主に国内政治に言及した論文で、「三たび平和について」と対になるものであるが、そこでもイデオロギーから「天降り的に」現実を見ることの危険性が指摘されている。自由主義を守るという名目で言論の自由が制限されることもあるし、「和気靄々」の民主主義が実際は抑圧的な「ボス的支配」であることもある。要はイデオロギー論ではなくて、具体的な人間関係や行動を見よという政治過程論である。だから「僕は少くも政治的判断の世界においては高度のプラグマティストでありたい」という命題が導かれる。共産党を弾圧することは、他ならぬ「西欧的意味での民主化」、「西欧の市民的民主主義」を発達させて行くことの妨げになるのだ。[*116]

「三たび平和について」に戻る。丸山は「二つの世界」の対立にも、イデオロギーとしての自由民主主義と共産主義の対立、西欧国家群と共産主義国家群の対立、米ソの対立の三つの次元があると言い、イデオロギーが対立するからといってそれらを掲げた国家が直ちに戦争を始めるわけでなく、現に第二次世界大戦は米英仏ソ連合国の民主主義対日独伊のファシズムという別の戦いだったのであり、各々の国家群の中も実は多元的で、米ソ両国もまた国家理性の観点から共滅よりは共存を選ぶ契機があることに注意を促す。[*117] そもそも原子力兵器の発達によって、戦争はもはや手段としての意味を失ったというのが議論の出発点であった。[*118]

こうして「三たび平和について」は戦後平和論の原点となった。それは決して道徳的観点からの絶対平和主義の主張ではない。ほぼ同時期に丸山は福沢諭吉の政治論における「状況的思考」について述べていて、そこでは福沢の「自然法から国家理由への急激な旋回」が指摘されている。[*119]「国家理由」もしくは「国家理性」は一種のマジック・ワードであるから、それにより国家のいかなる行動をも正当化する危険性があるが、丸山のそれは政治的リアリズムの別名であって、少なくとも福沢は後の軍国支配者のように「国家理性」の行使に道徳的粉飾を凝らすようなことはなかったというのが結論であった。[*120] つまり「三たび平和について」とこの時期の福沢論は、リアルな政治的思考とは何かという問題意識において一貫していた。福沢の思想の中にも万国公法を重んずる立場と、権力政治を認める立場の両面があり、「状況的思考」がその二つをつないでいたと考えられる。

だから日本の安全保障をめぐっては、一九六〇年代にあたかも坂本義和の「中立日本の防衛構想」（一九五九年）と高坂正堯（一九三四～九六）の「現実主義者の平和論」（一九六三年）に鋭く分かれる[*121]ことになるのであるが、思考方法もしくは議論の進め方に関する限り、両者はともに丸山の平和論に淵源を有すると言ってもよいのである。議論の分かれ目は、勢力均衡という国際政治上の概念が依然として有効性を持つか否かというところに存在した。坂本が核戦争の危機を訴えたのに対して、高坂は局地戦争の可能性を依然として認めており、古典的な勢力均衡論の立場に立っていた。

なお、一つには、安易に妥協や折衷を図るより、国際関係を見る場合においても国内政治においても、左右に分極化したほうが結果として均衡が生まれるという政治の力学も働いていたように思われる。この点は吉野作造を論じたところでも最後に触れた。丸山の場合は、彼が時論をあまり書かなくなった一九六〇年代になって著した「憲法第九条をめぐる若干の考察」において、第九条を「政策決定の運動場のまわりにめぐらせた塀あるいは柵」のようなものとみなすのではなくて、進んで「政策決定の方向づけ」として用いるべきであると説いていて、[*122] 理念を現実に関わらせるリアルな政治的思考が六〇年安保以後も依然として息づいていたことがよくわかる。

一九五〇年代後半の転換

『中央公論』一九五一年一月号に「日本におけるナショナリズム」を発表したところで、丸山は肺結核のために長期の療養を余儀なくされる。一年後に復帰して、『政治の世界』や『日本政治思想史研究』を刊行するが、五四年一月に再発し、同年九月、一〇月の手術を経て、五五年いっぱいは再び療養生活を送った。かつての軍隊生活と同様に研究の中断を強いられたわけであるが、「三年くらい療養生活して、また少し貯金ができた*123」と言っている。強い精神にとっては、悪い環境はないということであろうか。

復帰してまもなく一九五六年一二月と五七年三月に『現代政治の思想と行動』上下二冊が刊行される。未来社という当時はまだ無名の出版社から出ることになった背景には、木下順二(一九一四〜二〇〇六)の『夕鶴』を出すために弘文堂から独立した(正確には弘文堂のアテネ文庫から出るのだが、社内に反対と混乱があった。未来社の出版第一号はその『夕鶴』である)西谷能雄(一九一三〜九五)と、丸山、木下、そして五三年に『経済学の生誕』を同社から出した内田義彦(一九一三〜八九)らの、演劇好き、音楽好きの共通項を有する親密なつながりがあった*124。

本格的な復帰後に丸山は、一九五七年中に出た『岩波講座現代思想』の第五巻に「反動の概念」を、第一一巻に「日本の思想」を発表する。前者はハンガリーの自由化を求める運動をソ連が戦車で弾圧したハンガリー事件を受けて、「反動を第一義的に革命的状況にたいするものとして規定することの意味はやはりもう一度考慮されねばならぬであろう」と述べて、進歩と反動の両極のいずれもに対して、抵抗という第三の行動の意義を説くものであった。丸山の念頭には福沢諭吉が「日本国民抵抗の精神」として評価した西郷隆盛の西南戦争があった。[*125] この観点は一九六〇年の「忠誠と反逆」論文にも受け継がれる。そこでは「封建的忠誠」が体制の維持ではなくて体制の変革につながった事例が分析されるし、福沢についても『学問のすゝめ』や『文明論之概略』の福沢でなく、『丁丑公論』や『瘠我慢の説』の福沢が描かれる。

「日本の思想」論文は、研究テーマを『現代政治の思想と行動』に収められた諸論文のような現代日本政治の分析から日本政治思想史の研究に再設定しようとする矢先に執筆されたものである。[*126] まだこの論文には明確には現れていないが、思想史研究への復帰は、同時に縦の発展段階論的な見方から横の文化接触という見方への、言い換えれば変化に着目する歴史主義的な見方から持続に着目する構造主義的な見方へのアプローチの転換を伴っていた。[*127] その意味でも「日本の思想」論文は、多くの人が認めるように、「前期丸山」から「後期丸山」への転換点に立つ作品である。

「日本の思想」の中心テーマは、日本においては思想が蓄積されない、思想史が構造化されないという問題である。外来思想はファッションの流行のようにどんどん入ってくるが、それらと伝統思想との対決がない。西洋思想だけでなく仏教も儒教ももともと外来思想であるから、それらをすべて取り除いてみると、本来の意味での伝統思想が何であるかも実はよくわからない。「縦にのっぺらぼうにのびた布筒」という比喩が用いられる、神道もしくは固有信仰の世界である。[*128] そのようにあらゆる思想の「雑居」を許す思想的風土では、キリスト教やマルクス主義のように原理的、体系的な一貫性を求める思想が最も反発を招く。

後年の「歴史意識の「古層」」になると、この隠れて見えないが外来思想を常に変形させる文化的基底が「古層」と呼ばれ、宿命的なトーンを帯びるようになる。「日本の思想」では「自由な認識主体」と「倫理的な責任主体」と「秩序形成の主体」という三つの意味での「人格的主体」を生むことが「私達の「革命」の課題」だと言われていて、まだ変革の可能性が残されている。[*129]
「日本の思想」論文は「前期丸山」の最後にも「後期丸山」の最初にも位置づけられる。思想史研究への復帰という意味では、この後に書かれる「開国」や「忠誠と反逆」につながるものである。しかし「日本の思想」は「「である」ことと「する」こと」などとともに、丸山の作品としては異例に早く岩波新書『日本の思想』に収められた。新書だから参観も容易であった。ちなみに六〇年安保はその間の出来事である。これに対して「忠誠と反逆」は一九六〇年の初出から三二年経ってようやく論文集『忠誠と反逆』に収められたのである。つまり丸山の思想史研究の新たな方向性は長い間気づかれにくかったと言える。一九六〇年代の東京大学での日本政治思想史の講義ではもとより新しいアプローチが採用されていたが、それが広く公開されるのは丸山の没後の一九九八年になってからだった。
丸山の意図にもかかわらず、『現代政治の思想と行動』の刊行によって思想史家ではなくて政治学者丸山眞男のイメージはますます広まったし、続いて起きた六〇年安保はそのイメージの流通に拍車をかけた。加えて他の知識人たちと同様に安保改定に強い危機感を覚えた丸山は、例外的に短期間に多くの講演を行った。『丸山眞男集』には年代順に著作が収められているから、その第八巻を見ると、「忠誠と反逆」と状況的発言である「選択のとき」や「復初の説」が同じ一九六〇年という年の作品として並んでいる。

一九五〇年代末の丸山の国内政治に関する状況認識を知るためには、一九五八年の「政治的判断」という講演を見るのが最も有益である。「「である」ことと「する」こと」とほぼ同時期の講演であるが、岩波文化講演会で行われたそちらが岩波新書『日本の思想』に収録されて直ちに有名になったのに比べて、信濃教育会で行われたこちらは『丸山眞男集』が出るまで多くの人の目には触れなかった。そこで丸山は「リアルに見れば、社会主義建設というものは全然政治的日程には存在しません」とはっきり言っている。「社会主義建設を革新政党がいっているとすれば、よほど頭がのぼせ上がっている証拠です」とさえ。[*130]

丸山によれば当時の革新政党がめざすべき目標は日本国憲法の定着であり、それは平和と民主主義という戦後的価値に対する「保守感覚」の上にこそ求められるべきものであった。[*131]「丸山学派」の一人に数えられる大衆社会論の松下圭一（一九二九〜二〇一五）は岸内閣によって警察官職務執行法の改正が企図されたこの年に「忘れられた抵抗権」を書き、「現段階では、抵抗の思想は直接社会主義革命へと結合されるよりも、自由・民主主義擁護へと結合されて、はじめて政治的現実性をもつ」[*132]と述べているが、その点では丸山と認識を同じくしていたと言える。なお、松下はこの論文で（戦後の民主主義ではなく）「戦後民主主義」という言い方をしていて、これはこの言葉の早い使用例である。

もとより丸山は戦後日本の平和主義のパラダイムの創設者として、岩波書店に新たに作られた国際問題談話会の活動などを通じて、日米の軍事的協力の強化に他ならない安保改定に反対していた。しかし彼が強い危機感を抱いたのは、一九六〇年五月一九日の衆議院における新安保条約の強行採決を契機にしてであった。

そうした丸山の事態の捉え方は「議会制民主主義に照らして見た場合に、最小限どういう問題点が指摘されるか」[*133]という問題設定に最もよく現れている。強行採決に際しては「あの夜を境いとして……これまでとまったく質的に違った段階に入った」[*134]と述べた丸山であった。「権力が万能であることを認めながら、同時に民主主義を認めることはできません」。「なによりもまず、権力にたいする私たち国民の安全を保障するために、あらゆる意見の相違をこえて手をつなごうではありませんか」[*135]。

しかし新左翼の全学連主流派や彼らを支持した清水幾太郎や吉本隆明（一九二四〜二〇一二）らのように、革命的なあるいは直接的な行動によって新安保条約の成立を阻止できるとは考えていなかった。すでに「政治的判断」の講演でも述べていたように、事態を「勝ち負け二分法」で見るな、「その法が成立する過程において抵抗が強ければ強いほど、できた法の運用をする当局者は慎重にならざるをえない」のであった[*136]。運動側において丸山たち「市民派」と、清水たち「安保派」もしくは「革命派」が激しく対立した所以である。

しかし「市民派」も「革命派」も、もともと社会党や共産党などの既成の左翼政党が大衆社会化や「ゆたかな社会」化の中で手詰まり状態に陥ったことに対する打開の試みとして生まれたものであった。その意味では共通の出生の由来があるだけに、特に運動の先鋭化をめざす「革命派」からの「市民派」に対する非難は強まった。「ゆたかな社会」の認識と革命的行動とは矛盾するから、そこに転向の契機も存在したわけであるが、六〇安保を短期決戦と見れば直接行動にも少なくとも危機的事態を象徴化する意味はあった。

「革命派」は「市民派」を「既成左翼」なかんずく共産党の同伴者とみなしたが、共産党がこの時代はソ連共産党に従う国際共産主義運動の一環で反米的であったのに対して、「市民派」はナショナリズムとデモクラシーの結合を唱えてはいても、アメリカの帝国主義にはともかく自由民主主義に対しては反米的ではなかった。その意味では「市民派」にとっても「革命派」と同じく敵はあくまでもアメリカではなく、ファシズムを想起させる岸内閣であった。

六〇年安保時の丸山の発言には、自らも述べるように運動の組織化の論理に基づくものや事態の見透しだけでなく、「事件の意味づけ」が含まれていた。[137]「選択のとき」にも「一方の極に赤裸の力が凝集したと同時に、他方の極においては、戦後十数年、時期ごとに、また問題別に、民主主義運動のなかに散在していた理念と理想は、ここにまた、一挙に凝集して、われわれの手に握られた[138]」という言葉があった。それが「復初の説」では「五月二十日を忘れるな」と言い、「敗戦の直後のあの時点にさかのぼれ、八月十五日にさかのぼれ」と述べられる。「私たちが廃墟の中から、新しい日本の建設というものを決意した、あの時点の気持というものを、いつも生かして思い直せ[139]」。

確かに「超国家主義の論理と心理」の結びには「今や始めて自由なる主体となった日本国民」という言葉があった。一四年の歳月を経て二つのメッセージは共鳴し合った。一九六四年に『現代政治の思想と行動』の増補版が刊行されたときには、「大日本帝国の「実在」よりも戦後民主主義の「虚妄」の方に賭ける[140]」とも述べられた。これらの一連の意味付与からは、近い過去の呵責ない分析家ではなく、将来に向けた戦後民主主義の物語の製作者としての丸山眞男の姿がうかがわれる。

一九六〇年代末の東大紛争における丸山批判は、一部において六〇安保当時の新左翼の「革命派」による「市民派」の総帥丸山に対する批判を引き継いでいた。全共闘系の学生たちからは今や自民党から共産党までのすべてが体制派であり、その体制を支えるイデオロギーが戦後民主主義であった。丸山に狭くは東大当局の決定の、広くは日本の政治のあり方のすべての責任が及ぶことはありえないが、すでに一定程度の戦後的経験の蓄積が見られる以上、次世代がそうしたそれまでの時代的経験の象徴に丸山を選んだことにもまったく理由がないわけではなかった。戦争中の「福沢に於ける秩序と人間」以来、あれほど折に触れて再三自らのマニフェストのような文章を発表してきた丸山が、東大紛争に関してだけは没後に公開された手記を別にしてほとんど一言も語らなかったことも、これまで丸山の著作を読んできた人々の不信を増大させたと思われる。

一九七一年三月に肝臓の疾患のために定年まで三年を残して辞職した際に『日本経済新聞』の記者に伝えた最後の言葉は、「もう少し健康が回復すれば、また大学の図書館にも出掛けて、勉強しますよ……。学問以外能のない男ですからね」[*141]だった。そしてそれからも四半世紀にわたって丸山の学問的活動は続いた。没後も文字通り断簡零墨に至るまで、彼の手がけた著作や発言が刊行され続けている。丸山眞男の名前が戦後日本に新しい政治学を誕生させた人として、そして戦後民主主義の最大の思想家として、歴史に刻まれることはまちがいない。

註

＊1　丸山眞男「南原繁著作集第四巻解説」『丸山眞男集』第一〇巻、一二九～一三二頁、「日本思想史における「古層」の問題」『丸山眞男集』第一一巻、一五五～一五六頁。

＊2　丸山眞男「南原先生を師として」『丸山眞男集』第

一〇巻、一七七～一八〇頁、前掲「日本思想史における「古層」の問題」一五七～一五九頁。
＊3　丸山、前掲「日本思想史における「古層」の問題」一六〇頁。丸山眞男「原型・古層・執拗低音」『丸山眞男集』第一二巻、一一三頁にも同様の回想がある。
＊4　津田左右吉宛書簡（一九四〇年六月二日）『丸山眞男書簡集』一（みすず書房、二〇〇三年）三頁。
＊5　篠原一、丸山眞男、三谷太一郎「岡義武——人と学問」『丸山眞男座談』9、二四一～二四四頁。古在由重、丸山眞男「一哲学徒の苦難の道」『丸山眞男座談』5、二一九、二二三～二二四頁にも同様の回想がある。
＊6　丸山眞男「政治学に於ける国家の概念」『丸山眞男集』第一巻、三一頁。
＊7　同右、二四頁。
＊8　『定本 丸山眞男回顧談』上、五一、五七～五八頁。
＊9　同右、二〇九～二一〇頁。『定本 丸山眞男回顧談』下、三七～三九頁。
＊10　丸山、前掲「南原先生を師として」一七九頁。なお、「「日本政治思想史研究」あとがき」（『丸山眞男集』第五巻、二八八～二八九頁）では、丸山は自らの論文作成に当たって西洋の社会科学の中ではマンハイム、ウェーバー、ボルケナウの三人の著作が有益だったと述べている。
＊11　『定本 丸山眞男回顧談』上、二三六～二三七頁。
＊12　『定本 丸山眞男回顧談』下、一四～一五頁。
＊13　丸山、前掲「日本思想史における「古層」の問題」一六〇頁。
＊14　丸山眞男「近世儒教の発展における徂徠学の特質並にその国学との関連」『丸山眞男集』第一巻、一二七～一二九頁。
＊15　同右、一三三～一三五頁。
＊16　同右、一三七～一三八頁。
＊17　同右、一四三～二五六頁。徂徠をマキアヴェリに比肩した部分は、二〇四～二〇五頁。
＊18　同右、二九九頁。
＊19　同右、三〇〇～三〇一頁。
＊20　同右、一九二～一九七頁。
＊21　同右、一九八～二〇一頁。
＊22　同右、二八〇頁。
＊23　同右、二〇一～二〇九頁。
＊24　同右、二二二～二二三、二二五～二二九頁。
＊25　同右、二六〇頁。
＊26　同右、二八五、二九三頁。
＊27　同右、二九五～二九六頁。
＊28　丸山、前掲「南原先生を師として」一九〇頁。
＊29　丸山、前掲「近世儒教の発展における徂徠学の特質並にその国学との関連」二四四～二四六頁。
＊30　同右、二四六～二四九頁。

*31　同右、二五四〜二五六頁。
*32　『矢部貞治日記銀杏の巻』（読売新聞社、一九七四年）三〇二頁。なお、丸山は「南原先生を師として」の中で、この講演の直前に刊行された『矢部貞治日記』について、「これを読んで、私もあらためてその当時の雰囲気とか事態の深刻さを想起させられた事が少くありません」（『丸山眞男集』第一〇巻、一八二頁）と述べている。
*33　前掲『矢部貞治日記銀杏の巻』三〇三〜三〇四頁。
*34　同右、三〇六頁。
*35　同右、一八二〜一八三頁。
*36　一九三九年一月一九日。同右、一八五頁。
*37　二月二四日。同右、一九七頁。
*38　一九四〇年三月一一日。同右、二九三頁。
*39　一九三九年四月一九日。同右、二一一頁、一九四四年二月二五日、同右、六九一頁。
*40　一九四〇年六月二二日、二三日。同右、三二一〜三二二頁。なお、丸山眞男、福田歓一編『聞き書 南原繁』（東京大学出版会、一九八九年）二二五〜二三一頁に、当時の矢部に関する南原、丸山、福田の言及がある。
*41　前掲『矢部貞治日記銀杏の巻』三二三、三二七〜三二九頁。
*42　同右、三八四〜三八六頁。
*43　一九四一年一〇月四日、一六日、同右、四六一、四六五頁。
*44　一九四五年八月一〇日、同右、八三〇頁。
*45　同右、三九八〜三九九頁。
*46　同右、八五六頁。
*47　同右、八七一頁。
*48　同右、八六九〜八七〇頁。
*49　丸山、前掲「『日本政治思想史研究』あとがき」二八七頁。
*50　丸山眞男「近世日本政治思想における「自然」と「作為」」『丸山眞男集』第二巻、四五頁。
*51　同右、四六頁。
*52　同右、四七頁。
*53　同右、四八頁。このホッブスの言葉は「超国家主義の論理と心理」でも引用される（『丸山眞男集』第三巻、二四頁）。
*54　丸山、前掲「近世日本政治思想における「自然」と「作為」」四九頁。
*55　同右、六四〜六五、七一頁。
*56　同右、九五〜一〇五頁。
*57　同右、一〇七頁。
*58　同右、一〇八頁。
*59　同右、五七頁。
*60　丸山、前掲「『日本政治思想史研究』あとがき」二

九二頁。
＊61　前掲『聞き書 南原繁』二六五頁。
＊62　丸山眞男「福沢に於ける秩序と人間」『丸山眞男集』第二巻、二一九〜二二一頁。
＊63　同右、二二〇〜二二一頁。
＊64　代表的なのは、中野敏男『大塚久雄と丸山眞男』（青土社、二〇〇一年）。
＊65　この出来事について丸山は繰り返し語っているが、さしあたり『定本 丸山眞男回顧談』上、六七〜八二頁を参照。
＊66　『定本 丸山眞男回顧談』下、一五九頁。西尾勝、野島幹郎、丸山眞男、森馨一郎「丸山先生を囲んで」『丸山眞男座談』7、五三頁。
＊67　福田歓一『丸山眞男とその時代』（岩波ブックレット、二〇〇〇年）二九頁。
＊68　丸山眞男「国民主義の「前期的」形成」『丸山眞男集』第二巻、二二八頁。
＊69　同右、二三二頁。
＊70　同右、二四〇頁。
＊71　同右、二四五頁。なお、初出の論文でもここに「「前期的」国民主義」の言葉が使われている（『国家学会雑誌』第五八巻第三号、一〇六頁）。
＊72　同右、二五五頁。
＊73　同右、二五七頁。
＊74　同右、二六四〜二六五頁。
＊75　丸山、前掲「福沢に於ける秩序と人間」二二一頁。
＊76　これまでに筆者が丸山眞男を論じたものに、都築勉『戦後日本の知識人——丸山眞男とその時代』（世織書房、一九九五年）、『丸山眞男への道案内』（吉田書店、二〇一三年）、『丸山眞男、その人——歴史認識と政治思想』（世織書房、二〇一七年）がある。
＊77　丸山眞男「昭和天皇をめぐるきれぎれの回想」『丸山眞男集』第一五巻、三五頁。
＊78　同右、三三頁。古くは、丸山他「戦争と同時代」『丸山眞男座談』2、二〇六〜二〇七頁。また、『定本 丸山眞男回顧談』上、一一〜一四頁。
＊79　丸山眞男「現代政治の思想と行動第一部追記および補注」『丸山眞男集』第六巻、二四九頁。
＊80　丸山他「戦争と同時代」『丸山眞男座談』2、二一三頁。
＊81　津田左右吉「建国の事情と万世一系の思想」『世界』一九四六年四月号。
＊82　久野収、鶴見俊輔『現代日本の思想』（岩波新書、一九五六年）の久野収執筆による「Ⅳ日本の超国家主義」一三三〜一三四頁。なお、丸山は早い時期にこの久野の見方には疑問があることを表明している（梅本克己、佐藤昇、丸山眞男『現代日本の革新思想』『丸山眞男座談』6、四七頁）が、そこでは理由は語られ

ていない。おそらく後に「昭和天皇をめぐるきれぎれの回想」で述べられるような、「密教」の担い手であるはずの「重臣リベラル」に対する批判があったのだと思われる。

＊83　丸山、前掲「昭和天皇をめぐるきれぎれの回想」二九頁。
＊84　丸山眞男「軍国支配者の精神形態」『丸山眞男集』第四巻、一四〇頁。
＊85　丸山眞男「超国家主義の論理と心理」の全文を参照。『丸山眞男集』第三巻、一七〜三六頁。
＊86　藤原弘達『弘達エッセンス』一「実践としての政治学」（講談社文庫、一九八四年）一九二頁。
＊87　萩原延寿「戦後の出発点」『中央公論』一九六四年一〇月号。
＊88　京極純一「丸山眞男「超国家主義の論理と心理」」『世のため、ひとのため』（毎日新聞社、一九九八年）七七頁。
＊89　坂本義和『人間と国家』上（岩波新書、二〇一一年）九〇頁。
＊90　丸山眞男「日本ファシズムの思想と運動」『丸山眞男集』第三巻、二七三、二七五、二九六〜二九七頁。
＊91　丸山、前掲「軍国支配者の精神形態」一一六、一四〇〜一四一頁。
＊92　丸山眞男「日本におけるナショナリズム」『丸山眞男集』第五巻、五九頁。
＊93　同右、六六頁。
＊94　同右、七四頁。
＊95　同右、七五頁。
＊96　丸山眞男「科学としての政治学」『丸山眞男集』第三巻、一三三〜一三六頁。
＊97　同右、一三六〜一三八頁。
＊98　同右、一三六、一三八〜一三九、一四三〜一四四頁。
＊99　同右、三五二、三五六頁。
＊100　丸山、前掲「福沢に於ける実学の転回」四四頁。
＊101　同右、四五〜四七頁。
＊102　丸山他「新学問論」『丸山眞男座談』1、五〇、五二頁。
＊103　丸山他「唯物史観と主体性」同右、一二六頁。
＊104　丸山他「日本における政治学の過去と将来」蠟山政道『日本における近代政治学の発達』（新泉社、一九六八年）付録、三二五頁。
＊105　丸山眞男「人間と政治」『丸山眞男集』第三巻、二〇七頁。
＊106　丸山眞男「戦後民主主義の原点」『丸山眞男集』第一五巻、六四、六六頁。
＊107　丸山眞男、鶴見俊輔「普遍的原理の立場」『丸山眞男座談』7、一〇四頁。
＊108　丸山他「戦争と同時代」『丸山眞男座談』2、二一

六頁。
＊109　宮沢俊義「日本国憲法生誕の法理」『憲法の原理』（岩波書店、一九六七年）三八四頁。
＊110　松本健一『丸山眞男八・一五革命伝説』（河出書房新社、二〇〇三年）四六〜四七頁。『日本思想史事典』（丸善出版、二〇二〇年）の篠田英朗「「八月革命」の真偽」（六五六〜六五七頁）は宮沢の目的を、自らの転向の正当化と、あくまでも日本国民が日本国憲法を制定したという論理構成に見出している。
＊111　丸山眞男「三たび平和について第一章・第二章」『丸山眞男集』第五巻、一一頁。
＊112　「平和のために社会科学者はかく訴える」『世界』臨時増刊「戦後平和論の源流」一〇〇頁。
＊113　「戦争と平和に関する日本の科学者の声明」同右、一〇四頁。
＊114　丸山、前掲「三たび平和について」一三頁。
＊115　丸山眞男「「現実」主義の陥穽」『丸山眞男集』第五巻、一九四〜一九七頁、丸山眞男「政治的判断」『丸山眞男集』第七巻、三一九頁。
＊116　丸山眞男「ある自由主義者への手紙」『丸山眞男集』第四巻、三一九、三二二〜三二七、三三〇、三三二〜三三三頁。
＊117　丸山、前掲「三たび平和について」一五〜二一頁。
＊118　同右、七〜一一頁。
＊119　丸山眞男「福沢諭吉選集第四巻解題」『丸山眞男集』第五巻、二一一、二三六頁。
＊120　同右、二四〇頁。
＊121　ここで触れた戦後日本の平和論に関する文献は酒井哲哉編『リーディングス戦後日本の思想水脈』一「平和国家のアイデンティティ」（岩波書店、二〇一六年）に収められていて有益である。
＊122　丸山眞男「憲法第九条をめぐる若干の考察」『丸山眞男集』第九巻、二六〇〜二六一頁。
＊123　丸山他「丸山先生を囲んで」『丸山眞男座談』7、五三頁。
＊124　内田義彦、木下順二、野間宏、丸山眞男、西谷能雄「未来社の一五年・その歴史と課題」『ある軌跡——未来社二〇年の記録』（未来社、一九七二年）。
＊125　丸山眞男「反動の概念」『丸山眞男集』第七巻、一〇八〜一一〇頁。
＊126　この問題関心の再設定について丸山は繰り返し述べている。古くは丸山眞男「「日本の思想」あとがき」『丸山眞男集』第九巻、一一二頁。後に丸山眞男「原型・古層・執拗低音」『丸山眞男集』第一二巻、一〇九〜一一一頁。丸山はそこで日本政治思想史以外の著作を「夜店」と表現した。
＊127　丸山、前掲「日本思想史における「古層」の問題」一七九〜一八一頁、丸山、前掲「原型・古層・執拗低

音」一二二～一二四頁。

＊128　丸山眞男「日本の思想」『丸山眞男集』第七巻、一九三～二〇七頁。

＊129　同右、二四二～二四四頁。

＊130　丸山、前掲「政治的判断」三三三、三三五頁。

＊131　同右、三三五頁。なお、「現代政治の思想と行動第一部追記および補註」（『丸山眞男集』第六巻、二九三頁）では「「新憲法」は今日相当広い国民層において一種の保守感覚に転化しつつあ」るという状況判断を述べている。

＊132　松下圭一「忘れられた抵抗権」『現代政治の条件増補版』（中央公論社、一九六九年）一九二頁。

＊133　丸山眞男「この事態の政治学的問題点」『丸山眞男集』第八巻、二八三頁。

＊134　丸山眞男「選択のとき」『丸山眞男集』第八巻、三四七頁。

＊135　同右、三五〇頁。

＊136　丸山、前掲「政治的判断」三四四頁。

＊137　丸山眞男「増補版現代政治の思想と行動追記・附記」『丸山眞男集』第九巻、一七一頁。

＊138　丸山、前掲「選択のとき」三五〇頁。

＊139　丸山眞男「復初の説」『丸山眞男集』第八巻、三五七～三五八頁。

＊140　丸山眞男「増補版現代政治の思想と行動後記」『丸山眞男集』第九巻、一八四頁。

＊141　『日本経済新聞』一九七一年三月二四日。

第5章

京極純一　または観察者精神の形成

上：京極純一〔『NHK 市民大学テキスト　日本人の秩序像』〕
中：神島二郎〔共同通信社提供〕
下：岡義達〔『東京大学法学部　研究・教育年報 7』〕

丸山と京極

丸山眞男が戦後日本に新しい政治学を確立したために、多くの政治学者が誕生した。すでに前章で「超国家主義の論理と心理」を読んで政治学の道を志した人々の言葉を紹介した。あたかもトーマス・クーンが言うパラダイム革命に続く当該学問の「通常科学」化のプロセスである。そもそもパラダイム革命は従来の思考方法では現実への対応が困難になり、既成の問題への新たな解答ではなく、そもそも何が問題なのかの新たな発見に基づいていた。あのように無謀な戦争に日本を駆り立てたものは何であったのか。日本の侵略戦争を止めることができなかったのはなぜなのか。優秀な人材が当該学問分野に集まり、多くの論文が生産され、標準的な教科書が制作され、全国の大学に関連の講座が新設される。そのような一連のプロセスである。その意味では戦後日本のすべての政治学者は丸山眞男の弟子である。同時代的に言えば、すべての漫画家が手塚治虫（一九二八～八九）の弟子であるように。

ゆえに政治学の裾野が飛躍的に広がったわけであり、本来検討すべき人々も多数に上る。しかしここではその中から京極純一を取り上げる。その理由は京極が狭い意味で「丸山学派」と言われる日本政治思想史の専攻者ではなかったこと、しかし政治史や政治学史や国際政治ではなくて丸山と同じ現代日本政治の研究者かつ計量政治学の開発者であり、思想史研究にも通じていてしかも丸山のアプローチとは異なるアプローチを得意としたことによる。

京極純一は独特な観察眼を持つ人である。京極の処女作は一九五二年に『思想』に三回にわたって連載された「現代日本における政治的行動様式」である。その最初の著書は一九六一年刊行の『南原

繁先生古稀記念 政治思想における西欧と日本』(下) 収録の論文をもとにした六六年の『植村正久』である。そして少し後の七〇年の彼自ら「愛着の深い本」[*1]と言う「ことわざ心景」の副題を持つ『文明の作法』がある。以上の三つが形作るフィールドが京極政治学である。それにおそらく彼が最も精力を注いだであろう計量政治学の分野における「世論調査と母集団の信頼領域」(一九七五年)や「世論調査とマルコフ連鎖モデル」(一九七七年)などの作品があり、長年の東京大学法学部における政治過程論の講義の成果をまとめてベストセラーになった一九八三年の『日本の政治』がある。他にも長短様々なエッセイがあり、中にはいわゆる進歩的知識人の啓蒙的姿勢を鋭く批判した作品もあるが、彼自身も自覚的にアカデミズムとジャーナリズムの二つの世界で活躍した。

中村哲、丸山眞男、辻清明を編集責任者として一九五四年に平凡社から刊行された『政治学事典』はそれ自体が戦後政治学のパラダイムの確立を示す金字塔であったが、京極はそこで「政治意識」の項目を執筆している。その中の言葉、「人間意識の機能は、生の意味の安定した保証を理論的合理化正統化と自我関与とによって求める、という点にある」[*2]という定義づけは、上に挙げた作品を含む京極の全著作を貫く問題関心である。言うまでもなく「生の意味」は信仰を含む極めて広い概念であり、さらに理論の次元のみならず「自我関与」の次元にも目が向けられているところに特徴がある。

京極の最初の論文集が『政治意識の分析』という表題を持つように、「政治意識」は京極政治学のキーワードである。英語圏では普通に政治的態度 (political attitude) とか政治的意見 (political opinion) と呼ばれる概念に「政治意識」という言葉を当てるのは日本に独特であり、それはまた政治思想と言う場合とも異なって体系化された思考ばかりでなく、無意識の領域や情動的要素をも含む概念である。そうした対象を扱うことに伴って、京極の方法的関心は統計学のみならず心理学、民俗学、宗教学などにも及ぶ。もし丸山の方法が京極の言うような「了解モデル」であるとすれば、京極の方法はそれを統計学と民俗学で挟み込むような「ブラック・ボクス・モデル」である。[*3]

丸山の方法が病理解剖学的所見による対象の解析であるとすれば、京極の方法は中を開けたり覗いたりせずに中にある物や心の性質を探る手法である。「了解モデル」がカール・ドイチュの言葉として京極が紹介する「文芸的印象記述的」性格を色濃く持つとすれば、[*4]「ブラック・ボクス・モデル」に基づく統計学的検定はより方法的、限定的な知識の獲得を目的とする。「かりに単に自明なことが確認されたにすぎないとしても、ここでえられたことは「方法的」にえられたものであることを見落してはならない。政治学においても、大切なものは方法的な知識であるからである」[*5]と京極が自負する所以である。

しかしすぐれた研究者の処女作がそうであるように、行動論的政治学の草分けである京極の「現代日本における政治的行動様式」にも、後年の京極政治学を構成する諸要素がすでにもれなく含まれている。それは京極がその後に手がけるあるタイプの論文と異なり、読者に専門研究者のみを想定するものではない。一九五一年の高知県知事選挙の事例分析である点で、実態調査とデータの分析と解釈という三つの要素[*6]を兼ね備えるが、前の二つだけでなく解釈にも十分な分量が割り当てられている。その部分には「石が流れて木の葉が沈む」とか「兄弟垣にせめげども、外には敵の侮りを招かず」のような諺や、「できた人間」や「大人」などの独特な概念が登場する。[*7]京極が名づける「了解モデル」の正否は「生産者の側の説得と消費者の側の納得とによってきまる」[*8]のであり、消費者の理解は「人間性」を媒介とする「寓話ないし蔵言に収束する」ことも稀ではないからである。[*9]

さて、「現代日本における政治的行動様式」は、「中間層的な政治的行動様式（political behaviour）」[*10]の分析である。高知県における「中間層というのは山地主・富農・中農・中小業者・網元、およびこうした人々と出身・意識・経済的地位などが共通な中下級官公吏・教師・団体役職員・自由業者などのことであり、その下にいる社会層とは、こうした中間層を支配層とする「自然村」に住む貧農・舟子・中小企業従業員・官公庁雇傭人などのことである」[*11]。もちろんその上に少数の本来の支配層が存在するがゆえに、彼らは中間層である。しかし行動論的政治学にしては、この「中間層」の規定は丸山の「擬似インテリ」の定義にも似るが、例示的で曖昧である。

実はこの京極の論文には『思想』発表当時や『政治意識の分析』収録時には省かれた第一章があり、それは「高知県における社会的経済的事情」として東京大学教養学部の『社会科学紀要』（一九五二年）に発表されている。これは多くの図表を用いて表題について分析したいわば全体の序論であるが、そこでは「高知県の社会構成」として「支配層を山脈にたとえるならば、かなり強く商業に傾斜した地方のブルジョワと有力な中小企業家とがその主脈であり、農村には自作兼地主兼山地主が、町には町工場の親方、大商店主、漁村には網元、山には現場の親方といった「有力者」イコール中間層が、しばしば資金と姻戚とによって主脈とつながる支脈をなしているであろう。こうした山脈の谷には、貧農、徒弟、舟子、中小企業の従業員、零細商工業者などが、恐らくは相互に孤立しながら住んでいる」[*12]という規定がある。それを前提にして「こうした体制的安定には、その主導層に応じた日なたと日かげとが必ず作られるものである。そして、木は実によって知られるように、日なたと日かげとを見定めることによって主導層を推定することができるのである。この日本の場合には、後にのべるように、日なたは重・化学・工業独占企業体とそれを支える独占金融資本に、日かげは中小業者、勤労者、農民にあると大体推定できる」[*13]とされる。

重複を恐れずに引用をしたのは、京極がその処女論文の執筆当時において、むろん実態調査に基づいた上で、いかなる社会認識を有していたかを確認するためである。一九五一年という時点での調査であり、また高知県という四国の一地方を対象としたために、京極の「作業仮説」は意外にもかなり文学的であるばかりでなく、マルクス主義的、階級社会モデル的であり、もしそうでないとしても日本社会を前近代からの連続性で捉える見方である。それではそうした「社会的経済的事情」からどのような「政治的行動様式」が導かれるのであろうか。

京極によれば町工場の工場主と徒弟、網元と舟子などの人間関係は「日常経験の教える通り」親子にたとえられる（親分・子分、親方・子方）。そうしたグループは家に擬制されるが、それは大家族であるよりは「同族団」である。[*14]そこには紛争を「なるべく内輪に穏便に」解決しようとする「閉鎖性」があり、価値基準は外部、世間から借用され、それに則った有力者すなわち「できた人間」、「大人」の間の話し合いで物事が決まる。[*15]「同族団」ではなくて（行政村と区別された）「自然村」のモデルを使用すれば、以上のような政治的行動様式はさらによく説明できる。そこでは有力者である「できた、えらい人」と「小者」の関係が上下に幾重にも連鎖している。「名望家・有力者層は、上位の力および秩序に依存して、下位にあり自分が支配している自然村を制圧する機能と、自分が支配する自然村を代表して、上位の力および秩序に抵抗する機能とを――具体的には様々な差はありながら

——混在させている」[16]。これも丸山の「抑圧の移譲」に似た人間関係であるが、京極のほうが後年の『日本の政治』に至るまで、下位に置かれた集合体、最終的には個人にも霊力（「一寸の虫にも五分の魂」）に基づいた対等、抵抗の契機が認められていて、必ずしも上から下への一方的移譲でない点[17]が興味深い。

一九五一年の高知県知事選挙では、四七年の知事選挙で当選したものの直後に公職追放に遭い退職した無所属で野党連合応援のK候補が、自由党現職のM知事を二万票差で破って当選した。京極はこの知事選挙に「名望家政党」と「大衆政党」という「二つの魂」を持つ日本の政党の実態を見る。すなわちいずれの政党も市町村に支部を持つような「大衆政党」もしくは「組織政党」ではない。選挙は「政党本位」ではなく「人物本位」で戦われ、「地方自治における政党性の排除」の傾向が広く見られる[18]。当時の自由党は講和条約を締結したばかりの吉田茂内閣の政権政党であり、各種の選挙では平均した強さを誇っていた。しかも高知県全県区は一九四七年以来、総選挙における吉田自身の選挙区でさえあった。しかしこの知事選挙に限って言えば、敗北を喫したのである。

全国的な規模の政治や選挙では政党の知名度が物を言う側面があると同時に、地域に降りれば降りるほど人物本位や政党色の排除が有力なスローガンとなる。ちなみにこれは二〇二〇年の現在においても特に地方において顕著に認められる傾向である。京極の分析は、「圧倒的優位をほこる自由党にしても、他の各政党にしても、その地盤は、町村有力者層の支持と活動とに依存し、その得票は、党機関の日常活動によっていないで、有力者層の圧力の転用と人気ある候補者へのファン投票によっているのである。この場合において、投票の構造的な浮動性の転轍手《ポインツマン》の機能を果し、全国的規模の選挙において政党をうけいれるのが、有力者＝中間層の行動様式である」[19]というものである。そして以上のような有権者の投票行動、と言うよりはむしろそれと政党の選挙キャンペーンをつなぐ有力者＝中間層の政治的行動様式を説明するために、「自然村」的人間関係のモデルが用いられたわけである。それはあくまでも高知県を事例とする分析であるが、大都市部はともかく、少なくとも日本の各地方にかなり一般的に見られる傾向の抽出であることが推察された。

一九五二年の「現代日本における政治的行動様式」論文では、一九五〇年代前半という執筆時期を反映して、一口に言っていまだ古いものが多く残る日本人の政治的行動様式が描かれた。その後の日本社会の変化と京極の分析の変化を探るのが次の課題である。ただしその前に一つだけ「自然村」の概念について、京極とともにこの概念を活用した神島二郎（一九一八〜一九九八）の作品を一瞥しておきたい。

神島二郎『近代日本の精神構造』

神島二郎の『近代日本の精神構造』は単行本としては一九六一年に刊行されたが、収録の三本の論文はもともと一九五三年から五八年にかけて発表された。だから発表された論文としても京極の「現代日本における政治的行動様式」のほうが早い。しかし京極と神島は年齢は神島が六つ上であるが、ともに一九四七年一〇月に東京大学法学部の大学院に特別研究生として残った同期生である[20]（政治学系統は他に福田歓一と神川信彦）から、頻繁な情報の交換は存在したと思われる。神島は丸山眞男と柳田国男の二人に私淑し[21]、民俗学の成果を日本政治思想史の研究に活用した。「精神構造」という概念が示すように、神島の研究対象は著名な思想家ではなくて明治から昭和にかけてのいわば時代思潮であった。「自然村」の概念について言えば、これを文字通りのキー・コンセプトとしたのは神島であり、そこには当然に柳田民俗学の成果が取り入れられていた。けれども神島は召集されてフィリピンに送られたものの東京生まれの東京育ちであり、その点で小学校一年生のときから高知県で過ごした京極のほうが地方での生活体験を有していた。

神島は明治になって作られる行政村以前に存在していた部落単位の自然村(「第一のムラ」)、すなわち村落共同体を日本人の秩序感覚の原型に定める。ムラビトはハレ(聖)とケ(俗)の循環の中で、ハレの日の祭りの「おもしろ」の境地に一体の共同心を見出す。しかるに明治以後の産業化、都市化はそのような自然村から大量の人々を都会へ流出させた。それのみならず、田舎の自然村自体も次第に産業化の波に洗われるようになった。都会に出た人々はかつての自然村にならって擬制村(「第二のムラ」)を作る。そのときのもとになるのが、郷党閥と学校閥である。「擬制村は、回想的な故郷を軸心とする団結」であるが、そもそも故郷自身が近代化の下で解体に直面している。[22]

都会は神島の用語で言う「生き馬の目を抜く」、「群化社会」である。「一所懸命の地ではなく、要するにふんだくればいい、体のいい掠奪場であ」る。「欲望自然主義」とその反面である不安が渦巻く。しかも構成単位は「世帯のあるなしにかかわらず」、「独身者」である。[23] これはつまり行動様式が家庭単位でなく、男性中心的、勤め人的であり、孤独であるということである。西洋的個人主義がホーム・パーティーの開催に顕著なように実は夫婦単位であるのと対照的である。

こうして神島の問題関心が解かれる。「私は、近代日本における天皇制の正統性的根拠は基本的には自然村的秩序におかれ、しかも、その自然村的実体の崩壊過程がこの秩序形態に逆作用してくるところに、日本ファシズムの特質があると考える」[24]。彼が解明しようとするのは、「ごくありふれた普通の日本人の意識」[25]である。接近方法は定量的ではなく定性的であるが、註に現れるように民俗学、歴史学を中心とする膨大な文献が使われる。

「私が断っておかねばならぬのは、〈第二のムラ〉と中間階級の関係である。学者によって、中間階級の把握はまちまちであるが、ファシズムの発生がこれを基盤にしたことについては多くの一致があるように思われる」と神島は言う。「西欧近代において、産業資本制の担い手として登場した市民階級（旧中間階級）が支配層化するにつれて小市民階級が生じ、独占資本制化にともなってホワイト・カラー（新中間階級）が出てきたことは、周知の事実である」[26]。これは中間層がファシズムの担い手であったという「日本ファシズムの思想と運動」、否、さかのぼれば「政治学に於ける国家の概念」以来の丸山眞男の認識とも一致する。マルクス主義の見方ではこの中間層は上下に両極分解するはずであったが、実際はこの層が不安定なりに量的に膨らむのである。神島も「客観的帰属のあいまいな社会層の主観的帰属が先鋭な問題たらざるをえない」ことをもって「中間階級」ではなくて「中間層」と言うとしているが、彼に独創的なのは「このような日本の中間層は、私のいう〈第二のムラ〉として形成されたものであ」るという指摘にあった[27]。

つまり上に見たように、田舎から都会に出て来た人々が自然村（「第一のムラ」）にならって擬制村（「第二のムラ」）を作るのであるが、その拡大化、国民化と不安定化の頂点に立ち、それを収拾しようとしたのが近代天皇制であったということになる。繰り返して言えば、中間層が作る自然村をモデルにした擬制村が日本における集団の結合形態である。

こうした神島モデルは豊富な民俗学的エピソードとともに今日では政治学、日本政治思想史の共有財産になっている。京極においても後年の「政治過程論」の講義や『日本の政治』の書物に神島の文献は頻繁に紹介、引用されている。政治学と民俗学を架橋した先駆者として、注意を払った次第である。

『現代日本の政治過程』

これも足下の日本の政治的現実を解明するという戦後政治学のパラダイムの確立を示す一里塚であったが、日本政治学会は一九五三年度の『年報政治学』で岡義武を編集委員長として「特集・戦後日本の政治過程」を組んだ。これに京極は升味準之輔（一九二六〜二〇一〇）と共同執筆で「政治意識における前進と停滞」を発表した。この特集は大きな反響を呼び、それを増補改訂した岡義武編『現代日本の政治過程』が一九五八年一月に岩波書店から刊行される。そこでは共同執筆の論文に代わり、升味は「政治過程の変貌」を、京極は「政治意識の変容と分化」を新たに執筆した。後者は『政治意識の分析』に収録されるにあたって「戦後日本の政治意識」と改題されている。

『現代日本の政治過程』は戦後一〇年余りが経ち、それまでの戦後史を振り返る試みが様々な分野で行われるようになった時期の出版であった。しかも一九五〇年代という時代は、その前半と後半で、米ソ冷戦の緊張緩和という意味でも日本経済の復興という意味でも、大きくその様相を変化させていた。

京極と升味の共同執筆の論文では、日本人の行動様式が自然村に基づく「伝統型」と自発的結社に基づく「近代型」の混合と見られ、戦後の政治過程における前者のタイプの残存が指摘されていた。[*28]これはほぼ京極の「現代日本における政治的行動様式」の作業仮説を踏襲した見方である。しかし後になると、まず升味は「政治過程の変貌」で変貌の事実を集中化、大衆化、組織化という三つの傾向の複合として描き出した。集中化は政策の形成と実施が中央に一元化されること、大衆化は伝統的な小社会が解体して社会過程がやはり一元化すること、そして組織化は大衆化の帰結である行動の利益化と象徴化という二つの事実を結び付ける営み、実質的な担い手としては政党と利益集団の発達であった。要するに升味は従来の名望家秩序の解体が有権者の利益と意見の表明を促し、政党と利益集団が中心の新たな民主政治のシステムを作り出しつつあることに注目したのであった。[*29]言うまでもなく、二つの論文の間には保守合同と左右社会党の再統一による「一九五五年体制」（この言葉を最初に使ったのは升味だという説がある）の成立があった。

一方、京極は「戦後日本の政治意識」で「日本社会の「近代化」と「民主化」という努力が、日本社会における――伝統主義社会・近代社会・マス社会という――三つの異なった位相の同時並存、という事態によって、複雑な屈折をうけざるをえない、という事情」を前提に置きながら、各種の世論調査の結果に基づいて、「〈利益〉がいまや正統化されたこと」による「〈利益〉の民主政治」の開花の事実を明らかにした。[*30]今や「投票による政治参与」だけでなく、「利益保全のための結社形成」も公然と認められるようになった。大日本帝国においてももちろん利益の追求は事実としては存在したが、「滅私奉公」の掛け声の下に「利益は、〈私利私欲〉として、秩序の日陰に生きるほかなかった」のである。[*31]

しかし京極はこの論文において「圧力政治の内容が、世論への公開されたキャンペインや職業的ロビストの活躍であるよりも、しばしば、隠密裡の肚芸と接待とである」こと、「名望家に制圧される秩序の原理が全面的に崩壊したとは、必ずしも、いいがたい」[*32]ことを指摘するのを忘れなかった。一九五一年のある調査では官憲の不法取調を全面的に否定する人は東京に比べて農村では圧倒的に少なく（四三％と一一％）、わずかの差ではあるが知事にふさわしいのは「政党人」よりも「学識経験者」であり、「郷土から出た人」が最も望ましく、また「政党本位」よりも「人物本位」で選ぶ有権者がはるかに多かったのである。[*33]

このあたりの日本の政治文化の長期持続的な性格については、後年の『日本の政治』が日本人の「意味の宇宙」を「集合体コスモス」と「相即コスモス」として描いていること、また「権力の運用」を説明する三つのモデルのうちの一つが「親心の政治」と命名されていることに受け継がれているであろう。むしろ問題は『日本の政治』の刊行以後、特に一九九〇年代以後、日本経済の停滞と終身雇用制度の崩壊などによってそうした日本の政治文化が特に若者の間では急速に変容したことであって、あまりの急激な変化に研究が追いついていないと言わざるをえない。政治文化論はどこへ行ったか。

植村正久研究

一九五八年の「戦後日本の政治意識」論文の結びの言葉は、「意識と行動様式に関する今日の中心課題は、新しい理想、あるいは、生きた信仰と生きた思想との問題である。それのみが今日の困難と混乱をこえて、「新しい明日」への展望を拓くものといわなければならない[*34]」であった。しばしば「シニカル」と言われる京極らしくない言葉[*35]である。この論文の執筆後、京極は五七年八月から二年間アメリカのスタンフォード大学に留学する。留学中の勉強として「補助科学をやるのもひとつだよ」という岡義武の助言を参考にして「統計学、社会心理学、心理学など暇にまかせて勉強し[*36]」、その成果は一九六〇年代に続々と発表される計量政治学の論文となって結実した。また留学の前後の京極の著作にも他に見逃してはならない作品がある。

しかしここでは何と言っても一九六一年に論文「日本プロテスタンティズムの思想――植村正久の場合」として発表され、六六年に新教新書として刊行された『植村正久――その人と思想』を参照しなければならない。吉野作造も南原繁もプロテスタントのクリスチャンであり、吉野には師の海老名弾正の、南原には師の内村鑑三の、それぞれ思い出を語った文章はあるが、日本人のキリスト者を扱った研究書はない。植村正久（一八五八〜一九二五）は京極が生まれた翌年に亡くなっているからもちろん直接の交流はないが、この思想家との取り組みから京極政治学のどのような側面が見えてくるかが興味深いところである。

新書版の「あとがき」によれば、もともと南原繁の古希記念論文集に「日本キリスト教における政治思想について寄稿するよう求め」たのは、編集者の丸山眞男と福田歓一であった[*37]。ということはおそらく南原の希望でもあったのではなかろうか。

京極は最初に対象を扱う方法を限定している。植村の思想を「その構造と機制とに重点をおいて」検討する。したがって、植村の思想の「歴史的展開」を扱うものではない。また思想と事件を対応させるものでもない。他の思想家との対比もしない。[*38]「機制」というのは難解な概念である。「機能」に近いと思われるが、作用や働きという意味であるにしても、パターンの抽出という意図が感じられる。植村は自らの使命を「伝道者」と「社会の木鐸」として規定した。前者は教えを広めるという意味で政治家もしくは運動家の道であり、なかんずく教会の形成である。植村は同志との提携を重視する観点から内村鑑三のような「無教会主義」を否定し、財政的にも組織的にも「自主独立」の「自由教会」の形成を唱道した。[*39]実際に亡くなるまで多年にわたって富士見町教会の牧師であった。

後者は評論ないしは時論の執筆である。発表の媒体は大部分が彼の始めた『福音新報』であり、読者は限られていたが、これが「狭義の「政治思想」」である。[*40]運動家の局面においてでなく、評論活動において「政治思想」を見るというところに、京極の問題の限定や資料の選択の仕方が明瞭に現れている。

さて、植村は絶えず「日本の過去」を引照し、それを「キリスト教の象徴体系」に転換して、「日本の将来」につなげようとした。たとえば、神への孝を親への孝の類推によって伝えること、信徒の志の高さを武士道にたとえること、などである。その際に植村が徳川家に仕える旗本の出身であったことが維新政権に距離感を抱かせ、国家神道と公教育という「二重の国教会制度」を持つ明治憲法体制を「閉塞体制」と捉えさせるのに貢献した。そうした象徴操作の方法を、京極は「転釈」と呼んでその重要性を指摘している。[*41]そのような方法への注目は、丸山が「忠誠と反逆」や「幕末における視座の変革」などで行ったものと共通する。そして「転釈」の可能性は決して伝道のための手段にとどまることなく、実は日本のキリスト者がキリスト教の新たな進歩と完成に貢献する道でもあった。[*42]

なお、京極は植村の伝道の本拠が生涯を通じて東京であったことに注目している。それは「彼の教会に多くの上京学生ないし新中間層が集まったこと」を意味した。京極は伝道の対象であるそうした集団の両義性を指摘する。すなわち、彼らは「一方で「文明開化」と「近代」的生活という限りにおける「進歩」性と、他方でこの「文明開化」ないし「進歩」そのものを可能とする閉塞体制への収束とそれに伴う「受動化」ないし「消費化」とを特性とする」からである。したがって逆に言えば、そうした集団を、志の高さを通じて「閉塞体制」の否定へと向かわせることが植村の伝道の使命となったのである。[*43]時代はまだ大正時代であったが、京極の都市化に伴う「新中間層」の登場とその両義性への関心には、「戦後日本の政治意識」論文との連続性が感じられる。

行論を閉じるにあたって、京極は「「伝道者」としての植村正久の志向の挫折」について論じている。すなわち、植村が形成する教会には元来「牧会的」と「神学的」の二つの方向の矛盾が宿されていた。前者は教会の「機構管理」に傾斜し、後者は伝道を絶えざる「永久運動」として捉える。その矛盾は植村の死後に富士見町教会の分裂となって現れた。それのみならず、「機構管理」派が主導する日本基督教会は一九四〇年に日本基督教団に統合され、代表者が伊勢神宮に参拝し、皇居に参内した。京極によれば、日本ファシズムの時代において結果的には植村が否定した「「無教会主義」が本来「教会」の果たすべき預言の機能を果たした」のである。[*44]

それでは植村正久の思想の研究は、京極においていかなる意味を持つのであろうか。すでに述べたように京極の分析は植村の「伝道者」と「社会の木鐸」という二つの自己規定に基づいて、後者に現れた政治思想を原論的部分と評論的部分に分け、また前者の教会論的、運動論的側面についてもそれを「原理論」と「戦略論」に分けて考察する本格的な思想史研究であった。京極の生涯において、やろうと思えばできたはずであるが、こうした思想史研究の作品は他にはない。

しかし彼のアプローチにおいて、思想史研究はこれまでに見てきたような政治意識の研究と深く結び付いているように思われる。言うまでもなく宗教意識もしくは信仰の問題は人間の意識の最も奥深い部分を形作り、意味の宇宙、意味の世界の中心を占めるからである。京極は分析に際してキリスト教の思想をしばしば「象徴体系[*45]」という言葉に置き換えているが、そうした用語の選択は政治意識の研究やこの後に見る「リーダーシップと象徴過程」論文にも共通する問題関心に基づいている。

また、植村正久の思想の運動論的側面に照明を当てることは、トレルチが言う教会型のカトリックに対する教派型のプロテスタンティズムのさらにその一類型を描くことであり、植村の「挫折」の経緯を含めて、新左翼の誕生と分裂にも通ずる政治運動の一つの事例分析を提供する意義を有した。最初に京極は日本プロテスタンティズムの三つの源流のうち、植村正久らの横浜バンドを「教会的」、海老名弾正らの熊本バンドを「国家的」、内村鑑三らの札幌バンドを「個人主義的」という海老名の「我田引水的な分類」を紹介している[*46]が、それがどんなに一面的な命名であっても、それぞれが宗教の政治化の生きた実例であったことは確かであった。

京極の植村正久研究から読み取るべき最も困難な問題は、そこで描かれた植村にも京極にも通ずるおよそプロテスタント的個人主義に基づく宗教的確信が、日本人に一般的とされる自然村的もしくは村落共同体的な政治的行動様式とどのような関係に立つかというものである。京極が処女作で使用した自然村モデルは、明らかに後年の『日本の政治』における「集合体コスモス」と「相即コスモス」という二つの概念を用いた日本人の意味の宇宙の説明にまで通ずるものである。この対象の観察において、京極の眼差しはあたかも自分の庭のスカラベ（ふんころがし）の行動を日々観察する『昆虫記』のファーブルのそれと等しい。同時代の多くの知識人のように封建的、前近代的と言ってあっさりと切り捨てるような対処の仕方ではない。価値判断の前にまず事実の観察を重んずる態度である。しかしそうした態度を性急に現実の肯定とみなすことからは、京極政治学の恐ろしさを読みとることはできないと思われる。

理論模型

発表時期は前後するが、『政治意識の分析』の中に収められている論文で、いかにも京極らしい佳品がある。「リーダーシップと象徴過程」である。この論文は大衆社会論の草分けとして有名な松下圭一「大衆国家の成立とその問題性」や、田口富久治「「大社会」の形成と政治理論」、北川隆吉「小集団をめぐる問題」とともに『思想』一九五六年一一月号の特集「大衆社会」において発表された。初出時には「(その一)」となっていたが、続編は執筆されなかった。

京極自身がこの論文を丸山眞男や岡義達らによるものと同様に「政治過程全体の理論模型」を提示する試みに位置づけているが[*47]、丸山の『政治の世界』にはすでに言及したので、ここでは京極論文の一つの重要な前提となっている岡義達の未完の論文「権力の循環と象徴の選択」に触れておきたい。この論文は本文二四頁でしかも未完であるが、戦後政治学の中で極めてユニークで画期的な意義を持つものであった。後年の岩波新書『政治』ほど難解ではないが、ある意味ではそれよりも抽象度が高い議論である。

そもそも「権力の循環」とは権力と社会の循環であり、近代社会、資本主義社会の成立時に遡って言えば国家と社会の区別に由来する。しかし「政府と国民」と言う場合もそうであるが、「国家と社会」を「権力と社会」と言い換えただけで、読者に与える印象はがらりと変わる。参考文献にラスウェルはあってもイーストンはまだない（Easton の *The Political System* の刊行はこの岡論文と同じ一九五三年である）一九五三年の論文であるが、行動論的アプローチの先取りである。そして「権力の循環を分析するに当つて、分析の便宜から、権力の安定に関係ずけられる行動連鎖の総称を権威の循環とよび、社会の安定に関係ずけられる行動連鎖の総称を政策の循環とよぶならば、権力の循環は、権威の循環と政策の循環によつて構成されている」[*48]。ただしこの論文は「権威の循環」と「象徴の選択」の途中までで、「政策の循環」についての叙述はない。

権威の循環は絶対君主制おいては一目瞭然であったが、同時に専門官僚制が発達することによって、やがて「権力の中核の陥没」と「大衆の疎外」を招く[*49]。ここでこの論文全体が近代社会というよりは現代社会、もしくは大衆社会の文脈に置かれていることに注意しなければならない。それゆえに改めて大衆からの支配の正統性の調達が必要になるのであり、「象徴の選択」が求められる。選択であるから、最小限度の自発性、自由な選択が前提になる[*50]。その意味でこの論文がバジョットの『イギリス憲政論』の検討で結ばれていることはまことに興味深い。すなわち、統治には「職能の部分」だけではなく「威信の部分」が必要であり、「人は想像力によつて支配されるとよくいわれるが、むしろ想像力の貧困によつて支配される」[*51]のである。

大衆による支配の正統性の承認は、大衆の政治社会への同化、帰属感の表明である。岡はそうした同化の形態を、「行動、人格、観念の三つの類型」によって説明する。各々が競合する複数の引照基準の下に象徴化されていることが重要である。行動と言うと現代的に聞こえるが、ここでは身分にふさわしい立ち居振る舞い、生活態度のことである。それらはやがて「社会の変動によつて動揺と分解とを開始する」。引照基準を見失った人々は「特定人格への帰属」を通じて不安を解消しようとする。行動がむしろウェーバーが言う伝統型であったのに対して、人格はカリスマ型である。ナチズムに対する支持も失業などの社会不安によって追い込まれた人々の切実な代償行動であったことが忘れられてはならない。そして最も発達した段階の同化の形態が観念による同化であり、そこではナショナリズムや社会主義などのイデオロギーが重要な役割を果たす。「思想は最高度に抽象化された引照基準ということが出来る」からである[*52]。

京極の「リーダーシップと象徴過程」は権力の循環をリーダーシップの概念で捉え直したものである。権力が「支配と服従」のモデルになじみやすいとすれば、リーダーシップは「指導と被指導」の関係である。つまり相互作用の契機がより強く出る。加えて集団の規模を大小、種々様々に取ることができる。政治家のみならずオーケストラの指揮者も野球の監督も山登りのリーダーも指導者である。京極が明示的にそのように述べているわけではないし、議論の仕方は岡論文に負けず劣らず意図的に抽象的であるが、読者は新聞や雑誌の記事だけでなく、自らの身近な経験によっても京極の理論模型の有効性を検証することができる。

ただし京極の関心も、一九五六年の時点での日本の「マス社会」化におけるリーダーシップの変容にあった。京極はリーダーシップの事象について「社会過程」と「象徴過程」を区別し、「この問題に象徴過程から接近しようとする」。さらにリーダーシップ関連の言葉は「現実の政治事象内で作動する組織象徴」であるが、それに対する「科学的認識」の役割を承認する。*53 選挙の勝敗に顕著なように、数字において同一の結果の評価も当事者によって様々に異なりうるが、客観的評価の可能性も排除しないということである。

京極はまず「リーダーシップ・シンボルによって組織されているリーダーとフォロワーとからなる集団」を「リーダーシップ・グループ」と名づける。*54 このグループにおけるシンボルの発動には三つの契機がある。すなわち、第一に「この環境とそれへの適応、あるいは、〈課題〉の提示とその処理の要請」、第二に「リーダーとフォロワーの分化」と各々の役割の承認、第三に「分業の効率、あるいは、「我々」集団成員間の同一化と組織された行動系列の効率」である。*55 課題の提示は環境への不適応に発する。「純粋持続」が破られ、「〈制度〉に代る〈状況〉」が登場する。適応の試みは選択的、評価的で、「先覚者」から周辺に伝えられ、リーダーとフォロワーが分化し、行動系列が組織化される。*56

第三の「分業の効率」は、「組織効率の増大」と「同一化の達成」に分けられる。一般にリーダーシップの役割が目標の達成と同一化の維持にあることは、パフォーマンス（P）機能とメンテナンス（M）機能を区別した心理学者の三隅二不二の研究*57などでよく知られているところでもある。

京極はそのような卑近な例は挙げていないが、「組織効率の増大」はスポーツなら勝利すること、山登りなら安全に頂上を極めて降りてくることである。「同一化の達成」は「組織効率の増大」のためにもメンバーの結束の維持、強化に努めることである。仲良くなるために仲良くするグループも存在するから、「同一化の達成」自体が目標のグループも存在する。多くのグループにおいては、目標を達成するために、リーダーとフォロワーの間、フォロワーどうしの間の一体感を培養する。この論文より後の時代の言葉で言えば、アフター・ファイブの付き合いとか「飲みュニケーション」も場合によっては必要になる。

グループ内が結束するためには、グループ外の存在が必要になる。京極によれば、「アウト・グループ」は「味方」と「敵」と「中立者」に分類される。「敵」の象徴化の一例は、「「敵」は本質的な〈知〉を完全に欠いており、時として、一時的な立直りをみせるにせよ、〈徳〉において頽廃している——従って、イン・グループは長期的に必勝疑いない」[*58]。ちなみに「組織効率の増大」の局面で京極が挙げている象徴化の一例は、相手のみならず第三者から見ても明白な敗北についても、「なる程失敗はあった。だが、「我々」の賢さと勇気とによって、失敗はこの程度ですんだ。「我々」の努力がなければ、失敗は壊滅的であったにちがいない。だから、これは失敗であるが同時に成功なのである」[*59]。けれども、「人間が個性である限り、死は環境適応の最終的失敗である」。かねてから神義論の世界であらゆる説明が用意されていることは周知の通りである[*60]。

見られるように、「リーダーシップと象徴過程」は極度に抽象化された理論模型であるが、具体的な実例は国家的な規模では大本営発表から冷戦下の東西両陣営のものまで多数あり、また文学作品でもジョージ・オーウェルの『動物農場』や『一九八四年』は言語の使用例における想像力、あるいは想像力の欠如の事例の宝庫である。京極は、岡や自身の理論模型が「充分操作的には開発されていない」ことを認めている。[*61] しかし筆者は二〇〇四年に『政治家の日本語』と題する小さな書物を著した[*62]ことがあり、その際は岡と京極の論文が、集めた事例を整理する有力な指針を終始与えてくれたことをここに書き留めておきたい。

「世相の解説」

京極は人を政治学者へと向かわせる「ドライヴ（動機）」として、「研究者の内心に働く好奇心、知的関心」と「人間関係へのいわば女性的な関心」を挙げている。前者は政治学者をアカデミズムの内部にとどめるが、後者は社会に向けて広く解放する。この「二つの魂」の相剋から政治学の課題が生まれ、それは「主体」であるための「技能の培養」と「世相の解説」であると言う。[*63] 一見すると京極は純粋アカデミックな政治学者のように思われるが、彼は政治評論の役割を認め、自身研究と教育を何よりも優先してきたと語る[*64]にもかかわらず、多くの一般向けのエッセイも書いているし、求められれば政治家に助言もしている。その意味では小野塚喜平次よりも吉野作造に近く、岡義武よりも矢部貞治に近い。[*65]

京極は一九六一年と六二年の『思想』に「「デモクラシイ」と「ナショナリズム」」と「日本社会と「憲法問題」感覚」という二本の論文を寄せている。この二つ（同じ『思想』の六五年の「教師・学者・研究者」も合わせて）は考察の対象が同時代の日本ということもあり、研究論文と評論の中間ぐらいのスタイルで書かれた（通常の『思想』掲載の論文と異なる）極めてユニークなエッセイになっている。

デモクラシーとナショナリズムを結合させることは、多くの知識人たちが近くは六〇年安保の、そもそもは敗戦以来の、日本の課題として認識したところのものであった。京極が二つの言葉に鉤を付け、しかもあえて「デモクラシイ」と表記しているのは、そのような問題関心と現実のギャップを改めて突き放して考察する試みの表れであった。

京極はまずこの二つの目標概念がともに「秩序形成者としての人間主体、すなわち、政治的主体を培養し形成する」ことにおいて「共通性」を持つことを指摘する。しかし当時の日本に蔓延していたのは「機構信仰」という病理であった。その背景にあるのは「一方で、マス社会版官僚主義、他方で、マス社会版自然主義」の横行である。そこでは秩序は「第二の自然」とみなされ、それに受動的に寄生する態度が見られ、人間主体の形成過程を無視した「機構の偶像礼拝」が進む[*66]。問題の解決は教育に求められるのだが、学校体系自体の官僚機構化によって事態はますます悪化せざるをえない[*67]。

京極は人々が秩序を形成し再形成する実感を味わえるのは、「第一に、自分の主動性による選択の経験であり、第二に、自分の選択によって社会関係に入る契約の経験、すなわち、選択と契約との日常的な経験である」と言う。「政治学の長い歴史において多くの研究者が繰り返し指摘してきたように」と言うが[*68]、実はこうした課題の提示の仕方は確かに「アメリカのテレビ映画」的ではあるが、同時に京極ならではのものであった。なぜかと言えば、戦後日本では社会契約説はどうしても直ちに天下国家の問題として考えられたからである。日常生活の中で誰でもが得られる経験に目を向ける。学生運動に向かいがちの学生たちに政治学の試験問題でお米の値段を尋ねたと言われる京極らしい説明の仕方である。入学して親元を離れて生活する学生のほうが答えやすかったかもしれないが。

しかし戦後日本の民主化は「民主主義の世の中になった」という言葉が示すように、外から、上からもたらされたものであった。結果としてこの秩序に寄生する「常民Aセクター」は欲望自然主義に走り、「常民Bセクター」は法律万能主義に陥った。[*69]

「ナショナリズム」についても「デモクラシイ」の場合と同様に選択の契機が失われている。何よりもアメリカのような移民社会ではなく、大多数の人々にとって国民は選び取る対象ではない。国際社会もあたかも自然環境のように所与であり、可変的なものとは受け止められない。ほとんどの日本国民にとって海外旅行はまだ夢の時代であったが、事情は今日でもあまり変わっていないと言わざるをえない。

こうして京極は「選択と契約との日常的経験」とそれを整序する「普遍的原理」が人間を秩序形成の主体にすると言い、「普遍的原理」とは「とくにすぐれて、正義と愛」だと言う。[*70]「シニカル」どころか、エーリッッヒ・フロムの『自由からの逃走』における問題の解決策である「自発的な仕事と愛」を思わせる結論である。[*71]京極は法律万能主義と欲望自然主義の並存がオモテとウラの使い分けを生み、「人格のインテグリティ」を決定的に損なう原因であることを容赦なく糾弾した。[*72]そこには六〇年安保後の一見すると「利益の民主政治」の全面的承認の政治状況の背後に、暗い退廃が潜むことに対する強い危機感が存在した。

翌年の「日本社会と「憲法問題」感覚」では、この危機感は一層強化される。まず京極は「ここで、検討の対象となるのは、政治学的な意味で中間層と呼ばれる集団およびその行動様式である」と言う。「政治学的な意味の中間層とは、ある政治体制がその正統性の根拠とするイデオロギーを忠実に受容し、誠実に信奉する集団、……つまり被支配者集団の上層部または中核体である」[*73]。

我々はすでに京極の処女作である「現代日本における政治的行動様式」において「中間層的な政治的行動様式」への注目があったことを確認した。そうした注目はさしあたり実証以前の作業仮説であり、調査と分析と解釈の三つの段階を経てなにほどか実証される。ただしアリストテレスからフロムやリースマンに至るまで、一つの社会がその社会の存続にふさわしい価値を内面化した人々によって支えられているという認識が、西洋の政治学ないしは社会科学の伝統の中に蓄積されていることは確かである。

京極は近代日本の二つの憲法について、ある程度までのその同型性を指摘する。すなわち、大日本帝国憲法（八九年憲法）も日本国憲法（四七年憲法）も「〝上から〟、〝正しく〟、〝新しく〟与えられるもの」であった。これに日本国憲法の場合は「外から」の契機が加わる[*74]。そして八九年憲法は、京極が何度も指摘する「国家神道および公教育という二重の国教会」によって支えられ、「八九年型正教、八九年型祭司団および八九年型中間層」のセットが成立する[*75]。この論文の特徴は、京極がこの八九年型憲法と見合う形で四七年憲法にも「四七年型正教、四七年型祭司団、および四七年型中間層」のセットを措定していることである[*76]。

なるほど日本国憲法の場合もそれを国家の基本法としてのみならずあたかも宗教的戒律でもあるかのように扱う傾向は当初から存在したし、今日でも存在する。日本国憲法が基本的人権の条章の中心に「思想及び良心の自由」（第一九条）を置くことからしても、もちろんそれはいかなる思想をも認める趣旨であるが、人間の内面の問題に関わってくることは当然である。しかしあたかも八九年憲法とパラレルに四七年憲法にも「正教」的性格を認めることは、護憲派の行動様式を必要以上に貶めることにならないであろうか。

京極は「民主主義の普及活動に従事した四七年型祭司団は、当初は、支配集団との間に一応のハニ・ムーンをもつことが可能であった」[*77]と言う。だが、そう言い切ってよいであろうか。政府の旗振り役の人々は別にして、護憲運動は再軍備反対にせよレッド・パージ反対にせよ、冷戦の激化に伴う「逆コース」を一つの契機にしていたのであり、南原繁は当初帝国議会で戦力と自衛権の完全な放棄に疑問を呈していた。丸山眞男もまた憲法普及会に加わることを拒否していた。

それでは「四七年型祭司団」とは誰のことであろうか。「祭司団の大部分は、知的生産でなく、主に、知的流通にたずさわり、生産と創造の秘奥に疎遠な集団、機構信仰と人間としての官僚化の故に、正教管理に有能であっても、人間と歴史の隠微な消息に暗い集団であった」[*78]と京極は言う。「権力をもたない開明主義祭司団が、すでに権力を握った開明専制君主の如く、正教による支配を試みたことは、政治的無能を物語るものである」[*79]とさえ述べる。これは護憲派の進歩的知識人もしくは革新政党に対する批判であったと言わざるをえない。

時代はまさに六〇年安保の後の脱政治化の時代にあたっていた。京極は六〇安保の最中に来日した神学者のパウル・ティリッヒと対談していて、そこで「この日本では多くの知識人達が、自分達は国民の指導者それも政治的指導者であり、またあるべきであると感じている、という特殊事情がありま す」[*80]と述べていた。知識人のモラリズムがモラリズムのままで政治の舞台に登場することに、京極は極めて批判的であった。京極が勧めるのは、憲法はあくまでも「国民という経営者が国家機構と支配集団という現場労働者に与える就業規則」なのであるから、「国民ひとりひとりが、あらたに、憲法を書いてみる、という技術のコース」であった。[*81]

上に見た二つの論文が収められている『現代民主政と政治学』の「あとがき」で、京極は自らの政治観を次のように要約して語っている。

「政治は人間に属する、人間による、人間のための政治である。政治について考えるとき、その出発点は、当然に、人間である。この人間は、生物の次元においては個体として、社会と文化の次元においては個人として、精神の次元においては単独者として、以上の三つの次元にわたって単立して生きる。これが私の考え方の第一の点である。しかし、人間にとって、他の人間がその出生と生存の根拠であり、保障である。あるいは、人間にとって、人間相互が出生と生存の根拠であり、保障である。これが私の考え方の第二の点である。従って、人間が生存を求める限り、複数の人間が、何らかの関係をなして、同時生存ないし共存することを考えなければならない。しかも、人間には、善の能力とともに、悪の能力も備っているから、この共存には「技術」、少なくとも人間がもつ悪の能力を人工的に制御する技術、あるいは、政治が必要である。ここで、人工的な技術を用いて多数の人間が共存する、という事態は、「この世」にかかわる現世的世俗的な、その限りで、暫定的な事柄であって、とりあえずは、精神の次元にかかわる高貴にして永遠な事柄でない。これが私の考え方の第三である[*82]」。

日本では「政治学の基礎に人間論がない」と述べた丸山眞男の言葉が想起される。そしてこの京極の文章は、京極に独特の言葉遣いで、人間論の上に築かれた新たな政治学の誕生を告げるものであった。死に直面する人間はどこまでも生物的「個体」であり（代わって死んでくれる人はいないし、愛し合う夫婦でも寿命もしくは召命は別々である）、あくまでも社会生活を営む単位として「個人」になるのであり、そして精神の世界、意味の世界に「単独者」として生きる。なお、人間の持つ「悪の能力」の直視とそれを「人工的に」制御する必要の認識が、いかにもクリスチャンである京極らしいところである。

ところで計量政治学の一方で、ことわざに対する関心も京極政治学の特徴である。「ことわざは、文字通り、もののいい方、あるいは、言葉の実技であり、「口の技芸」であって、古い時代から人付合い、つまり、政治の実技の重要な道具であった」[*83]。そして「心程の世を経る」の説明として、「同行二人、自分はもうひとりいる。ありのままの生身の自分を観察し見守り、助言をし、面倒をみ、指導する自分である。このもうひとりの自分、心とか精神と呼ばれる自分と生身の自分。二人の間に対話がくりひろげられ、同行二人のこの対話のうちに、ひとは人生をすぎていく」[*84]。

また「明日はまだ手付かず」の説明として、「人生という空中ブランコの最初の大きな危機は青年期である。仕事をすること、愛すること、職業と結婚の決定的な飛躍を前に、ためらいと動揺、不安と恐怖が深まる」が、「この機会を自分の責任として選びとり、自信をもつて飛び移るこころが最初である」[*85]。他にあわてることは何もないが、プロポーズだけは急げとかつて京極はゼミの場で言っていた。しかし『文明の作法』の「あとがきのあとに」では、愛妻に「石橋を叩いてなお渡らぬ」と言われてしまうところにも[*86]、人間京極の姿がよく現れている。そして『日本の政治』はそうした京極政治学の集大成であった。

『日本の政治』(I)――講義の編成

『日本の政治』は京極の長年の東京大学法学部における「政治過程論」の講義の集大成である。もちろん教科書と言ってよいが、公刊されたのは京極の定年の前年であり、その後京極は千葉大学に移ったけれども、本人によって実際に教科書として使われた期間は短かった。同様の教科書には斎藤眞『アメリカ政治外交史』(東京大学出版会、一九七五年)、福田歓一『政治学史』(東京大学出版会、一九八五年)、篠原一『ヨーロッパの政治』(東京大学出版会、一九八六年)などがある。これらはやや後に放送大学教育振興会や有斐閣や岩波書店から刊行される一連の教科書シリーズと異なり、いずれも長年の講義の集大成という性格を持つものであった。

京極の『日本の政治』は、コロンブスの卵のようであるが、まずそのタイトルが画期的であった。「政治過程論」でも「日本政治論」でもなくて、『日本の政治』なのである。この命名については高畠通敏の助言があったことを、京極自身が明らかにしている[*87]。まるで海外の日本研究者が付けたような名前である。それだけ対象を距離を置いて観察、分析し、また対象を諸要素と文法から成る一つのまとまったシステムとして考察しようとする意欲の現れである。

この本の刊行を契機にして、「日本の政治」というような題名を冠した書物が相次いで出版され[*88]、また大学において日本政治や現代日本政治と称する講義科目が新たに開設された。つまり、政治学の新しいパラダイムの提供につながった。日本の政治学者が日本の政治的現実を分析することは丸山眞男以来の課題であったが、それが今や西洋の政治学や政治史や、他の諸地域の研究と並んで大学の講義科目として市民権を得るようになった。もともと「政治過程論」はアメリカでは二〇世紀の初めに「政治制度論」に対する政党や利益集団の活動の動態分析として起こったから、必ずしもイコール日本政治論を意味する必然的な理由はない。

なぜ「政治過程論」が「日本政治論」(『日本の政治』)になるのかは、それ自体が説明を要する興味深い事実である。ましてそれが政治文化や精神構造の分析になるのは、決して自明なことではない。もちろんそこには人間が精神の世界、意味の世界に生きていて、政治はそうした世界に根を持つ人間の微細な行動の積分で成り立っているという京極の政治観がある。だから「政治過程論」は各々の政治文化によって規定される、パターン化された政治的行動様式論になるのである。

京極が東京大学の教養学部から法学部に移り、二年生向けの「政治過程論」の講義を始めたのは一九七一年度からであり、以後八三年度まで行った。筆者はたまたま一九七五年度に受講して、三冊のノートが残っている。毎週一回、通年で、四単位の授業であった。四月一八日から二月一三日までの三一回分である。今、ノートを見て思うのは、京極の講義内容がすでに大項目から小項目に至るまで、実に整然と配置されていることである。この点はもちろん書物になった『日本の政治』にも顕著であるが、それ以前の毎年の講義の段階からすでに明確であった。筆者は決してノートを取ることが上手ではない。しかし「政治過程論」のノートは筆者なりに質量ともに整っている。これは筆者が京極の講義に魅せられたからでもあるが、京極が平均的な学生にきちんとノートを取らせるように仕向けたからだと思われる。最初は厳しく、だんだん緩めていくというのは、小学校、中学校以来、教師の秘訣である。京極は大学の教師でありながら、そうした要諦をよく心得ていた。

なお、東京大学出版会教材部は一九七九年度に受講生のノートに基づいて『京極純一教授政治過程論』全三冊を刊行している。京極の校閲は受けていないことが断られている。しかしそれを許可したのは、おそらく『日本の政治』の執筆を直前に控えていたからではないかと思われる。さらに、『日本の政治』の刊行後、それを「著者みずから外国の読者向きに再構成し」、京極と共著論文があるイケ・ノブタカが訳出した *The Political Dynamics of Japan*, University of Tokyo Press, 1987. がある。これは縮約版であり、言葉遣いも変わっているが、なお同一性もある。必要に応じて、これらを合わせて参照したい。

まず、全体の構成を見ると、一九七五年度の講義では最初に「人間と政治」があって(1)「政治認識」、(2)「政治関与」であり、本論は「A 政治の原型」、「B〝近代化〟」、「C〝大衆化〟」、「D 正論の政治」、「E 親心の政治」、「F 権勢の政治」である。もちろん「人間と政治」の(1)「政治認識」はさらに詳しくは「i 認識の契機」、「イ 知的志向」、「ロ 実用的志向」、「ii 政治学」、「イ 政治理論」、「ロ 政治制度論」、「iii 政治学の拡大」であり、(2)「政治関与」は「i 生活者」、「イ 生活の次元」、「ロ 他者」、「ハ 政治」、「ニ leadership」、「ii 他者との関与」、「イ narcissism」、「ロ blood and soil」、「ハ necrophilia」、「iii 政治との関与」、「イ 均斉の精神」、「ロ 激情の精神」、「ハ 主体となること」である。*89 以下もこの調子であるが、繁雑になるので引用は控える。

本論の前半は「A 政治の原型」、「B 〝近代化〟」、「C 〝大衆化〟」となっていて、いわば歴史的区分の三段階の上に乗って議論が展開されている。中項目だけ挙げると、Aは「I ムラの暮し」、「II 固有信仰」、「III 政治原理」、Bは「I 広い世間の暮し」、「II 立身出世——広い世間の政治原理」、Cは「I 第二のムラ」、「II ナショナリズム」である。

たとえば「競争の戦場」の話はBのIIの(3)で出てくる。続く(4)は「戦場の美学」、(5)は「果てしなき戦い」である。Aの原型論はほとんど民俗学の話である。ちなみに丸山眞男の一九六〇年代の日本政治思想史の講義においても「原型」は一つのキー・ワードであったが、丸山の場合には「原型」は主に記紀神話から抽出されていて、民俗学にはほとんど言及されていないことも対照的な事実として興味深い。しかしそれにしても、計量政治学者京極純一の「政治過程論」の講義は日本政治思想史と言ってもよいものだった。

一九七五年度の講義では全編を通じて、大、中、小項目のどこにもコスモスもノモスもカオスも出て来ない（「A 政治の原型」のIの(2)の(ロ)に「閉じたコスモス」の見出しがあり、次の固有信仰の説明につながっているが、特に概念化はされていない）。これに対して、本論の後半は「D 正論の政治」、「E 親心の政治」、「F 権勢の政治」、の三つの理論模型による説明で、正論の政治が先に来ている（『日本の政治』は親心、正論、権勢の順である）他は大筋で変わりはない。三つのモデルが京極の中では比較的早い段階で固まっていたことを示す。

東京大学出版会教材部刊行の一九七九年度版の前半の大、中項目を挙げる（各分冊の最初に目次がある）と、序章「政治と人間」、「I 政治学の役割」、「II 性格と態度の役割」、第一部「秩序の構造」、第一章「正統性の構造」、「I 意味の体系」、「II 伝統的な意味体系」、第二章「秩序の原理」、「I 基本前提」（ここにコスモス、ノモス、カオスの概念が登場する。ただしそれらに「集合体コスモス」のような命名はなく、いわば三つの次元の説明である）[*90]、「II 内側の秩序の原理」、「III 外側の秩序の原理」である。第二部「秩序の運用」の三つの章が「正論」、「親心」、「権勢」になっている。

文章体に整理された講義録を読むと、特に前半の京極の学生たちへのメッセージは、「早く大人になりなさい」ということに尽きると思われる。教養科目の政治学の受講者には理科系の学生もいたはずであるが、「政治過程論」は法学部の二年生向けの専門科目である。法学部の学生のほとんどは公法もしくは私法コースの専攻であり政治コースは例年一割ほどであったが、「政治過程論」は政治学系統で最初に履修する科目であり、評判の科目であったから、大部分の学生が受講した。現役なら二〇歳になる、しかも全国から選抜されたエリート学生である。この子たちを一人前にして社会に送り出すためにはどうしたらよいかということを京極は考えていたはずである。

さて、京極によれば、「要点をうまく表現する術語系の工夫に苦しんでいた」とき、「上野千鶴子教授の論文『カオス・コスモス・ノモス――聖俗理論の展開』（『思想』七七年一〇号）、P・L・バーガー、T・ルックマン『日常世界の構成』（七七年）、P・L・バーガー『聖なる天蓋』（七九年）と出会った」ということらしい。[*91]『日本の政治』の目次は第一部「政治の構造」、第一章「政治の制度」、第二章「政治関与」、第二部「秩序の構図」、第三章「秩序の思想」（ここに「集合体コスモス」と「相即コスモス」が出る）、第四章「秩序の内容」、第三部「権力の運用」、第五章「親心の政治」、第六章「正論の政治」、第七章「権勢の政治」である。

ところがコスモス、ノモス、カオスは英語版の『日本の政治』ではあっさりと捨てられてしまう。本文二三〇頁のこの本は九章から成るが、後半の六章が二章ずつ親心、正論、権勢に対応しており、表題は第四章「政府と利益」、第五章「分配の政治」、第六章「政治批判」、第七章「イデオロギーの政治」、第八章「権力闘争」、第九章「政策作成の政治」である。ちなみに、第一章「政治構造と政策」、第二章「政治的パラダイムと過程」、第三章「ドラマとしての政治」。もちろんこうした再構成は京極とイケの共同製作であったと思われる。イケの序文ではこの本の意義の第一に日本人の信条体系の宗教的側面の叙述に従来にない分量が割かれていることが挙げられており、[*92]それはよくこの本の特徴を捉えているからである。

コスモス、ノモス、カオスの代わりに第二章で用意されるのは、コードとパラダイムである。「パラダイムが効力を持つためには個人に状況の定義と役割を教える解読本（コード・ブック）が必要である」[*93]。解読本は三種類ある。「集合体コード」、「霊的個人コード」、「平等コード」[*94]。前二者が「集合体コスモス」と「相即コスモス」に当たるが、「相即コスモス」が個人もまた実在（「宇宙の大生命」）と合一するという意味[*95]にだけ受け止められると、それはいわば「霊的個人コード」であり、それが日本では個人主義に代位することが見失われる可能性がある。そこで第三に「平等コード」を出してきたのだと思われる。つまり、「霊力」の零落した形態が「一寸の虫」、「腹の虫」の「虫」であり、これが自らも実在と相即することによってときに集合体や「エライさん」と衝突する局面への注目が京極政治学の大きな特徴である。それは個人主義のような自立した個人ではなくて、すねる、ごねる、ふくれる「虫」であるが、いったん発動されると処理に手間がかかる。

ところで三つのパラダイムは「罪と罰パラダイム」、「雰囲気に基づく決定作成パラダイム」、「服従と抵抗パラダイム」である。[*96] 後で改めて述べるが、第一は根源的悪の不在であり、他の二つはさしあたり文字通りである。けれども第三章に入ると、さらに「集合体パラダイム」、「指導の失敗と暴力パラダイム」、「戦場パラダイム」、「競争と協力パラダイム」、「団体精神パラダイム」、「指導者と追随者パラダイム」などが頻出する。[*97] これらは繰り返し反復される定型に付けられた名前であるが、あまりに細分化されると思考範型としての意味が希薄になる。それにいよいよ第四章以下になると、親心、正論、権勢の三つの理論模型としての役割が明瞭に浮かび上がらないのである。第三章のタイトルの「ドラマとしての政治」というのも、京極にしてはいささか平凡であるか、あるいはむしろ岡（義達）政治学を思わせてミスリーディングである。というわけで、英語版の刊行は海外の読者に日本の政治のあり方を説明することがいかに困難であるかということを改めて告げる出来事になったように思われる。

なお、『日本の政治』に直接関連する作品として、『日本人と日本の政治』（富山県教育委員会、一九七五年）と、『日本人の秩序像』（NHK市民大学、一九八七年）がある。前者はおそらく一回の講演をもとにしていると思われるが、『日本の政治』でも見られる四重の世間の同心円図などが示され（一〇頁、『日本の政治』では一九二頁）ていて、簡潔で密度の濃い要約版になっている。たまたま筆者が「政治過程論」を受講していた年の作品であるが、これがあれば試験勉強にとても役立ったはずである。筆者が聴いた年の講義にも東京大学出版会教材部の講義録（Ⅱ、二九頁）にもあったが『日本の政治』（もちろん「正論派」と「俗論派」の対決の説明はあるが）では落とされた、「純粋―世俗」と「円熟―未熟」の二次元から成る「人間の生き方のモデル」の図もある（二八～二九頁）。

後者は三か月、一二回、一回四五分の教育テレビNHK市民大学の講義のためにあらかじめ作られた教材である。伝統的、ムラ的な日本の政治文化の解説に多くが割かれているが、『日本の政治』刊行後の再考的要素も含まれている。日本人の「現実主義と実用主義」が「原則主義」の立場をとる国（たとえばアメリカ）との関係を困難にさせている理由を説く場面（一二七～一二八頁）などがそれである。

『日本の政治』（Ⅱ）――主体になる経路

さて、ここからがいよいよ『日本の政治』との取り組みである。まず一読してわかるのは、当然かもしれないけれども、文体の一貫性と、小さなブロックのような一つひとつの項目を積み重ねて確固とした全体の三八〇頁の叙述が成り立っていることである。京極は文体を持つ政治学者であるが、その個性は最初から最後まで貫かれている。しかもこれも意図されたところであると思われるが、読者として学生のみならず社会人も想定した読み物になっている。この本は政治学の教科書としては異例にもベスト・セラーになったが、その理由の一つはそうした叙述の安定感にあったと言ってよい。

全体はおよそ第一部「政治の構造」が一〇〇頁、第二部「秩序の構図」が一三〇頁、第三部「権力の運用」が一五〇頁である。第一部においては、政治学の役割とか位置づけの話がない代わりに、大日本帝国憲法と日本国憲法という二つの憲法を中心とする明治維新以来の日本の政治制度の説明がある。これは政治学の役割の話が主に学生や初学者を想定したものであったのに対して、書物にした場合には、大学では他の日本政治外交史などの講義で話される内容を必要最小限度取り込んだためと思われる。別言すれば、後の本論が構造的分析であるのに対して、日本の近代化についての変化に着目した歴史的叙述であるとも言える。

書き出しが見事である。何から入るか。「まず個人生活について、個人自治のイメージがある」で始まる。続けて「自我を中心とした明晰な意識によって、自己の情動、衝動、行動を制御、管理、支配する、これが個人の自律、自治、いわゆる独立自尊の原像である」。[*98] 読点「、」が多いこと、「制御、管理、支配」のように類似の意味の言葉を畳みかけることが、これまでもそうであったが、京極の文体の一つの特徴である。ちなみに、筆者などはこれでは自分はだめだ、自治からはまったくほど遠いと思ってしまう。

「個人自治のイメージ」が直ちに「集団自治のイメージ」に及ぼされる。「集団一体というイメージと、この一体集団の共同事務を成員が共同管理している、というイメージ、二つのイメージが共有されている」場合、そして「共同管理」が成員もしくは代表者が参加する「会合」を通じて成されている場合、「集団自治」が成り立つ。[*99]

二つの集団が支配と服従の関係にあるとき、上層の集団は集団自治を持つが、下層の集団にとっては「上層の集団に服従を指定されている事項は集団自治の範囲外」であり、「統治の対象ないし客体」である。治者と被治者は「相互に異質の他者」であり、本国と植民地、藩とムラなどがそうした関係の典型であった。そのような「帝国」に代わって「国民国家」が誕生すると、平等な国民による「国民自治のイメージ」が作られる。[*100]

政治とは何かも、国家とは何かも、権力とは何かさえも出てこない。しかし読者は、何も知らない学生でも、これだけで政治とは何かがわかるのではなかろうか。筆者は「学生は知っていることしかわからない」という京極の言葉を聞いたことがある。ついでに言うと、「教師はより少なく教えろ」という言葉も。この本の冒頭を読めば、二〇歳の学生でもそれまでの経験に照らして、個人も集団も国家もいかに外部からの干渉を退けて自立することが困難であるかを知るであろう。いわんや真空状態に置かれたとしても、京極があらゆる機会に述べているように、性と暴力の欲望を抑えて個人自治を維持することは、特に若者にとっては困難なのである。もちろんそれは言い訳にはならないが。

最初のうち、「制度」という言葉が何度も出てくることに戸惑う読者が多いと思われる。まず「政治の制度」がある。これは普通は大統領制とか議院内閣制とか、あるいは議会の一院制とか二院制のことであるから、理解される。次にしばしば登場するのが「知識の制度」という言い方である。[*101]これは「決まったものの見方」というほどの意味であるが、背景には思考範型とか世界像（京極の場合は特に「意味の宇宙」としてのコスモス）というものとの関連があるから、一筋縄では行かない。「知識の制度」の中には「制度の知識」も含まれるから、なお複雑になる。「制度」は行動の「定型」であるが、「定型」であるがゆえに天下り的な規範性を有することが普通であって、ときにお仕着せがましい。

もう一つ、京極が頻繁に用いる言葉は「洋式」である。本文での最初は二三頁から二四頁で、「徳川幕藩体制は洋式立憲国家へと再編成された」（第一部のリードにすでに「洋式国家機関の設定」という言葉がある）。典型的には「明治政府が企画する洋式文明の日本への移転を、効率よく、推進するのは、洋式国家の官僚制であった」。[*102]「洋式」は何よりもまず立憲制や「法の支配」という西洋由来の国家形態や政治制度について言われるが、その背景に「洋式文明」と言われるような科学技術文明、工業技術文明およびそれを可能にする官僚制組織を有している。

「洋式」の対極は京極のエッセイ集のタイトル『和風と洋式』にもあるように「和風」であるが、京極が言う「洋式」にも「洋食」と同じようにすでに相手側からは普遍化の契機が、受け取る側にとっては摂取ないしはアレンジの契機が含まれている。つまりしばしば日本において西洋の文物の導入はあたかもできあがった製品のようにと言われるが、それでも直輸入は不可能で、加藤周一（一九一九〜二〇〇八）が言うような「雑種文化」になるわけである。京極が一方純粋の「洋式」と他方「和風」のずれを最も強く意識するのは、「事実の世界」と別に「法と権利の世界」を構成する法律技術を西洋から導入した日本が、法律の運用において伝統的な「世間法」とか世間常識の圧力を受ける局面である。多数決の実際などに最もよく現れるが、具体的には後述する。なお、第一章第二節「議会政治」、第三節「体制の運用」、すなわち二二頁から六四頁までは、先にも述べたように日本の近現代史の要約という側面を持つ（章と節の数字は三部を通じて累積する。全体は七章一六節から成る）。

第二章「政治関与」第四節「政治の知識」は京極らしい視点と言葉遣いが際立つ節である。まず「政治関与」であって、「政治参加」ではない。巻き込まれ感があるが、それが京極の捉える個人から見た政治観である。一般人の政治関与に入るに先立って、現代の分業の時代において、職業政治家、官僚制、ジャーナリズムという「職業としての政治」の三部門があることを確認する。[*103]ジャーナリズムが前二者と互角の位置を占めるところにも京極の政治観がある。これは知識人というより政治記者を念頭に置いている。かつては各新聞社とも自民党の派閥の領袖を担当する「番記者」という役割を置いて、彼らは「夜討ち朝駆け」の取材と同時に領袖に対して情報の提供を行い、総裁選挙ともなればともに戦った。今日でも「番記者」は存在するが、携帯電話やインターネットの普及により職業政治家（だけではないが）の情報交換のあり方が革命的に変わり、取材がしにくくなったことは周知の通りである。

次いで、「制度」、「状況」、「原理」という重要な概念を導入する。*104 これは京極の独創ではない。「制度化」と「状況化」は岡義達の『政治』でも重要な役割を果たす基本概念であった。政治現象を水にたとえれば「制度化」は固体化であり、「状況化」は液体化である。京極の特徴はそれに「原理」を加えて三概念としたことである。いわば気体が加わって、文字通りの水の三状態となった。注目されるのは、京極は必要ないと考えてか説明していないのだが、この三つの概念と後のノモス、カオス、コスモスとの関連である。「制度」が「定型」であるのに対して、「状況」は災害や事故のような形で起こる制御不能の混沌であり、カオスである。だからこそ「状況規定」が重要にもなる。一方で「制度」の背後に置かれた「原理」は「制度」をまさに原理的に思想的に支えるコスモスの役割を果たす。しかし京極はこの「制度」、「状況」、「原理」の三用法では「意味の宇宙」の説明能力が低いと見てか、後にノモス、カオス、コスモスの三概念を援用するのである。

さて、人間は政府、諸官庁から見て統治の客体であるが、「主体となる能力を具えた自由な個性でもある」。「そして、客体が主体を実現するひとつの経路は、知的離脱による精神の解放の経路である。特定の時代の特定の社会と文明というカプセルのなかに封入され、その社会と文明の「知識の制度」を全く自明のものとして受容している「組織された」状態から、知的に離脱する。そして、自分が封入されている社会と文明の外側に出て、客観的な対象として外から認識することによって、人間の自己認識、自己理解を拡大し、精神を呪縛から解放する」[*105]。京極ぶしが全開である。京極は人間が主体となる知的な経路については、これまでにも何度も触れてきた。しかしそれだけではない。

「分類され、管理され、統治される客体が、自由な個性として、主体を実現するいまひとつの経路は、住民運動であれ、環境運動であれ、私生活とも分業体系の職業生活とも別の、公共的次元において活動する「実践」の経路である。共同生活の問題について、人々が集まり、仲間を見出し、解決法について意見を述べ、説得し、妥協し、具体的な共同作業の編成に同意し、指導し、服従し、自力、自前で協力して行動する、このいわゆる小政治の活動が経路である」[*106]。

秩序を形成し再形成する能力を養うために必要なのが天下国家論ではなくて、「選択と契約との日常的な経験」であることを説いてきた京極であった[*107]。「小政治は公共的次元の活動であるが、職業政治家、官僚制、ジャーナリズムによる「職業としての政治」、いわゆる天下国家の大政治ではない」[*108]。しかし知的離脱と並んで、統治の客体が主体となるかけがえのないルートである。

第五節「政治の心理」には京極の心理学好きがよく現れている。ここでまず「発想法」として再び「制度」、「状況」、「原理」の三概念を用いている。制度的に発想する人の代表は官僚であり、状況的に発想する人の代表は「渦中の当事者」としての職業政治家あるいはそれを追いかけるジャーナリストであり、原理的に発想する人の代表は思想家ないしはイデオローグである[*109]。次いでクレッチマーの「分裂質」、「循環質」、「粘着質」の三分類の説明があり、宮城音弥に依拠した「強気」、「勝気」、「弱

ける「競争の戦場」を説明するときの重要な手がかりとなる。

気」の三分類の説明がある。[*110] このうち、特に「勝気（ヒステリー質）」は、後に日本の政治文化にお

『日本の政治』（Ⅲ）——「意味の宇宙」

第二部「秩序の構図」は「意味の宇宙」(symbolic universe)、すなわちコスモスの話である。京極は早くからMircea Eliade (Translated from the French by Willard R. Trask), *The Myth of the Eternal Return or Cosmos and History*, 1954.（堀一郎訳『永遠回帰の神話』未来社、一九六三年）などを学生にも勧めてきたが、エリアーデは邦訳に付けられた「祖型と反復」という副題も示すように聖と俗、コスモスとカオスの二元論であり、改めて先述のように上野千鶴子やピーター・バーガーらに依拠してノモス、カオス、コスモスの三元論を用いたのである。もちろん内容的には「内側」と「外側」の区別にしても、「競争の戦場」の理論模型の提示にしても、京極が日本の政治文化を取り上げるときに繰り返し語ってきたものである。

西洋のコスモスは「神聖コスモス」としてのキリスト教と、「世俗コスモス」としての科学的宇宙像である。京極によれば、「プロテスタンティズムは創造神の超越を説いて、神を無限遠の彼方に移し、一切の呪力を排除して、宇宙の中に天体だけを残した」[*111]。かくすることによって自然科学的世界像が誕生したが、それは神が作った秩序の完全性を前提としていたのである。つまり「世俗コスモス」と「神聖コスモス」の関係は逆説ではなくて順接である。

そこで日本のコスモスは「集合体コスモス」と「相即コスモス」である。二つあること、そして

各々の命名の仕方に京極のオリジナリティーがある。まず日本には「呪術追放」の経験がなく、「霊力と呪術の信仰」が遍在している。存在するすべてのものが霊力を持つ。その上で「神威、霊力の主宰するコスモスが集合体を掩蔽（カバー）し、その霊験によって集合体の存続と繁栄を保証する」という信仰を成員が共有するとき、「集合体コスモス」が成立する。そのとき集合体は「永遠の実在」であり、成員に人生の意味を保証する。そのような集合体の代表はイエ、ムラ、クニ、勤め先である。イエには祖霊、ムラには氏神、クニには皇祖皇宗の神霊が宿る。これらには「上下ないし大小の包摂関係」がある。[*112]

一方、「相即コスモス」においては、草木国土も、多様な神仏、霊力も、人間とその社会と歴史も超越的ないし形而上的な実在と「一元的に」相即不二である[*113]。すなわち、集合体と成員との関係を見るとき、前者が後者を併呑するだけでなく、後者もまた「形而上的な実在」と直結する道を残しておくことで、いわば個人の抵抗権が保障されているところに京極モデルの特徴が存在する。

「相即コスモス」においては集合体のみならず個人も実在と合一するがゆえに、個人は所属する集合体の下位に立つとともに対等でもある。そしてイエ、ムラないしは勤め先、クニは包摂関係にある。京極は上位の集団が下位の集団もしくは個人に対して行う要求をタテマエ（建前）、下位の集団もしくは個人が上位の集団に対して行う反論をホンネ（本音）として構成する。つまり「正統性の並存」が見られる。[*114]「一寸の虫にも五分の魂」なのである。集団の側でもときに成員に対して「無理をしない」、「宥める」、「甘やかす」対応が求められる。[*115]

「相即コスモス」の一つの系は「悪の不在」である。すべての存在は実在と直結するからである。

そのようなところでは元来人間の悪の能力を前提にしてそれを人工的に封じ込める試みとしての政治は求められない。根からの悪人はいない。ありのままでよい。「人間万事、色と欲」である。[116] 悪は一時の汚れ、気の迷いである。汚れは禊ぎや祓いによって取り除かれる。何があっても、ともかく元気いっぱいでいること、生命力のあることが肯定される。[117] もちろんだからといって、したい放題にはならない。内と外の区別があり、他人の目があり、恥の意識があるからである。ここで京極政治学の重要な概念である「堅気」あるいは「堅気の生活者」が登場する。[118] 彼らはいかにふるまうか。だが、その前に、用語について若干検討を加えておきたい。

「集合体コスモス」というのは、これまで短くは「集団主義」とか「集団本位」と言われてきた概念に近似する。[119] これは「個人主義」、「個人本位」の対概念である。日本人の行動様式が集団主義的であるということは、多くの日本研究者に共通の指摘である。「集団主義」という用語が形容矛盾であること、すなわち個人よりも所属集団の価値を優先させるのに、あたかもそれが個人の自発的選択であるかのような「主義」という言葉を使うことの是非は問わないでおく。

たとえばロバート・ベラーはさしあたり徳川時代の日本についてであるが、「家族であれ、藩であれ、全体としての日本であれ、当該集団の構成メンバーの一人が属しているのは特殊な体系ないしは集合体である。これらに献身（コミットメント）することが、真理とか正義とかに対するような普遍主義的献身よりも優先する傾向をもつ」[120] と述べる。また加藤周一は次のように言う。「いかなる原理も具体的で特殊な状況に超越しないから、超越的な原理との関連においてのみ定義されるところの普遍的な価値も成りたたない。しかしもちろん、そういうことは、特定の個人にとっての絶対的な価値がありえないという意味ではない。それどころか特定集団の首長が、その集団の成員にとっては、しばしば絶対的な権威となり、忠誠が絶対的な価値となった（天皇制国家からヤクザ集団まで）。しかし他の集団の成員にとっては、その権威は通用しないし、その首長への忠誠は価値ではない」[*121]。

両者に共通するのは日本人の行動様式が普遍主義的であるよりは特殊主義的であること、所属集団に埋没していること、したがって異なる集団への所属（これは同一人が複数の集団に所属していて、とりあえずの準拠集団を選択する場合にも起こりうる）が異なる行動様式をもたらすということである。要するに村上泰亮が「ゲマインシャフト分解」の未発として整理した問題であるが[*122]、この文脈ではそれと超越神の不在という事実とが鶏が先か卵が先かの堂々めぐりの議論となる傾向がある。

京極の用語法の独創性と利点は、コスモスの概念の導入により、問題を人々の「意味の宇宙」の次元で扱ったことである。「意味の宇宙」は人々の頭上を東京ドームの天井のように覆っていて、人々は実際にはその外へ出ることができない。頭で考える「知的離脱」が可能であるのみである。日本人の多くは生きる意味、生きがい、身元の保証を職種や業種からよりも所属集団から受け取っているということである（もちろん職人肌の人もいるが）。自己紹介をするときや名刺に肩書きを記すときに、何よりも職種ではなく所属集団に言及するのである。

ただし今や次の問題も発生する。そうした「集合体コスモス」は今日特に若い人々の間になお存在するかという問題である。一九九〇年代以降、企業の終身雇用制度の崩壊により、いわゆる「会社主義」的な行動様式は急速に地を払うようになった。非正規雇用の増大に伴い、日本の企業文化や政治文化が「集団主義」であると説くことはブラック・ユーモアに近くなった。もちろん問題は幾重にも複雑で、かつて神島二郎も説いたように、そもそも「自然村」の崩壊こそが「擬制村」を生んだのであるから、今日でも新たな集団が求められる余地は存在する。しかしこの議論は改めて別途に行う必要があるであろう。

さて、集団への所属が前提になると、自分と相手が同じ集団に所属しているかどうかによって、交際の仕方が変わる。より内側の人間か外側の人間かを絶えず区別するのである。これが京極の言う人間交際の「四重の同心円」である。自分を中心にして、次第に外側へ「身内」、「狭い世間（仲間）」、「広い世間（天下・日本）」、「海外・外国（世界）」と広がる。「狭い世間」と「広い世間」の違いはお互いに面識があるかないか、面が割れているか否かである。[*123]

「身内」はくつろぎと無作法の世界、「狭い世間」は近所合壁、勤め先、同業者など、継続的な付き合いがあり、したがって遠慮がある世界、「広い世間」は互いに匿名で「赤の他人」どうしの「旅の恥はかきずて」にできる世界、海外はまさに海の外の一番外側の世界である。重要なことは、境界は相対的なもので、より内の人に対してより外の人がいて、より外の人に対してより内の人がいる。「狭い世間」の人は「身内」ではないから遠慮と気配りが求められるが、「広い世間」の「赤の他人」に比べればよく知っている人で、場合によっては「身内」化して扱う。[*124]

「内側」と「外側」は「基地」と「戦場」として認識される。「狭い世間」はもちろん競争の世界であるが、「広い世間」に対しては協力して戦う仲間、基地の性格も有する。日常的に人は家に帰ってくつろいで英気を養い、年に二度、盆と正月に故郷に帰ってエネルギーを補給する。[*125]

所属集団の内部、内側の世界では「和」が求められる。かつての「自然村」、村落共同体では土地を離れては生活できず、農作業には協力が必要であったから、紛争の表面化は回避されなければならなかった。人々は孤立のリスクを恐れて容易には口を開かず、したがって集団の意思決定には周到な「根回し」が必要であった。(1)「差し」でじっくり話す、(2)交信しながら「察する」、(3)「肚」で原案を作る、(4)「公式の決定」の四段階を説いた「根回し」の手順の説明は、この本の中でも最も精密を極めた叙述である。*126

しかしまちがってはならないのは、集団の内部に利害の対立がなく、いつも仲がよいわけでは決してないことである。「和の実際」の部分がその実情を明らかにする。生産力が低い段階では、そして今日でも集団の中で犠牲が求められる局面は存在するから、「大の虫を生かすために、小の虫を殺す」必要が生ずる。有力者、強者は弱者に対して「生きていられるだけ、有難いと思え」と迫る。弱者は免れるために「胡麻をする」。もちろん「無私の人」がリーダーである場合もあるが、圧制になる場合もある。最終的には「一寸の虫にも五分の魂」ですべての人が霊力を持つ「相即コスモス」が発動されるから、圧制に対する抵抗の契機が存在しないわけではない。*127

この「和の実際」の叙述は、後の第三部「権力の運用」の三つの理論模型の最初の「親心の政治」を理解するための伏線として重要である。「親心の政治」を純粋な利益政治と見ることは当を失するが、さればと言って権威と恭順の純粋なパターナリズムと見ることも的をはずす。利益政治とパターナリズムの混合形態、親に擬せられた側と子に擬せられた側の駆け引きを解くのが「親心の政治」のモデルである。

以上は集団の内部の話であるが、外部へ打って出るときはどうなるか。それが「競争の戦場」でのふるまいである。京極は「競争の戦場」を「ジャングルの掟」が支配する何でもありの世界として構成する。もちろん境界は相対的に移動するから、「競争の戦場」が外国であることもあれば、場合によっては「狭い世間」であることもある。このあたりの記述は先に見た神島二郎の『近代日本の精神構造』が描き出したような「群化社会」としての大都会、大衆社会の姿に類似し、『明治大正史世相篇』に代表される柳田国男の民俗学の成果がよく効いている。「故意に固有名詞を一つでも掲げまい」[*128]という柳田の抽象化する精神も不断に生かされている。

成功者は少ないが、豊臣秀吉を第一のモデルとする成功者は権勢をひけらかすだけでなく、世間の評判を気にして寄付をするなどして、成功者らしくふるまわなければならない。秀吉にはなれないとしてもせめて「人並」にというのが多くの人々の願いである。[*129]

『日本の政治』(Ⅳ)――「権力の運用」モデル

京極の政治過程を分析する理論模型がいつどうして「親心の政治」、「正論の政治」、「権勢の政治」の三つになったのかについては、明確なことはわからない。筆者が聴講した一九七五年度の講義においても、正論、親心、権勢の順であるが、すでに詳細な説明がある。簡単に考えれば、親心は自民党の政治、正論は野党もしくは学生運動の政治、権勢は政権争奪の政治である。親心が選挙区の政治であるのに対して、権勢は派閥政治、永田町の政治ということもできる。それらをここまで述べて来た日本人の「意味の宇宙」の解釈学に乗せて解き明かす。

第三部のリードにおける京極自身の簡潔な説明によれば、「親心の政治」は「「親心」と「甘え」の秩序意識のもとで、「地元の面倒」と「票」を交換する〈利〉の政治」、「正論の政治」は「「真理」を楯に糾弾と天誅で迫る正論派と世間常識と現実感覚を説いて抵抗する俗論派、この正論派と俗論派の抗争の模型」」、「権勢の政治」は「「乱」の演出と「馴れ合い」の運用を特徴とする政界政治」である。[*130] 若き日の高畠通敏が政治評論のデビュー作「政治の発見」で政治のイメージのタイプを「乱」、「治」、「ムラ」、「正」と、それらとやや異質の「自治」の五つとして提示した[*131]のを想起させるが、それは京極、神島、高畠の政治認識のパラダイムの共通性を思わせるエピソードでもある。なお、一言すれば、「正論の政治」は社会党の国会質問や学生運動が盛んだった一九六〇年代を念頭に置くともっぱら左翼の政治のように見えるが、今日ではある意味では、特に「正論」が「正教」に近づく場合には、戦前への回帰を思わせる右翼の政治の観がある。

さて、「親心」が求められ発動される一つの契機は、「職業としての政治」を担当する職業政治家と省庁官僚制の相違もしくは役割分担である。「エリート官僚」は試験採用であり、杓子定規で、冷たい。そこに特に「人間味」あふれる「党人」イメージが成り立つ。[*132]「地元の面倒」をみるというもともとあった言葉を普及させたのも京極であるが、鉄道の敷設と高等教育機関の誘致を中心に「地元の面倒」をみる手法を始めた元祖は戦前の政友会の原敬であった。その意味で戦後の自民党が独創性を誇ることはできないが、日本国憲法の制定による議会中心主義と衆議院の中選挙区制度と自民党の長期政権と、さらに日本経済の高度成長は、「地元の面倒」と「票」を交換するシステムを大規模に発達させた。京極はあまり言及しないが、田中角栄がそうしたリーダーの典型であることは改めて指摘するまでもない。

京極は親心の原型を母の愛と子の甘えに基づく母子一体感に求める。子の自立を許さない母も自立していないわけである。ルース・ベネディクトも言うように、日本の育児法は子どもを躾ける代わりに「のびのびと甘やかす」。そうした母親の役割を務める「大人」には「慈母」のような無限の包容力が求められる。[*133]

戦後の経済復興と高度成長の過程で、地方の選挙区は農業と工業の格差の是正、鉄道、道路、港湾、空港などの文明の利益の均霑、分配を求めた。そうした産業政策や「公共事業」の誘致（田中角栄が道路や橋ができ、地元に雇用が生まれ、土建業者を中心とする選挙組織が固まる「一石三鳥」と呼んだ）を通じて、選挙地盤が固まった。特に中選挙区制度の下では同じ選挙区から複数の自民党候補者が立候補するから政策の違いでは争えず、おのずから「地元の面倒み」合戦になったのは、選挙制度が代わって昔の話になったけれども、周知の事実であった。

もちろん地元出身の政治家と有権者は親子ではない。一皮むけば算盤ずくの、利害打算の冷たい関係である。しかし「陳情」という言葉が示すように、あくまでも「理」ではなく「利」でもなく、「情」を陳べるのであり、聞く側はそれを受け入れるのである。[*134]

ところで、政治過程の三つの分析モデルの一つに「正論の政治」を入れることは、政治のこの側面に対する京極の複眼的視点をよく示している。つまり「思想と政治」や「イデオロギーと政治」ではなくて「正論の政治」であるところに皮肉が見えるが、しかし政治のこの側面を無視しえないという判断が働いている。そして「正論」の反対は「俗論」であり、これは決して進歩と保守とか左翼と右翼の対立ではないのである。「正論派」は左右の立場の相違を超えて成立するのであり、「俗論派」は両者をともに受け止める必要に迫られる。しかし先にも少し述べたように、かつてと異なり今日では「正論」と言えば一九七三年創刊の産業経済新聞社の総合雑誌『正論』を想起する人が多く、八〇年代以降「新自由主義」や「新保守主義」として知られるようにイデオロギー化したのはむしろ保守の側であるから、もっぱら「正論」が社会主義や平和主義を意味した時代とは様子が違っていることに注意しなければならない。

京極はさしあたり「正論」を「タテマエ」の主張とみなす。そして「「上から」のタテマエ論にはホンネを生かす面従腹背の制度が応対に使える。しかし、反論を許さず服従を迫る「横から」ないし「下から」のタテマエの主張にはホンネを生かす応対の制度がなく、その分だけうっとうしく閉口である」と言う。*135 具体例が挙げられているわけではないが、親の言行不一致を責める子の批判や、「政治とカネ」の問題をめぐるマス・メディアの批判がすぐ頭に浮かぶ。

「常識正論」や「専門正論」などの通常の「正論」はノモスに基づくが、中には「コスモスを援用する」「正論」がある。京極はこれを「正教」と呼ぶ。*136 古典的な事例は古代ユダヤ教の預言者である。あるいはそれが世俗化すると「真理の支配」の唱道者になる。日本のコスモスには聖典がないが、死者の霊を弔う「鎮魂正論」はある。戦争や災害や事故で亡くなった人々の霊に報いなければならないという発想である。*137「正教」の唱道者は新興宗教の場合がそうであるように、何らかのカリスマの所持を証明しなければならない。修行、苦行、密儀、あるいは社会主義運動の場合は清潔、質素などのイメージである。*138 だから「俗論派」の「正論派」に対する反撃の有力な武器は、そうしたカリスマが虚偽であることの告発である。*139

「俗論派」は「正論派」の攻撃をしのぐために時間を稼ぐ。「正論」に対しては同じ土俵では勝負できない。時間を稼いでいるうちに「正論派」が分裂したり、カリスマの嘘が暴露されたりすればもうけものである。[*140]「正論派」の主張が行き過ぎれば、「正論は人間の現実に合わない」、「それでは世の中は動かない」などと言ってみるが、逆効果になる場合もある。[*141] しかし人間は有限な存在であるから、あるとき憑き物が落ちたように状況が変化することもある。[*142]

最後は「権勢の政治」モデルである。例によって具体的な人名はほとんど出てこないが、この本が出た一九八三年は自民党の派閥政治の全盛期であった。一九七二年の田中内閣の成立以来、田中、三木、福田、大平、鈴木、中曽根とほぼ二年おきに首相が交代した。中曽根内閣だけは八二年から五年間続くことになる。自民党の長期政権の時代であり、野党第一党の社会党が政権を取る可能性は、そもそも過半数を上回る公認候補者を出せなかったのだから、皆無と言ってよかった。つまりそうした自民党の派閥の領袖間の疑似政権交代を素材にして「権勢の政治」モデルは作られている。

しかし今日から見れば意外なほどに、京極はマス・メディア、特に新聞の役割を重視している。[*143] 京極が「職業としての政治」の領域に職業政治家、官僚制と並んでジャーナリズムを入れていることはすでに述べた。新聞がなぜ重要かと言えば、「現実」を規定するからである。「新政策」はそうした「現実」の定義、状況規定から生まれる。[*144] 岸内閣の安保改定も前代に対してそうであったが、その安保改定で生まれた混沌を転換させた池田内閣の所得倍増政策が典型的である。もちろん政治の課題は無数にあるから、その中から何を選んで取り組むべき現実とするか、言い換えれば政治の争点とするかが重要であり、その過程において職業政治家、官僚制、ジャーナリズムの意図的な、あるいは意図せざる様々な対抗関係および協力関係が現れる。こうして永田町の政治と選挙区の政治が循環し、職業政治家と有権者をつなぐ政治システムのフィードバック・ループが完成する。

註

＊1　京極純一「教授の研究結果報告書」『東京大学研究・教育年報』七（一九八三年）一六七頁。
＊2　京極純一「政治意識とは何か」『政治意識の分析』（東京大学出版会、一九六八年）三頁。
＊3　京極純一「現代政治学の問題と方法」『現代民主政と政治学』（岩波書店、一九六九年）五三〜六七頁。
＊4　京極純一「あとがき」前掲『政治意識の分析』三〇三頁。
＊5　京極純一「戦後総選挙における投票行動」前掲『政治意識の分析』二三〇頁。
＊6　京極純一「日本における政治行動論」前掲『政治意識の分析』二九四頁。
＊7　京極純一「現代日本における政治的行動様式」前掲『政治意識の分析』五五、五九、六一頁。
＊8　京極、前掲「現代政治学の問題と方法」五四頁。
＊9　同右、五〇〜五一頁。
＊10　京極、前掲「現代日本における政治的行動様式」一五頁。
＊11　同右、六六頁。
＊12　京極純一「高知県における社会的経済的事情」東京大学教養学部社会科学科『社会科学紀要』（一九五二年）一九頁。
＊13　同右、二四頁。
＊14　京極、前掲「現代日本における政治的行動様式」五六〜五七頁。
＊15　同右、五九〜六一頁。
＊16　同右、六三〜六六頁。
＊17　京極純一『日本の政治』（東京大学出版会、一九八三年）一五九〜一六〇、二一五頁。
＊18　京極、前掲「現代日本における政治的行動様式」三一、二四、二九頁。
＊19　同右、二九〜三〇頁。
＊20　京極純一「私の来た道」『増補新装版　和風と洋式』（東京大学出版会、二〇一三年）二三一、二三五〜二三六頁。
＊21　神島二郎「あとがき」『近代日本の精神構造』（岩波書店、一九六一年）三六五頁。

＊22　神島二郎「天皇制ファシズムと庶民意識の問題」前掲『近代日本の精神構造』二四、三〇、四六頁。「「中間層」の形成過程」前掲『近代日本の精神構造』一六七～一六八頁。

＊23　神島、前掲「天皇制ファシズムと庶民意識の問題」四一、三四、三五頁。前掲「「中間層」の形成過程」二〇一頁。

＊24　神島、前掲「天皇制ファシズムと庶民意識の問題」二二頁。

＊25　神島二郎「まえがき」前掲『近代日本の精神構造』i頁。

＊26　神島、前掲「天皇制ファシズムと庶民意識の問題」五九頁。

＊27　同右、六〇頁。

＊28　京極純一、升味準之輔「政治意識における前進と停滞」日本政治学会編『年報政治学一九五三年度』「戦後日本の政治過程」（岩波書店、一九五三年）一〇九、一一一、一二四頁。

＊29　升味準之輔「政治過程の変貌」岡義武編『現代日本の政治過程』（岩波書店、一九五八年）三一九、三三八、三六三頁。

＊30　京極純一「戦後日本の政治意識」前掲『政治意識の分析』一三七、一四〇、一三二頁。京極論文はこの論文集から引用する。

＊31　同右、一四一頁。

＊32　同右、一四二、一四三頁。

＊33　同右、一四三～一四四頁。

＊34　京極、前掲「戦後日本の政治意識」一七七頁。

＊35　没後に刊行された『丸山眞男話文集』続2（みすず書房、二〇一四年）二三頁には、「シニカルだからな、京極君は」という丸山の言葉がある。

＊36　京極純一「私の来た道」前掲『増補新装版 和風と洋式』二四六頁。

＊37　京極純一『植村正久――その人と思想』（新教新書、一九六六年）一七一頁。

＊38　同右、一五頁。

＊39　同右、一七、五三、一一五～一一七頁。

＊40　同右、三六、五三、五四頁。

＊41　同右、一九～二一、二四～二五、九六頁。なお、戦前の天皇制国家が「国教会制度」を有したとする京極の認識は、早くは前掲「戦後日本の政治意識」『政治意識の分析』一七四頁に、そしてその後も繰り返し見られる。

＊42　京極、前掲『植村正久』四五頁。

＊43　同右、三二～三五頁。

＊44　同右、八、一六五～一六九頁。

＊45　同右、一八、一九、四〇頁。

＊46　同右、五～七頁。

＊47　京極、前掲「日本における政治行動論」二九二頁。
＊48　岡義達「権力の循環と象徴の選択」『国家学会雑誌』第六六巻第一一・一二号、三三～三四頁。
＊49　同右、三五～三八頁。
＊50　同右、四〇～四三頁。
＊51　同右、五一～五二頁。
＊52　同右、四二～五〇頁。
＊53　京極純一「リーダーシップと象徴過程」前掲『政治意識の分析』二三五～二三七頁。
＊54　同右、二三六頁。
＊55　同右、二三九頁。
＊56　同右、二四〇～二四一頁。
＊57　三隅二不二『リーダーシップの科学』（講談社ブルーバックス、一九八六年）参照。
＊58　京極、前掲「リーダーシップと象徴過程」二六四頁。
＊59　同右、二七九頁。
＊60　同右、二六七頁。
＊61　京極、前掲「日本における政治行動論」二九二頁。
＊62　都築勉『政治家の日本語――ずらす・ぼかす・かわす』（平凡社新書、二〇〇四年）。
＊63　京極、前掲「現代政治学の問題と方法」四〇～四五頁。
＊64　京極純一「あとがき」前掲『現代民主政と政治学』三四四～三四五頁。
＊65　佐藤栄作の首席秘書官だった楠田實の日記には、索引によると一九六九年から七二年までの間に一六回、京極の名前が出てくる。たとえば、一九七〇年二月四日には「午前、京極純一さんの家へ行き、施政方針演説の原稿について相談する」（『楠田實日記』中央公論新社、二〇〇一年、四三五頁）とある。池田勇人の秘書官を務め、後に大平正芳を支えた伊藤昌哉の『実録自民党戦国史』（朝日ソノラマ、一九八二年）には、「京極教授の実践的な見解を高く評価していた」（二〇〇頁）という言葉がある。
＊66　京極純一「「デモクラシイ」と「ナショナリズム」」前掲『現代民主政と政治学』一六〇～一六一頁。
＊67　同右、一六四頁。
＊68　同右、一六五～一六六頁。
＊69　同右、一六七頁。
＊70　同右、一七二～一七四頁。
＊71　エーリッヒ・フロム（日高六郎訳）『自由からの逃走』[Erich Fromm, Escape from Freedom, 1941.]（東京創元社、一九五一年）の特に二八六～二八七頁。
＊72　京極、前掲「「デモクラシイ」と「ナショナリズム」」一八六頁。
＊73　京極純一「日本社会と「憲法問題」感覚」前掲『現代民主政と政治学』一九三頁。
＊74　同右、一九四～一九七頁。

＊75　同右、一九五頁。
＊76　同右、一九六頁。
＊77　同右、一九九頁。
＊78　同右、二〇一頁。
＊79　同右、二〇二頁。
＊80　P・ティリッヒ、京極純一「東西知識人論」『中央公論』一九六〇年八月号。
＊81　京極、前掲「日本社会と「憲法問題」感覚」二〇五、二二一頁。
＊82　京極、前掲「あとがき」三四七頁。
＊83　京極純一『文明の作法』（中公新書、一九七〇年）一八九頁。
＊84　同右、七六頁。
＊85　同右、八五～八六頁。
＊86　同右、一九五頁。
＊87　京極純一「『日本の政治』東京大学出版会五〇年の本棚から」前掲『増補新装版 和風と洋式』二二五頁。
＊88　たとえば、阿部斉、新藤宗幸、川人貞史『日本の政治』（放送大学教育振興会、一九八六年。同『概説現代日本の政治』東京大学出版会、一九九〇年、として再刊）、伊藤光利、辻中豊、村松岐夫『日本の政治』（有斐閣、一九九二年、第二版、二〇〇一年）や、佐々木毅、清水真人編『ゼミナール現代日本政治』（日本経済新聞出版社、二〇一一年）など。
＊89　筆者の一九七五年度「政治過程論」のノートによる。
＊90　『京極純一教授政治過程論』（東京大学出版会教材部、一九七九～八〇年）1、六五～七三頁。なお、バーガーとルックマンの本は冒頭（一、三頁）で紹介される。
＊91　京極、前掲「『日本の政治』東京大学出版会五〇年の本棚から」二二七頁。
＊92　Jun-ichi Kyogoku, (Translated by Nobutaka Ike) *Political Dynamics of Japan*, University of Tokyo Press, 1987., p. viii.
＊93　ibid., p. 40.
＊94　ibid., pp. 41-52.
＊95　京極、前掲『日本の政治』一三七～一三八頁、二一五頁。
＊96　Jun-ichi Kyogoku, *Political Dynamics of Japan*, pp. 52-62.
＊97　ibid., pp. 63-95.
＊98　京極、前掲『日本の政治』五頁。
＊99　同右。
＊100　同右、五～七頁。
＊101　最初は、同右、六頁。詳しく説明されるのは六七～七六頁。
＊102　同右、二五頁。
＊103　同右、一一、六九～七二頁。

＊104　同右、七八〜七九頁。
＊105　同右、八一〜八二頁。
＊106　同右、八三頁。
＊107　京極、前掲「「デモクラシイ」と「ナショナリズム」」一六六頁。
＊108　京極、前掲『日本の政治』八三頁。
＊109　同右、八七〜八九頁。
＊110　同右、九九〜一〇五頁。
＊111　同右、一二六〜一三〇頁。
＊112　同右、一三二、一三五〜一三六頁。
＊113　同右、一三七〜一三八
＊114　同右、一五九〜一六〇頁。
＊115　同右、一六一頁。
＊116　同右、一七〇〜一七一頁。
＊117　同右、一七六〜一七七頁。
＊118　同右、一八七頁。
＊119　日本人の行動様式を「集団主義」と規定する代表的な議論は、村上泰亮『産業社会の病理』（中公叢書、一九七五年）第九章「日本近代化の構造」に見られる。
＊120　R・N・ベラー（池田昭訳）『徳川時代の宗教』[Robert N. Bellah, *Tokugawa Religion*, 1985.]（岩波文庫、一九九六年）五四頁。
＊121　加藤周一『日本文学史序説』上（ちくま学芸文庫、一九九九年）三七頁。
＊122　村上泰亮、前掲『産業社会の病理』一八四頁。
＊123　京極、前掲『日本の政治』一九一〜一九二頁。
＊124　同右、一九二〜一九五頁。
＊125　同右、一九五〜一九八頁、二一八頁以下。
＊126　同右、二〇七〜二一〇頁。
＊127　同右、二一一〜二一六頁。
＊128　柳田国男『新装版 明治大正史世相篇』（講談社学術文庫、一九九三年）七頁。
＊129　京極、前掲『日本の政治』二一八、二二三、二二五〜二二八頁。
＊130　同右、二四二頁。
＊131　高畠通敏「政治の発見」『高畠通敏集』2（岩波書店、二〇〇九年）二九頁。
＊132　京極、前掲『日本の政治』二五〇〜二五一頁。
＊133　同右、二五三〜二五五頁。
＊134　同右、二六四〜二六六頁。
＊135　同右、二九五〜二九六頁。
＊136　同右、三〇四頁。
＊137　同右、三〇五〜三〇八頁。
＊138　同右、三一一〜三一二頁。
＊139　同右、三一二、三三六〜三三九頁。
＊140　同右、三三三〜三三九頁。
＊141　同右、三二〇頁。
＊142　同右、三三三〜三三四頁。

＊143 同右、三四八〜三五五頁。
＊144 同右、三八一〜三八三頁。

終章　政治学の一〇〇年

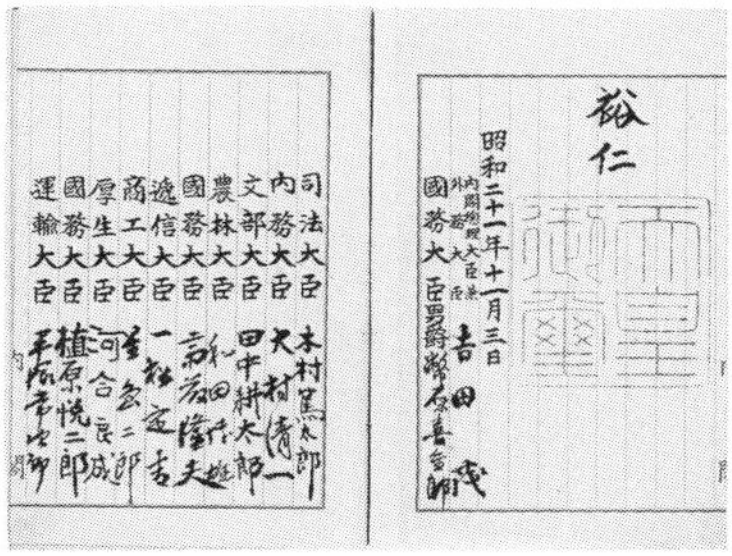
裕仁
天皇御璽
昭和二十一年十一月三日
内閣總理大臣兼外務大臣　吉田茂
國務大臣　男爵　幣原喜重郎
司法大臣　木村篤太郎
内務大臣　大村清一
文部大臣　田中耕太郎
農林大臣　和田博雄
國務大臣　齋藤隆夫
遞信大臣　一松定吉
商工大臣　星島二郎
厚生大臣　河合良成
國務大臣　植原悦二郎
運輸大臣　平塚常次郎

上：日本国憲法原本。御名御璽と大臣の副署
下：安保闘争時に国会を取り囲んだデモ隊（1960 年 6 月 18 日）

東大の政治学

我々はこれまでに、二〇世紀になって創設された専門分野である日本の政治学の五人の政治学者たちの学問的業績を検討してきた。それはもとより日本の政治学の全体の歴史の中の、重要ではあるが、あくまでも一角を占めるものに過ぎない。しかしそれにしても、これまでに検討してきた五人には何か共通点と言うか、受け継がれてきた伝統のようなものがあるのだろうか。より進んで、一つの学派と呼べるようなものが形成されたのであろうか。もしそうでないとするならば、我々がこれまでに行ってきた考察には果たしてどのような意味があるのだろうか。

一見すると、小野塚、吉野、南原、丸山、京極には、彼らがいずれもある時期東京帝国大学もしくは東京大学の法学部で研究・教育生活を送ったということ以外には何ら共通点がないように思える。広義の政治学の中でのより狭い専攻領域は小野塚の政治学・比較政治、吉野の政治史、南原の政治哲学、丸山の日本政治思想史、京極の政治過程論・計量政治学など、もとよりすべて相異なる。当該分野全体の一層の充実と広がりを求める研究および教育の事情からして、それまでにない領域の人材をもっぱら供給してきたという背景もある。職場の先輩として何ほどか後輩の採用や昇格の人事に関わったとしても、そこに秘伝とか奥儀の伝承関係を想定することはできない。

むしろ問題の設定の仕方や研究の方法や、さらには政治的立場や学者としての生き方やジャーナリズムとの関係のとり方などの諸点において、後続の者は先行する者が選んだ進路とできるだけ異なる道を歩もうとしたかのようにさえ見える。興味深いことに京極純一は、「「政治学に先生はない」」。南原繁先生は、折あるごとに、こう説かれた」と述べている。「では、先生なしでどうすればよいのか。「おのがデモンに聞け」。これが南原先生の、ソクラテスをひいた教えであった」[*1]。

この話にはさらに奥がある。京極はある席で「高級官僚出身の、当時著名な政治家」から、「南原君は誰の説を紹介したのかね」と聞かれた。この人物は自らの経験から、東大の多くの講義が西洋の学説の紹介で成り立っていることを知っていた。それに対して京極はこう答える。「誰の説を輸入したとか紹介したとかいうのでなく、ご自分で考えてこられた、それが南原先生のお仕事ではないでしょうか」。それに対するこの政治家の反応は、「フーン、そういうことがあるものかね」というものだった[*2]。南原を「南原君」と呼べる政治家、その意味で十分に知的で当時の日本社会を代表する人の学問観が期せずしてそこに現れているというわけである。それはつまり近代以降、日本の学問の任務はどこまでも西洋の学問の紹介にあったということである。これは明治以来の日本のアカデミズムの成立過程を見てきた我々にとっても、決して軽々に論ぜられる問題ではない。勤勉だったとも言えるし、真の学問はほとんど生み出されなかったと言ってもよい。

もちろん学問は思いつきではない。京極も直ちに断っているように、「外国書であれ、邦書であれ、読書による勉強は徹底的にしなければいけない。しかし、「政治」の研究である以上、最後のところは自分で考えなければ駄目である」[*3]。

あえてつけ加えれば、研究者としての最初の問題関心も重要である。これは、人はなぜ政治の研究を志すかという動機づけの問題である。まず小野塚の場合は明治国家とともに成長しながら、やはり自らと藩閥政府との距離の意識が存在したであろうし、吉野の場合はキリスト教の信仰に基づく超越者への信服と民衆への共感と改革者的情熱があった。南原にはもともとの教育者的資質に加えて内務官僚としての富山県における地域開発の経験と、本省に戻ってからの労働組合法案の起草と挫折という経験があり、丸山と京極には年齢は一〇歳異なるけれども、ともに天皇制ファシズム下で重苦しい青年期を過ごし、すでに敗色濃厚な戦争の最終段階で兵役に召集された経験があった。そうした初期条件からの鍛錬と試行錯誤の積み重ねがやがて手作りの学問を織り成して行く。そしてこれまでに検討した五人の政治学者は、それぞれに時代と向き合う中で、いずれも最後は自分の頭で考えることによって、自前の政治学を築く努力を継続したのである。

一見すると、先生もなくて、もちろん古今東西の学識には通じていなければならないとしても、最終的には各自が自分の頭で考えなければならない学問の世界に、伝統が形成されるはずはない。しかしまさにそうした知的環境の維持が、それぞれの担い手たちが時代の制約と闘いながらも、自由な学問の伝統を形成することを可能にしたのである。

二〇世紀の一〇〇年

二〇世紀の特に前半はしばしば戦争と革命の世紀と言われる。そればかりでなく、一九〇五年の日露戦争の終結から一九四五年の太平洋戦争の終結までの四〇年間は、すでに見たように日本において大学アカデミズムの確立を見た時代であると同時に、近代国家である大日本帝国の興隆と没落の時代でもあった。そうした時代に生を受けた者が政治に対して強い関心を抱いたとしても、それは極めて当然のことである。しかし戦争という非常時の常態化を進める天皇制国家は、総動員体制の下で学問の自由や言論の自由への圧迫を強化した。小野塚、吉野、南原、丸山らの学問はそのような時代において、もちろん様々な立場の人がいる中で、まさに大学アカデミズムの孤塁を守ることによって形成された。

戦争経験は生き残った者をも生死の境目に追い込んだだけでなく、なぜ日本はあのように無謀な戦争を引き起こしたのかという強烈な疑問を生み出した。そうした問題意識は平和国家、民主国家としての日本の再建という新たな目標関心とも結び付いた。政治学が灰塵の中で時代の学問となる社会的背景が生まれていたと言えよう。

小野塚と吉野は戦後の日本を見ることはなかった。それに対して、南原、丸山、京極は、幕末と明治を生きた福沢諭吉のように、戦前と戦後にまたがるまさに「一身にして二世を経る」(『文明論之概略』「緒言」)経験をした。しかしいかに軍部主導の無謀な戦争だったとしても、自国の敗戦を諸手を挙げて歓迎する者は、戦争(敗戦)を通じて革命の成就を願う者を除いては存在しない。そうであればそれまでのナショナリズムのあり方を批判する者も、またある種のナショナリズムを自己の学問および思想の基盤にしていた。そして天皇制ファシズムと戦争の下で抑圧された自由と民主主義とさらに平和主義が、戦後日本の思想の新たな出発点となった。戦後を迎えることができた者は、なかんずく政治学者たちは、これらの思想的学問的課題の具体化に取り組むことになった。焦点になったのは新しい憲法すなわち日本国憲法の制定である。

日本国憲法の政治学

日本国憲法はどのように考えても日本国民によってではなく、日本政府によってでさえもなく、敗戦の結果として日本に進駐してきた占領軍によって制定された憲法であった。国民主権を定めた自国の憲法が外国の勢力によって制定されるということは大きな矛盾であったが、政治的には十分にありえることであった。かつてルソーの立法者の概念が参照したのは、古代ギリシアのポリスが基本法の制定を高度な知性を有しつつ現実に利害関係を持たない他国の者にあえて委ねたという事実であった（ルソー『社会契約論』第二編第七章「立法者について」）。これは決して皮肉ではない。日本国憲法が外国人の手に成ったとしても、そのことはかかる憲法の定着と運用の不可能を意味しない。

しかし近代的な法の支配を重視する者にとっては法的安定性が維持されなければならず、新憲法と大日本帝国憲法との間には何らかの整合性もしくは連続性が担保される必要があった。結局形式的に日本国憲法は帝国議会において大日本帝国憲法の改正として成立し、天皇から国民へのように主権の所在の変動を伴う改正は、もはや改正ではなくてまったくの新憲法の制定であるという主張に対しては、宮沢俊義の「八月革命」説のような法解釈学的対応が試みられた。

もともと憲法は最高法規であると同時に最も抽象的な法規でもあるから、解釈次第で大日本帝国憲法でさえもが十分に立憲君主制的にあるいは議院内閣制的に運用されうると考える、かつて天皇機関説を唱えた美濃部達吉のような憲法学者も存在した。憲法にこうした解釈の幅が存在することについては、今日の日本国憲法第九条についても指摘しうる。あるときから専守防衛のためには保持が認められるとされた必要最小限度の戦力が、なぜ個別的自衛権の行使に限られるのかということも、あくまでも歴史上における解釈の問題である。個別的自衛権に限定したほうが、（自国のみでやるのだから）かえって戦力の拡大を招くことも現実にはありうるからである。自衛隊の海外派兵が他国の戦争に巻き込まれることに道を開くというのは、また別の議論である。もちろん憲法の条文の解釈を導くのは憲法の精神であり、それが今日まで平和主義であることは言うまでもない。

　そもそも古代の律令国家という名称が示すように、律は刑法であり令は行政法であって、さしあたり犯罪の処罰と国家組織の規定のこの二つの法律があれば、国家の運営の基本は成り立つ。極端に言えば、憲法はとりあえずはなくてもかまわないのである。民法的な法規も資本主義社会すなわち市民社会の成立に伴って、物権や債権の観念を確立して取り引きの安全を保証するための市民法として制定された。紆余曲折の結果の大日本帝国における民法の制定が、大日本帝国憲法制定後の一八九六年、すなわち明治二九年であったことも想起すべきである。ちなみに過渡期である一九四七年の高等文官試験の受験科目の憲法が大日本帝国憲法でも日本国憲法でもよいとされたことには、法曹家の目から見たシニカルな憲法観が現れている。

戦後民主主義と政治学

　けれども政治学者においては事情が異なる。政治学はある意味では何でもありの世界を扱うが、「八月革命」説のように革命の成立を言うなら革命の担い手の同定が必要になる。ブルジョワであれプロレタリアであれ、市民であれ国民であれ、革命の主体がない革命は存在しえない。それでも政治変動が起きたとすれば、それは他国による植民地支配か内政干渉か、せいぜいのところクーデタであろう。しかしそれでは敗戦直後の日本で起きた事態は果たして何であったのであろうか。ここでもルソーの言葉を参照すれば、「各個人が自由になることを強制される」（ルソー『社会契約論』第一編第七章「主権者について」）事件である。もし天皇制国家が存続していれば、人民に自由は存在しなかった。しかし幸か不幸か、日本国憲法を付与した占領軍とその背後にあるアメリカは、東西冷戦の激化に伴い、平和主義を採用した日本に今度は再軍備を求めた。冷戦の激化はアメリカにおいても日本においても共産主義に対抗して自由主義を擁護する名目で、現実には思想の自由、言論の自由により制約をはめたから、いまだ占領下にあった日本において、占領権力は日本政府と結託して、わずかに三年の後に今度は日本国憲法の基本的価値を蹂躙する改憲勢力として立ち現れた（日本国憲法の施行は一九四七年、レッド・パージと警察予備隊の設置は一九五〇年）。

日本国憲法の制定過程で、南原繁をはじめとするいわゆるオールド・リベラリスト世代の知識人たちは、日本の民主化そのものには肯定的態度を取りつつ、この憲法の制定過程には非協力的であった。南原とは微妙な関係にあった安倍能成や田中耕太郎ら「オールド・リベラリストの牙城」とされた岩波書店の総合雑誌『世界』の「発刊の辞」に、「連合国の指令する民主主義、個性の尊重、言論信仰の自由、世界の平和等は夫々けっこうである。併しそれは単に戦勝国の戦敗国に対する指令たるが故にでなく、それが人間本性の要求と天地の公道とに根ざすが故にであり、この趣旨は既に炳として明治維新に於ける五箇条の御誓文の宏謨に示されて居る」[*4]とうたわれているのは、そうした見方の典型である。すでに五〇代の後半を迎えていた彼らには、明治人のバックボーンであるナショナリズムが生きていた。

南原が貴族院議員として帝国議会で、それをどこまでも否定する政府に執拗に国体の変更の有無を問い、かつ自衛のための軍備さえをも放棄するのは国家存立の基本的前提に反すると述べたことについてはすでに触れた。オールド・リベラリストたちが抱く天皇中心の文化国家の理念には決して賛同しなかった丸山眞男も、しかし占領軍と日本政府の協力によって制定された日本国憲法の普及活動には、参加を拒んだことを忘れるべきではない。しばしば「戦後啓蒙」という概念規定が安易に使われるが、南原や丸山らは占領下での日本政府主導の民主主義の啓蒙活動の意義についてはあくまでも懐疑的であった。

けれども冷戦の激化を契機とするいわゆる「逆コース」の開始は、世代と専門を超えた戦後日本の知識人たちに改めて民主的価値と平和的価値を含んだ日本国憲法を擁護するための結集の機会を与えた。先述のような創刊の事情を持つ『世界』を拠点とした平和問題談話会の結成がその典型である。そのような継続的な憲法擁護の運動は、いつかある時点でのただ一回限りの国民投票の実施以上に、日本国憲法の定着に向けた営みをリードするようになった。護憲運動の焦点は第九条を中心とする平和主義の擁護であったけれども、そうした運動自体が国家権力の発動を抑制し、思想の自由、学問の自由、言論の自由等々を擁護するという意味で、まさに日本における自由と民主主義の新たな確立をめざすものであった。

なお注目すべきことに、以上に述べたような知識人の活動を導いたのは、戦争中に大学アカデミズムの奥深くで比較的若い世代によって蓄積された社会諸科学の成果であった。そのような知のあり方は、オールド・リベラリスト世代のそれが大正教養主義の流れを汲んで哲学や文学を中心にしていたのとも、また彼らと同世代の人が多かった労農派、および彼らより一世代若く青年期に昭和恐慌に見舞われた人々によって担われた講座派のいずれものマルクス主義者たちの唯物論的な認識とも異なった特徴を持つものであった。丸山眞男や大塚久雄や川島武宜らによって形成された社会諸科学は、もちろん政治学、経済学、法律学の中のさらに細分化された専門分野を発祥の地にしていたけれども、いずれもマルクス主義の発展段階論的な歴史観の影響を強く受けながら、しかもなおマックス・ウェーバーが説く人間の意識と社会のあり方の関係を問う社会科学、精神の社会科学であった。「エートス」や「主体性」がキー・ワードである。

丸山眞男の政治学が戦後日本の再出発にあたって、以上のような特徴を共有する社会諸科学の中で中心的な位置を占めたのも決して不思議なことではない。政治学は人間の意識や精神のあり方こそが正負のいずれの意味においても政治を動かす、そして歴史を形成する大きな要因であることを示したからである。丸山眞男が吉野作造と異なるのは、マルクス主義の歴史観を受け入れた上で、なお人間の精神の役割を再発見したことであった。

しかし一方で丸山ほど先行する世代の様々な学問分野の人々と交流を持った知識人はいなかった。これもマックス・ウェーバーが指摘するように、新しい学問や知のあり方は従来のそれの中心からではなく、辺境地帯から出現する事例が歴史上多いけれども、すでに述べたように丸山は長谷川如是閑と南原繁という戦前の日本の二つの政治学的潮流のいずれもの最も正統的な後継者であったばかりでなく、青年期に講座派および労農派のマルクス主義の人々からも大きな影響を受け、また大学アカデミズムの中では田中耕太郎や宮沢俊義らの法律学者とも、大河内一男や大塚久雄らの経済学者とも、深い親交を築いた人であった。日本の政治を日本人の精神構造に遡って分析するという戦後日本の政治学の新たなパラダイムは、近い過去の遺産を十全に消化・吸収した人によって形成されたのである。

戦前から戦後への転換を知る上で、南原と丸山の関係はやはり興味深い。一見すると、丸山による戦後政治学のパラダイムの確立には南原の影響はまったくないように思える。丸山が戦前の日本における天皇制ファシズムを学問的分析の俎上に載せるにあたっては、以上に述べたような先行する学問的業績の咀嚼に加えて、二等兵としての軍隊経験がいわば参与的観察として大きくものを言った。『自由からの逃走』のエーリッヒ・フロムをはじめとするフランクフルト学派の人々についてもそうであるが、一般に戦争やファシズムやホロコーストのような人類史上稀に見る悲惨な経験は、人間の、特に政治的指導者たちの精神病理学的考察に道を開いた。『精神病理学と政治学』（Harold D. Lasswell, *Psychopathology and Politics*, 1930.）でデビューし、二〇世紀のアメリカ政治学を代表する一人であるハロルド・ラスウェルにしてもそうである。丸山もまたそのような二〇世紀の思想的潮流の中にあった。

人間の内面の世界に無制限に入り込む天皇制国家。それはマス・メディアが発達した二〇世紀の現代におけるファシズムの国家形態であると同時に、丸山が分析したように政治的権力と精神的権威の中心をともに天皇に求め、そのことを教育勅語により初等教育を通じて普及させた日本の近代国家である明治国家の最初からの特性であった（「超国家主義の論理と心理」）。しかも天皇制ファシズムとして成立した日本の全体主義国家、戦争国家は、明示的な政治的決断と責任の契機を欠く「無責任の体系」であった（「軍国支配者の精神形態」）。さらに敗戦の結果として日本は連合国の占領下に置かれる。日本国民はいわば軍部の占領に引き続き、今度は文字通りアメリカの占領に服したのである。それはまさに国家の没落の経験であった。けれどもホッブスの自然状態に匹敵する焼け跡闇市的状況には、藤田省三も指摘したように、意外にも不思議な明るさが含まれていた。[*5] 占領下の解放という矛盾した、両義的な状況がそこにあった。その後の道程は必ずしも藤田が期待したようなものではなかったが、戦後日本の民主主義はこうして始まったわけである。

丸山は南原が描いたような文化的民族の観念、あるいは国民共同体の観念には決して与しなかった。丸山が描く政治的秩序はどこまでも国家構成員の同意に基づく作為的な、あるいは人工的なそれであった。日本文化の価値を決して軽視したわけではないが、伝統とナショナリズムはまったく別のものであった。丸山のナショナリズム、戦争末期の彼の言葉で言う国民主義は、意識の上ではエルネスト・ルナンが言う国民の「日々の一般投票」の結果として成立する。この点ではナショナリズムを何よりも民族の自己決定として理解した竹内好と観点を同じくする。敗戦直後の丸山の思想的課題は、かつての陸羯南と同様に、ナショナリズムとデモクラシーの結合であり（「陸羯南――人と思想」）、同時に丸山はナショナリズムの自己制御的な合理化と、デモクラシーの非合理化すなわち生活様式化を求めたのであった（「日本におけるナショナリズム」）。

丸山は「超国家主義の論理と心理」の末尾に、「日本軍国主義に終止符が打たれた八・一五の日はまた同時に、超国家主義の全体系の基盤たる国体がその絶対性を喪失し今や始めて自由なる主体となった日本国民にその運命を委ねた日でもあったのである」[*6]と書いた。けれども日本軍国主義に終止符を打ったのは連合国であって日本国民ではなかったし、当時の日本国民は占領軍によって国体の拘束からは免れたものの、いわば茫然自失の状態であった。明治にすでに自由民権運動がありその後に大正デモクラシーの運動があったとしても、繰り返して言えば日本の民主主義の歴史はこの脱力状態から始まったのである。

丸山は戦争中に書いた論文で、ひとたびは荻生徂徠によって絶対主義的に成立した作為的秩序観が、その後の徳川時代を通じても「「人作説」(＝社会契約説)への進展の契機が全く欠如していた」と述べていた[*7]。背景にあると考えられたのは、「産業資本の成熟度の低さ」であった[*8]。こうした認識は、福沢諭吉が一八七四年の時点において『学問のすゝめ』の第四編で「日本にはただ政府ありて未だ国民あらずと言うも可なり」と述べた事態を過去に逆投影したものとも考えられる。けれども福沢によって指摘されたからには、国民形成という課題は少なくとも将来に向けては明示的なものになった。しかるに丸山が幕末の状況として描いたところの、秩序をまったくの所与として受け取る民衆の姿は、彼が意図的に二重写しにしてみせたように、それが指摘された戦争末期に至っても総動員体制の掛け声とは裏腹に変化の兆しがないものであった。三たび繰り返せば、戦後の日本の民主主義はそうした国民の受動的姿勢から始まったのである。しかし戦争経験は国民に、国家が決して平和と安全を保障しないことを教えた。

すでに述べたように、一九六〇年の日米安全保障条約改定反対運動の中で、丸山は「敗戦の直後のあの時点にさかのぼれ、八月十五日にさかのぼれ」と述べた[*9]。「一方の極に赤裸の力が凝集したと同時に、他方の極においては、戦後十数年、時期ごとに、また問題別に、民主主義運動のなかに散在していた理念と理想は、ここにまた、一挙に凝集して、われわれの手に握られた」[*10]。これがときの岸内閣と国民の対立の構図である。今こそ敗戦の時点で成し遂げられなかった言葉の真の意味での民主化を実現しなければならない。この後に一九六四年に新たに刊行された『増補版 現代政治の思想と行動』の「増補版への後記」における、「大日本帝国の「実在」よりも戦後民主主義の「虚妄」の方に賭ける」という状況規定が来る。「超国家主義の論理と心理」の末尾に述べられた「自由なる主体となった日本国民」が足かけ一五年を要した戦後民主主義の確立の物語であった。[*11]

けれども果たしてこれは歴史的事実か。そもそも丸山が言う「「人作説」（＝社会契約説）」にしても、いかなる国においても歴史的事実と言えるか。ここで我々は南原繁が、個人主義的自由主義は何ら国家の政治哲学的基礎を与えるものではないと指摘していたことを思い起こす。確かに近世啓蒙思想のように自由で平等な個人を出発点とする限り、もはや国家はそのような個人の契約もしくは同意によって創出されるほかはない。南原はそうした考え方の一つの頂点にカントの「原契約」の観念を置き、それは「歴史的事実」ないしは「経験的事実」ではなく、「論理的前提」もしくは「論理的必然」であるとした。けれどもそのカントにおいても国家の政治哲学的な基礎づけはいまだ十分とは言えず、南原はナチズムのような血と土ではなく、あくまでも文化的な民族国家あるいは国民共同体の観念を求めてフィヒテに向かった。しかし丸山が南原に学んだのはそうした国民共同体の観念ではなく、その後のヘーゲルやマルクスの歴史主義が起きた出来事の正統化に陥る傾向を有するのに対して、超越的普遍者への信仰を通じて、戦争に至る時代の変化にも決して迎合しない精神的態度であった。[*12]

それでは改めて丸山の戦後民主主義国家はいかなる道を歩んだのであろうか。仮に政府を樹立する社会契約が歴史的事実であったとしても、そうした建国記念日は過去のあるときのものであり、それに加わらなかった者がすぐに生まれて新しく参入してくる。社会契約は不断に再契約を求められよう。そして過去に同意を与えた者についても、その後の時間の経過もしくは時間の経過に対する意味付与が問題になる。

あたかも婚姻によって新たに家庭を設けた夫婦と同様である。そこでは婚姻の誓いにおける過去の一回限りの同意はそれほど重要ではない。出発点がそうであったとしても、重要なのはその後の様々な経験の積み重ねである。成功も失敗も、喜びも悲しみもそうした経験の記憶を形作り、現在および将来の生活の支えとなる。次の世代である子どもたちにも伝達しなければならない。

コミュニタリアンならずとも共同体とは記憶の共同体であり、一つの物語を共有する人々の集まりである。今日までの戦後日本についても変わりはない。二〇二〇年は明治一五二年であり戦後七五年であるが、明治国家の失敗から始まった戦後国家も、固有の物語を必要とする点において他の国家と変わりはない。政治的共同体の起源がいずれであれ、時間の経過は支配の正統性の帰趨を類似のものにさせるであろう。つまり時間の経過は意味を獲得することによって伝統を形成する。ここまでともにやってきたではないかということである。もちろんときには歴史的起源が問題になるとしても。

しかし戦後国家は、と言うよりも、初めて純粋に戦後に生まれ育った「団塊の世代」の人々は、戦後民主主義の物語の制作者としての丸山眞男を、新たな始まりの創設者として讃えることはなかった。むしろ不断の平等化を阻む大学アカデミズムの権威的な象徴として、一度は葬り去ったと言えよう。一九六〇年代末の大学紛争もしくは学生反乱は、日本経済の高度成長と大学進学率の上昇が生んだ大衆民主主義が、丸山の重視する大学アカデミズムの精神的貴族主義に退場を迫った出来事であった。もちろん丸山は池田勇人のような政治家ではなかったし、大学の管理運営者でもなかったから、もともと多義的な戦後民主主義の確立に対する彼の寄与の仕方を問うことはむずかしい。しかし人間が意味の世界に生きる限り、戦後の新たな始まりの原点を示すことは不可欠だったのではあるまいか。

六〇年安保に際して丸山が試みた状況規定や事態に対する意味付与に関しては、主に新左翼的立場の知識人からすでに同時代的に強い批判があった。谷川雁、吉本隆明、埴谷雄高らの在野の思想家たちが寄稿した『民主主義の神話』（現代思潮社、一九六〇年）という書物のタイトルが、そうした立場をよく表している。当時における彼ら「革命派」から見れば、天皇制のみならず民主主義の政治体制においても、なおその体制を正統化する「神話」、もしくは虚偽意識であるところのイデオロギーが存在するというわけである。そのような観点からは王権神授説と社会契約説、天皇制と民主主義は、ともにフィクション、すなわち作り物という意味では、あたかも機能的等価物であった。

しかし王権神授説と社会契約説が異なるのは、後者が人民の権利根拠であるのみならず、様々な機会に人民に政治的有効性の感覚を提供することである。京極純一が、本来国民が政府に対して定めた「就業規則」である日本国憲法を、大日本帝国憲法と同様に「正教」化することを批判しつつ、むしろ「選択と契約との日常的な経験」こそが、秩序という「虚構」が生活に使える手段であることを普通人に実感させると述べている[*13]ことは、この点に関わる。

ちなみにアンケート調査に基づく比較政治の実証研究の先駆であるアーモンドとヴァーバの *Civic Culture*, 1963.（石川一雄他訳『現代市民の政治文化』勁草書房、一九七四年、特に第六章）が告げている事実（アメリカ、イギリスに比べて、ドイツ、イタリア、さらに下ってメキシコでは市民が政治的影響力を持つことの実感が弱く、それだけ民主主義が根づいていない）も同じことである。ロバート・パットナムが南イタリアのマフィア的な共同体ではなく、北イタリアの自治都市の伝統こそが社会的共通資本に支えられた民主主義を形成すると述べた（*Making Democracy Work*, 1993. 河田潤一訳『哲学する民主主義』NTT出版、二〇〇一年）のも同様である。伝統的に南部では人々は地域のボスに身内の利益の陳情に行くのに対して、北部ではトクヴィルが示したアメリカのタウンのように、人々は公的環境の整備のために立ち上がるのである。

すなわち、改めて言えば、民主主義は政治的な決定に対する日常的な討論と賛否の経験と、それが実際に政治を動かしているという手ごたえがあって初めて成立する。大きな問題について言えば、たとえかつて日米安全保障条約の改定が実現し、その後同条約は今日までずっと存続しているとしても、一九六〇年の市民による抵抗の経験とその記憶は、日本に権力を抑制する自由と民主主義が存在することを保証しているのである。丸山が行った当時の事態に対する意味付与は、その後の松下圭一の市民自治の理論や、高畠通敏の市民運動の理論とともに[*14]、今日でも生きていると言うべきである。

総長職と大学の管理運営

我々が取り上げた五人の政治学者のうち、小野塚と南原は法学部長を歴任の後、選ばれて東京帝国大学もしくは東京大学の総長に就任している。吉野、丸山、京極がジャーナリズムでも活動した（吉野と丸山は、理由は異なるが、いずれも定年前に大学を辞めている）のに対して、小野塚と敗戦までの南原はアカデミズムの外に出ることがなかったから、あたかもアカデミックな研究と教育への専念がやがて大学の管理運営にも携わる道を用意したかのようであった。

総長職に就いた二人が実は最も心を砕いたのは、小野塚の場合は関東大震災からの、そして南原の場合は戦争と敗戦からの復興作業であった。つまり必ずしも人目を引く仕事ではなかったが、まずは大学の各種施設の再建に彼らの手腕は発揮された。それが予算の確保と人員の活用を意味する限り、必要とされたのは政治学者としての能力よりも、組織の長、行政マンとしての資質であった。小野塚と南原は、南原の場合は七年間の内務省生活からも想像しうることであるが、これらを二つながら備えていたと思われる。

小野塚の総長在職期間の一九二八年から三四年まで、また南原のそれの一九四五年から五一年までの各六年間は、その間の戦争中のマルクス主義に対する国家権力による弾圧の時期をはさんで、いずれも大学のキャンパス内において左翼活動が盛んな時代であった。古在由直前総長の病気を受けて一九二八年三月に総長代理に就任した小野塚の最初の仕事は、折柄の田中義一政友会内閣による共産党員一斉検挙である三・一五事件の生起と併行して、学内の運動・文化団体の集合体である学友会の運営をめぐる左翼の新人会と右翼の七生社の衝突事件に際して、前者に解散、後者に戒告の処置を施すことであった。小野塚の諸論文から明らかなように、彼はイギリスの労働党やドイツの社会民主党の役割に対しては持論である衆民主義の観点から好意的であったが、一党独裁の共産主義に対しては終始批判的であった。

もちろん政治的立場がいかなるものであろうとも、学内秩序の維持は、必ずしも評判を得る所以ではないし強制力にのみ依存するわけにも行かないが、総長職にある者の重要な任務であった。南原は小野塚の評伝において、当時の大学当局の方針を、「大学の自治と学問の自由を真に主張しようとすれば、まず学内の秩序を自ら確立して、これを守って行かなければならない。そのために大学は、学生運動に対して、一定の制限を加え、弾圧も敢えてしなければならぬ」と述べている。[*15] 思うにこれは、後の南原総長の時代の方針でもあったであろう。

南原によれば小野塚総長時代の一九三三年に学内に大学制度調査委員会が設けられたが、その報告では「教官ト学生トノ接触ヲ一層緊密ナラシメル方法」として演習や担任制や面会日の設置が提案されている。また、法文経の文系三学部は経費も少なく「赤化学生」を出していることもあって私立へ移管してはどうかという意見に対しては、十分な教育には少なからぬ経費が必要なこと、総合大学の趣旨を生かすべきこと、さらに「赤化学生」の取り締まりには帝大がねらわれていることなどを挙げて反対している。[*16] これら、とりわけ国立大学は理系の学部だけでよいというような議論は今日でもしばしば行われているが、昭和の初めにもすでに存在したことに驚きを禁じえない。

南原総長の時代も敗戦直後の混乱の中で共産党系の全学連の学生運動が活発であり、特に一九五〇年にコミンフォルムからの批判を受けて共産党が武装闘争方針に転じてからは、レッド・パージ（「赤狩り」）、朝鮮戦争の勃発と続き、冷戦の内政化に伴ってリベラルな立場の教授にも弾圧の危機が迫り、大学当局は困難な舵取りを求められた。共産党細胞の学内での集会を指導した安藤仁兵衛はついに退学処分を受けたが、「当時の東大細胞は南原総長の果す政治的な役割を典型的な社会民主主義と規定していた」としながらも、「私たちと南原さんの関係は相互信頼を貫いていた」と語っている。[*17] これは、一九六〇年代末の東大紛争時と比べると、やはり古き良き時代という感想を抱かせる。

東大総長は東大紛争の時期までは二期六年が慣例であり、南原総長の後を継いだクリスチャンで植民政策論（国際政策論）の矢内原忠雄は、ストライキを計画指揮した学生を処分する「矢内原三原則」を打ち出すなどしたものの、かつての戦争中に自身が受けた弾圧の経験のためにやはり戦後的なものの象徴でありえた。その後の六〇年安保期には東北帝国大学出身の物理学者の茅誠司（一八九八〜一九八八）が務め、次の社会政策の大河内一男総長の二期目に東大紛争を迎えることになる。

東大紛争は一九六八年一月、インターン制度に代わる登録医制度に反対する医学部学生自治会の無期限ストで始まった。医学部は研究と教育に加えて診療の現場を抱えていて、系列の病院を含めて人事を握る教授の権威は絶大であった。当時の日本で最も封建的な組織は相撲部屋と東大医学部だと言われたほどである。医局長を一晩監禁したとされる事件で、その場にいなかった一学生が処分の対象になったことが対立の火に油を注いだ。学生に対する処分は各学部の審議事項であり、大学の自治は実質的には各学部の教授会の自治であって他学部が関与することは困難であったが、最終的に評議会の承認を経たことで全学的な問題となった。六月一五日、医学部全学闘の学生が安田講堂を占拠すると、そのわずか二日後に大河内総長は学内に機動隊を導入した。しかし二八日の安田講堂での会見に現れた大河内総長は心臓のモニター・コードを付けた状態であり、とても学生側と十分な討論はできなかった。

七月二日に安田講堂は再び占拠され、五日に東大闘争全学共闘会議が結成される。各学部の自治会では共産党の民青系が強かったために、東大全共闘はあくまでも有志連合という形で成立した。八月一〇日に大河内総長は医学部学生の処分再審査などを含んだ「八・一〇告示」を学生に送付したが、夏季休暇中のことでもあり、何よりも「告示」という一方的な通告が学生たちの反発を強めた。結局膠着状態に陥り、一一月一日、大河内総長は全評議員とともに辞任する。各学部では新学部長の選出が行われ、法学部の加藤一郎が総長代行に就任した。

加藤執行部は全学集会の開催をめざし、激しく対立する全共闘系の学生と民青系の学生に対して個別に公開予備折衝を行った。最後は全共闘系の反対にもかかわらず、翌年一月一〇日に秩父宮ラグビー場で七学部集会が開かれて大学当局と学生側の間で一〇項目の確認書が交換され、各学部の教授会と学生大会の批准を経て、二月一一日に発効した。孤立した全共闘の学生は安田講堂に立てこもり、大学側はついに一月一八日、一九日の両日、機動隊を導入して彼らを排除した。異例にも一九六九年度の入試は中止になった。*18

戦争中の「暗い谷間の時代」*19にマルクス主義とマックス・ウェーバーの理論を接合させ、社会政策の領域において、西洋経済史の大塚久雄らとともにいち早く日本に固有の社会科学を築くのに貢献した大河内一男は、東大紛争の過程においては何ら総長としての役割を果たせなかった。注目を浴びたのは保守派の論客で反共主義の立場から長年の間丸山眞男の論争相手でもあった西洋史の林健太郎で、文学部長に就任した直後に一週間の「カン詰め団交」に耐えたことが話題になった。保守派の教授のほうが、それまで進歩派とみなされた教授よりも、かえって学生たちの評判を得た事例である。そうした姿勢が教員たちにも評価されたためか、林は加藤の後の東大総長になる。

丸山眞男の場合は、彼自身が後に回顧するように、東大紛争の一年前に法学部長に選出されたにもかかわらず健康を理由に辞退したことが、その後の行動を大きく制約する要因となった。少し長くなるが、彼の言葉をそのまま引用する。

「そんなわけで再選挙となって、それで辻〔清明〕くんになったのです。そのとき、一年後に東大紛争が起こるとは夢にも考えなかった。それを思うと、このときの辞退騒ぎは運命的な出来事でした。辻くんには結果としてたいへん迷惑をかけたと思います。法学部長は、いい悪いは別にして伝統的に総長補佐なんです。デシジョン・メーキングが多いから。辻くんは大河内一男総長の実質的な補佐を務めて、大河内総長と進退を共にして辞職した〔一九六八年一一月一日〕。そのために、ぼくは終始辻くんには負い目があって、教授会で辻くんを批判したことはない。批判できなかったのです。言うべきことも言えなかった。逆に考えると、学部長を受けていた方がよかったということもあったと思う。やりたいことも思い切ってやれただろうし、大河内さんにも言いたいことを言えたと思う。かなり動く余地はあったのです」[*20]（〔　〕内は原文）。

少なからぬ後悔の念が感じられる。大河内とは戦争中から旧知の間柄でもあった。[*21]しかし総長になってからの大河内が相手では、結果的には辻と同じように膠着状態の中で大河内とともに辞任することになったのではなかろうか。沈黙ではなく、内外に向けて「言いたいことを言えた」可能性は高いけれども。一九七一年三月に定年まで三年を残して東大教授を辞職したとき、丸山は『日本経済新聞』の取材に答えて「学問以外能のない男ですからね」と述べている[*22]が、そうした自嘲気味の発言の背景には上記のような強い後悔があったと思われる。

けれども、それまではあまり目立たなかった丸山が東大全共闘議長の山本義隆をはじめとする怒れる学生たちの関心を引いたのは、軟禁された林文学部長の解放を求める「学生諸君に訴える」の声明に加わったときであった。[*23] 進歩派に属すると思われていた教授が学生の行動を批判するとき、学生の反発は倍加する。このときを境に、林ではなくて丸山が、東大の権威主義を象徴する存在になった。それにしても丸山は南原と異なって、大学の管理運営には向かなかったと言わざるをえない。

ただし東大紛争の背景には、高度成長の時代における日本の社会および大学の変化と、それらに対する丸山の危惧も存在していた。彼は一九六三年に一年半の海外出張から帰国すると、学生気質の変化に気づいたという。もはや旧制高校文化との連続性が完全に切れて、「お坊ちゃんで、快活だけど、どうしようもない」と感じたが、「心配していた学生が、社会に出ていくと、ちゃんといい仕事をする」。「ぼくには学生を見る目がなくなった」と語るのである。[*24] 純粋に戦後生まれの学生が現役の一九歳で東大に入学するのは一九六四年のことである。戦後民主主義の旗手は、戦争を知らない世代との対話が困難であった。

丸山のほうも大教室での講義やマス・メディアに文章を発表することの教育的効果に対して、次第に懐疑的になっていった。むしろ松下村塾のようなスタイルが理想であった。[*25] 東大を退職してから亡くなるまでの四半世紀、あまり知られていなかったことであるが、徹底してマスコミへの露出を避けた丸山は、各地で様々な人々によって自発的に行われた小さな勉強会には頼まれれば喜んで参加した。常設ではないが、不可視の丸山塾は存在したのである。

一九六八年七月以後、法学部の中に設けられた委員会で、丸山は東大を、教育を行う各種のスクール（あえて「専門学校」と呼びたいと丸山は言う。今日のロー・スクールもビジネス・スクールもその意味での専門学校である）と、研究者組織のセンター（研究所）と、テーマごとに臨時に組まれるプロジェクトの三つに分けることを提案したという。[*26] 五〇年余り後の今日、全国の各国立大学法人は学長の下に権限が集中し、定員管理のために教員は一括して学術研究院的な組織に所属して、形式上はこれに似た形になっているが、これは当時としては極めて画期的な、つまり各学部の閉鎖性を打破しようとする試みであった。

東大紛争の時点において「反体制」を掲げる学生、とりわけ理系の院生たちによって打倒すべき研究体制としてやり玉に挙がったのは、「産学協同」のシステムであった。五〇年後の今日、「産学協同」の取り組みは各大学が外部評価を受ける際に自ら誇るべき実績とみなされている。やはり五〇年前の一九六九年に当時の文部省は高校生の政治活動を禁止する通達を発したが、今や一八歳の高校三年生にも選挙権が付与されるようになった。したがって大学生は皆選挙権を持つ。それは必ずしも彼らが望んだことではなく、高齢社会を抱える国家の側に若者を包摂したい、若者の積極的な協力を得たいという願望が強いのは否定できないけれども。

しかし選挙権を持つ人に政治活動を禁止することはできない。それほどに日本の社会と大学の様子は一変した。社会通念が一八〇度変わった領域が数多く存在する。昔の映画を見ると、診察室で医師が患者に煙草を吸いながら病状の説明をしている場面がある（『愛と死をみつめて』一九六四年）が、今だったらとても考えられない。それでは二一世紀の政治学はどこへ向かおうとしているのであろうか。

二一世紀の政治学

改めて言うと、小野塚喜平次の『政治学大綱』の刊行が一九〇三年、京極純一の『日本の政治』の刊行が一九八三年であるから、我々はほぼ二〇世紀いっぱいの日本の政治学の歴史を考察してきた。これらの蓄積を踏まえて、二一世紀の政治学は今後果たしてどのような発達の経路を辿るのであろうか。

丸山眞男の出現によって、丸山自身はその言い方を嫌ったが、一九五〇年代後半以降、「丸山学派」という呼称が通用するようになった。戦後日本の政治学者たちは、あたかも漫画家の世界における手塚治虫のように、すべて丸山眞男の圧倒的な影響を受けたと言えるが、「丸山学派」と言われるときはとりあえずはより狭く、丸山と同様の日本政治思想史の研究者を指している。早い段階では、松本三之介（一九二六〜）、石田雄（一九二三〜）、神島二郎、橋川文三（一九二二〜八三）、藤田省三らの人々である。先述のようにトーマス・クーンの用語を使うと、科学革命が起きて新たな学問のパラダイムが成立し、それが「通常科学」化するとともに、若い有能な研究者たちが参入し、全国の大学にその名を冠した講座が設立され、やがて標準的な教科書が執筆されるようになるというプロセスである。「丸山学派」の場合の「通常科学」とは、徳川時代の思想史研究ももちろんあるが、何よりも天皇制もしくは天皇制ファシズムの批判的分析であった。

日本政治思想史はもちろん日本研究であり、日本論を含んでいる。しかし広義の政治学の中の他の分野においても、丸山より一世代若い京極純一の世代までは、政治学史の福田歓一にしてもヨーロッパ政治史の篠原一（一九二五〜二〇一五）にしても国際政治の坂本義和にしても、あたかも黙示録的に日本論もしくは比較文明論を伴っていた。そもそもの彼らの学問への志のうちに、なぜ日本はあのように無謀な戦争を企てたのか、そして新しい日本を再建するにはどうすればよいのかという切実な問題関心が共通に存在していたからである。

そのように文明論を伴った広い意味の政治学のアンカー走者は、京極らよりさらに一世代下の高畠通敏だったのではあるまいか。高畠は思想史から計量政治学に至るまで守備範囲の極めて広い政治学者であったが、前述の政治評論のデビュー作とも言える一九六五年の「政治の発見」では、日本政治の分析モデルとして「乱」、「治」、「ムラ」、「正」、「自治」の五つを挙げている。[*27] こうしたモデルの名づけ方だけを見ても、我々がすでに取り上げた神島二郎の『近代日本の精神構造』や京極純一の『日本の政治』との観点の共通性は明らかであった。ちなみに「治」「乱」興亡は戦国のサムライ・モデルであり、「ムラ」は村落共同体の平時のムラビト・モデル、「正」は百姓一揆から労働運動・学生運動までのモデル、そして「自治」こそは高畠が推奨する市民運動・市民自治のモデルである。

しかし高畠の次の世代の佐々木毅や大嶽秀夫（一九四三〜）になると、もちろんそれぞれに独創的な観点を有し、しかも現実政治への関わり方は積極的な佐々木と消極的な大嶽でまったく異なるが、彼らの日本政治の構造分析からはともに文明論的背景が捨象されている点で、共通性がある。[*28] ある意味では上部構造論もしくは精神構造論を扱う講座派マルクス主義よりも、対象を各国共通に普遍主義的に扱う労農派マルクス主義に近いと言える。日本の政治自体もやがて冷戦下の自民党の長期政権の時代から冷戦の終焉以後の連立政権の時代に入り、政治改革の進行とともに首相のリーダーシップや政権運営の多様なパターンが出現した。ソ連邦の解体消滅により、オルタナティブとしての社会主義が政治的説得力を失ったために、多様なパターンと言ってもある範囲の中でのことではあるけれども。

佐々木や大嶽の指導を受けたより若い世代においても、様々なデータをもとに実証的な研究が着実に進んだ。情報革命とビッグ・データの利用により、今後ますます統計学的分析が政治学においても標準装備になるとともに、計量政治学と歴史研究のアプローチの違いが顕著になり、同時に個別の歴史研究としての政治思想史と正義論のような普遍的な問題を扱う政治哲学の間の関心の相違も広がっている。

広義の政治学内部の一層の専門化と細分化によって、近年では日本政治学会の研究大会においてもすべての会員が参加する共通論題の比重が低下して、多数の細分化されたテーマについての報告と討論が同じ時間帯に多数横並びに配列されるようになっている。会員はどれか一つを選んで部屋に入るが、そこには狭い専門を同じくするごく少数の研究者しかいない場合がある。自然科学の諸分野や、社会科学においても経済学や法律学においてはいち早く現れていた事態に、政治学も急速に接近しつつある。

政治学の専門化と細分化の進展によって、これも経済学や法律学と同様に、初学者には当該分野の最先端の研究が理解できなくなった。大学生が総合雑誌上ではあったとしても教授が書いた論文を同時代的に読むということがなくなったのである。大学の講義においても、担当者が目下自らが執筆中の研究について話すということはなくなった。医学部の教授が医師の国家試験をめざす学生に、自分が専門とする特殊な病気の講義だけをするわけにはいかないのと同様である。その結果は教科書の普及と段階的な履修プログラムの発達である。ロー・スクールにおいても、本来は判例研究であるはずのケース・メソッドと称して、民法や刑法の基本書を読むのではなくて、もっぱら司法試験の過去問を解く時間が増えたという。それが法律の条文から自分で論理を組み立てる力を奪い、ロー・スクール出身の司法試験合格者の減少につながっているという見方もある。

考えてみれば、政治に関する思索や政治学が発達したのは、古今東西、いずれの社会においても危機の時代であった。プラトンやマキアヴェリやホッブスやロックやルソーを挙げるまでもない。近代以降の日本においても、福沢諭吉や中江兆民が活躍した明治前半期や、大正デモクラシーの時代や、敗戦直後がすぐに思い浮かぶ。

近くについて言えば、一九八九年の冷戦の終焉からしばらくの間は、一九九五年の戦後五〇年の到来とも相まって、政治改革の政治過程の進行を背景にして、多くの政治学者の積極的な発言が見られた。しかしこの間の日本経済の長引く落ち込みと、二〇〇九年に念願の政権交代を果たした民主党の挫折と解体は、少子高齢社会の日本の将来に関してせっかく膨らみかけた議論のチャンスをしぼませたように思われる。グローバリゼーションとそれに対する移民排斥のような反動や、中国の台頭による米中関係の緊張化など、世界的な不安定要因は数多く存在するけれども。

さらに大いなる危機が訪れてその中から不死鳥のように新しい政治学が生まれるより、危機など来ないに越したことはないけれども、このままでは二一世紀の日本の政治学が現実の日本政治との関連を失って、ますますゲーム化（必ずしも「ゲームの理論」化ではない）された学問になること、あえて言えば「近代経済学」化して行くことは確かであろう。自らを取り巻く政治的現実に強い関心を示しつつ、どこまでも己れの専門領域の研究に深く沈潜すること。我々がこれまでに見てきた政治学者たちから学ぶことは、それを置いて他にないであろう。

註

＊1　京極純一「政治学に先生はない」『世のため、ひとのため』（毎日新聞社、一九九八年）七三〜七四頁。

＊2　京極純一「精神の冒険」『増補新装版 和風と洋式』（東京大学出版会、二〇一三年）三一〜三二頁。

＊3　同右、三三頁。

＊4　「発刊の辞」『世界』一九四六年一月号（創刊号）。

＊5　藤田省三「戦後の議論の前提——経験について」『精神史的考察』（平凡社、一九八二年）二三〇頁。『藤田省三著作集』5（みすず書房、一九九七年）では、一九一頁。

＊6　丸山眞男「超国家主義の論理と心理」『丸山眞男集』第三巻、三六頁。

＊7　丸山眞男「近世日本政治思想における「自然」と「作為」」『丸山眞男集』第二巻、一〇七頁。

＊8　同右、一〇八頁。

＊9　丸山眞男「復初の説」『丸山眞男集』第八巻、三五七〜三五八頁。

＊10　丸山眞男「選択のとき」同右、三五〇頁。

＊11　丸山眞男「増補版現代政治の思想と行動後記」『丸山眞男集』第九巻、一八四頁。

＊12　『定本 丸山眞男回顧談』上、二一〇頁、下、三八頁参照。

＊13　京極純一「日本社会と「憲法問題」感覚」『現代民主政と政治学』（岩波書店、一九六九年）一九四頁以下、「「デモクラシイ」と「ナショナリズム」」前掲『現代民主政と政治学』一六五〜一六六頁。

＊14　松下の著作としては、さしあたり『戦後政治の歴史と思想』（ちくま学芸文庫、一九九四年）所収の諸論文、高畠の著作としては、『政治の論理と市民』（筑摩書房、一九七一年）および『自由とポリティーク』（筑摩書房、一九七六年）所収の諸論文を参照。

＊15　南原繁、蠟山政道、矢部貞治『小野塚喜平次 人と業績』（岩波書店、一九六九年）一六五頁（南原執筆部分）。

＊16　同右、一八八〜一九〇頁。

＊17　安藤仁兵衛『戦後日本共産党私記』（現代の理論社、一九七六年）一〇八〜一〇九、一四〇〜一四二頁。

＊18　東大紛争の経過については、都築勉『戦後日本の知識人——丸山眞男とその時代』（世織書房、一九九五

年）四三九～四四九頁に拠った。

＊19　『暗い谷間の自伝』（中公新書、一九七九年）は、大河内の著書である。

＊20　『定本　丸山眞男回顧談』下、二二五～二二六頁。

＊21　丸山は「近代日本と福沢諭吉」と題する一九八四年の座談会で、一九四三年に彼が『三田新聞』に書いた「福沢に於ける秩序と人間」を戦争中に「情報局から「マルクス的学者」として睨まれていた」大河内が読んでいて、「福沢というのはリストと同じですね」と言われたことを明かしている（『丸山眞男座談』9、六八～六九頁）。

＊22　『日本経済新聞』一九七一年三月二四日。

＊23　山本義隆『知性の叛乱』（前衛社、一九六九年）二四頁。

＊24　『定本　丸山眞男回顧談』下、二六八頁。

＊25　古在由重、丸山眞男「一哲学徒の苦難の道」『丸山眞男座談』5、二七三頁参照。

＊26　『定本　丸山眞男回顧談』下、二三八～二三九頁。丸山眞男「大学問題シンポジウムにおける発言」の中の「東京大学の将来（第三回大学問題シンポジウム発言）」『丸山眞男集別集』第三巻（岩波書店、二〇一五年）一五六～一六〇頁参照。

＊27　高畠通敏「政治の発見」『高畠通敏集』2（岩波書店、二〇〇九年）二九～三〇頁。

＊28　南原繁および福田歓一の後継者として当初は政治学史を担当した佐々木の著作は数多いが、ここでは『いま政治になにが可能か』（中公新書、一九八七年）と『政治はどこへ向かうのか』（中公新書、一九九二年）を挙げておく。キー・ワードは両者の表題にもあるように、政府でも権力でもなく、民主主義でも世論でもない、ごろんとした「政治」である。おそらく政策決定という言葉が最も近いであろう。だから統治能力や「横からの入力」が問題になる。大嶽の著作も数多いが、ここでは処女作である『現代日本の政治権力経済権力』（三一書房、一九七九年）だけを挙げておく。大嶽の基本的な問題関心は日本の政治システムが多元主義的であるかどうかである。ただしそれはあくまでもシステムの仕組みの問題であって、イデオロギーの問題ではない。

あとがき

若い頃は丸山眞男の影響で、戦前の日本の政治学はあってないようなものだと思っていた。政治学に限らず、言論の自由が制約されていた時代の著作にはあまり関心が持てなかった。それが歳をとるとともに、言論の自由が制約されていた時代にこそ人々が何を言ったかということに次第に興味がわいてきた。言論の自由にしても今は一〇〇％で、昔は〇％ということはともにないだろう。学問や言論に携わる者には、彼が影響力を持てば持つほど、否、市井の発言者にも、政治的圧力だけでなく、様々な社会的圧力が加わる可能性がある。その中であえてものを言うことが、学問人、言論人の役割であろう。

それぞれの時代と格闘しながら、政治学者は何を書き遺したか。学問とは海外の文献の紹介や翻訳に尽きるものではなく、どこまでも自分の頭で考えて、その結果を選び抜いた言葉で表現することである。

古い時代への関心とともに、戦前と戦後という区切り方だけでなく、二〇世紀という枠組みで歴史を見たいとも思うようになってきた。ほめるにせよ、けなすにせよ、日本だけを特別扱いするのではなくて、できるだけ世界の同時代史という視点を持つように心がけて。

二〇世紀という枠組みでものごとを見るということは、それ以前と区別すると同時に、それ以後すなわち二一世紀の現在と区別するという意味でもある。そうすると、たとえば我々が知っている大学と新聞というものがいかに二〇世紀的存在であったかということがよく見えてくる。大学アカデミズムも新聞ジャーナリズムも二〇世紀の前半に急速に発達したが、かつては戦争への協力が求められ、その後はそのことへの反省を踏まえて社会との間に新たな関係を築いてきた。別にすぐになくなったりするとは思わないけれども、一言で言えば情報革命により、今日再び大学と新聞のあり方が大きく問い直されていることは確かである。本書がささやかながらもこれからの知のあり方を考えるとともに、誰もが自分の問題意識で自由に動ける社会を作るための材料の一つになれば、筆者としては望外の喜びである。

本書の原稿は信州大学を定年退職してフリーになってから書いた。しかし定年前の四、五年間、勤務先で「二〇世紀の政治思想（日本）」という講義をしたことや、同様のテーマで川崎市民アカデミーの授業を担当させていただいたことが、思考をふくらませる大切な機会になった。それらの場で出会った方々に、心からの感謝の気持ちを申し上げたい。

刊行にあたっては、今回も『丸山眞男への道案内』のときと同様に、吉田書店の吉田真也さんに、草稿段階から最後の仕上げに至るまで限りないお力添えをいただいた。それ以前にも吉田さんにははるばる大学のゼミにおいでいただいただけでなく、川崎市民アカデミーのワークショップにも何度も足を運んでくださった。本書が吉田さんの眼差しに応えるものになっていることを切に祈りたい。

フリーになってから、家で音楽を聴くことがますます多くなった。妻の裕子はピアノを弾く（今はシューマンの『森の情景』にはまっている）が、私はもっぱら聴くだけである。しかし音楽が精神の糧であることに変わりはない。指揮者もペトレンコやネルソンスやクルレンツィスのように、ピアニストもユジャ・ワンやブニアティシヴィリや河村尚子のように、新しい時代の人が続々現れた。もともとは西洋音楽なのに、これらの人々がいずれもヨーロッパの中心部でなく、辺境の出身であることは興味深い。一方で中学生の私を音楽の世界に誘った一九六六年のカラヤンとベルリン・フィルの来日公演のベートーヴェン・ツィクルスなどの録音が半世紀以上も経って発売され、あれは彼らの全盛期だったのだと思って、感動を新たにした。これからもあたかも携帯電話に充電するように音楽を聴いて、勉強に励みたい。

二〇二〇年一〇月一〇日

都築　勉

【や行】

【ら行】

【わ行】

【な行】

【は行】

主要人名索引

著者紹介
都築　勉（つづき・つとむ）
1952年、東京生まれ。1985年、東京大学大学院法学政治学研究科博士課程単位取得退学、信州大学教養部専任講師。1988年、同助教授。1995年、同経済学部助教授。1997年、同教授。2018年、同名誉教授。著書に『戦後日本の知識人——丸山眞男とその時代』（世織書房、1995年）、『丸山眞男への道案内』（吉田書店、2013年）、『丸山眞男、その人』（世織書房、2017年）など。

おのがデモンに聞け
小野塚・吉野・南原・丸山・京極の政治学

2021年1月11日　初版第1刷発行

著　者　都築　勉
発行者　吉田真也
発行所　合同会社 吉田書店
102-0072　東京都千代田区飯田橋2-9-6 東西館ビル本館32
TEL：03-6272-9172　FAX：03-6272-9173
http://www.yoshidapublishing.com/

装幀　野田和浩
DTP　閏月社
印刷・製本　藤原印刷株式会社
定価はカバーに表示してあります。

ISBN 978-4-905497-91-2